JN120994

# 労働実務
# 事例研究

## 2024年版

労働新聞社

# はじめに

　人事・労務や安全衛生担当者、社会保険労務士など実務に携わる方々にとって、業務や法改正対応などのトラブルや疑問は、日常的に起こっているのではないでしょうか。

　弊社定期刊行物「労働新聞」「安全スタッフ」では、労働関係法の解釈から、職場で発生するトラブルの処理の仕方、人事制度の内容などＱ＆Ａ形式で幅広くお答えする「実務相談室」を掲載し、実務に役立つコーナーとして多くの読者の方々に支持され、大変好評を得ております。

　本書は、当コーナーに寄せられた2023年掲載分の相談219問を、労働基準、労災保険、雇用保険、徴収、健康保険、厚生年金、安全衛生、派遣、育児・介護休業など内容別に分類し、最新の情報に加筆・修正し、読みやすくまとめたものです。

　日常の問題解決やトラブル防止、ケーススタディとして本書をご活用して頂ければ幸いです。

2024年6月

# 目　　次

## 第 1 章　労働基準法編

### 賃金関係

## 労働時間関係

## 休憩・休日関係

## 女性および年少者関係

# 第2章　労災保険法編

## 総則関係

## 保険給付関係

# 第3章　雇用保険法編

## 総則関係

## 保険給付関係

# 第４章　徴収法編

# 第5章　健康保険法編

## 総則関係

## 保険給付関係

# 第6章　厚生年金保険法編

## 総則関係

## 保険給付関係

# 第7章　労働安全衛生法編

# 第8章　労働者派遣法編

# 第9章　育児・介護休業法編

# 第10章　その他労働関係法

## パート・有期雇用労働法関係

## 雇用機会均等法関係

## 高年齢者雇用安定法関係

## 障害者雇用促進法関係

## 労働契約法関係

○本書は「労働新聞」「安全スタッフ」（2023 年 1 ～ 12 月掲載分）
の実務相談室コーナーに寄せられた相談 219 問を、2024 年 4
月 1 日現在の最新情報に改め、法律別に収載したものです。
○法改正等で内容に変更が生じる場合がございます。

# 第1章
# 労働基準法編

賃金関係

労働時間関係

休憩・休日関係

女性および年少者関係

労働契約関係

労務一般関係

# 賃金関係

## Q1 平均賃金どう算定するか　私病明けで３カ月無出勤

ある従業員が３カ月以上の長期入院から回復し復職日が決まったものの、その前日に機械が故障し休業させることになりました。平均賃金はどう算定すればよいでしょうか。【富山・Ｏ社】

## A. 初日を発生日として計算　業務上でも同様の方法

平均賃金を計算する際は、算定すべき事由の発生した日以前３カ月間における賃金総額を、同期間の総日数で割って求めます（労基法12条１項）。もっとも、賃金締切日がある場合は事由発生日の直前の賃金締切日を起算日とし、ここからの３カ月（３賃金締切期間）で計算します（同条２項）。

平均賃金には最低保障額が定められています。賃金の一部または全部が日給制、時間給制または出来高払制その他の請負制で定められている場合は、同期間における①日給制、時間給制または出来高払制その他の請負制で定められた賃金総額を労働日数で割って求めた額の60％と、②月給制、週給制その他一定の期間によって定められた賃金総額を総日数で割った額の合計です。

欠勤控除等のある日給月給制の場合は、同条８項の１～６項で算定しがたいときに当たり、前記①、②に、③月、週その他一定の期間で定められ、かつ、この期間中の欠勤日数または欠勤時間数に応じて減額された場合に、欠勤しなかった場合に受けるべき賃金の総額をその期間中の所定労働日数で除した額の60％を加えた額です。

ご質問のように、使用者の責めに帰すべからざる私傷病等が３カ

月以上続き、原則的な方法だと算定期間と賃金が皆無になるときは、都道府県労働局長の定める方法で計算するとしています（労基則4条）。具体的には、業務上の負傷・疾病が3カ月以上継続した場合の方法を準用し、休業の最初の日を算定事由発生日として算出することになります（昭24・4・11基発421号）。

業務上の負傷・疾病で療養した期間については、賃金総額と総日数の両方でカウントしないとしています（同条3項1号）。この控除期間が3カ月以上にわたる場合も、則4条により、原則として、控除期間の最初の日を算定事由発生日として計算することになります。

また、私病で長期欠勤した後に再出勤したものの、数日就業後に算定事由が発生したときは、「出勤以降の賃金および日数について法第12条第1項の方法を用い」て算定するとしており（昭25・12・28基収4197号など）、つまりは原則的な方法です。なお、賃金締切日があるためにそこからの3カ月をみることとなったとしても、同期間について、業務上や自己都合による負傷等で休業していたり（昭26・12・27基収4526号）、さらに年次有給休暇の期間もあったりして（昭26・11・1基収3642号）実際の労働日が皆無という場合も、「出勤以降の賃金および日数について法12条1項の方法を用い」て算定します。

 **固定残業代含むか　平均賃金を算定する際**

　従業員が業務上災害で負傷し、休業が必要になりました。休業補償給付が支給されるまでの待期期間について休業補償を支払います。この額を算定するのに必要な平均賃金に関して、当社では固定残業代制度を設けて月20時間分の時間外割増賃金をあらかじめ支給しているところ、これも賃金総額に含めて計算するのでしょうか。【福島・E社】

## A. 割増賃金としてカウントの対象

　労基法12条の平均賃金は、原則として、算定事由発生日以前における3カ月間の賃金総額を同期間の総日数で割って求めます。「以前」となっていますが、事由の発生した日は含めないものと解されており、前日からさかのぼって計算することになります。ただ、賃金締切日がある場合は事由発生日の直前の賃金締切日から起算します（同条2項）。

　賃金総額には、原則、賃金を定義する法11条規定の賃金をすべて含むとされています（労基法コンメンタール）。通勤手当や年次有給休暇の賃金、時間外割増賃金もカウントの対象です。固定残業代についても、手当の名称はともかく支払っているものといえることから、平均賃金を算定する際、含めて計算するといえます。

　逆に含めない賃金としては、臨時に支払われた賃金や、3カ月を超える期間ごとに支払われる賃金などがあります。

## Q3 月60時間は休日労働除く？　中小も5割増計算に 3割5分増で処理したら

　時間外・休日労働（36）協定を締結します。当社は週休2日制ですが、令和5年4月以降、月60時間超の残業に対して5割増の割増賃金が必要となったため、あまり命じてこなかった休日労働で対応できないか検討しています。一方で、休日労働はすべて3割5分を支払えば、時間数に含めなくて良いのではないかという意見があります。どのように考えれば良いのでしょうか。【兵庫・U社】

## A. 法定休日の特定が必要

就業規則に休日に関する事項を定めなければなりませんが（労基

法89条1号）、具体的な日数や曜日などを特定する必要は必ずしもないとしています。行政解釈（昭23・5・5基発682号、昭63・3・14基発150号）も、法35条は必ずしも休日を特定すべきことを要求していないが、特定することが法の趣旨に沿うとするに留まります。逆に、所定労働日や所定労働日数も就業規則の記載事項および労働条件の明示事項に含まれていません。

　時間外・休日労働させるうえで必要となる36協定に記載が必要になるのは、「労働させることができる法定休日の日数」等です。様式裏面の「記載心得」では、法35条の規定による休日に労働させることができる日数を記入するよう求めています。1週1休または4週4休であることに留意することとしています。

　週休2日制を採用していたり、そうでなくても週1日の休日の他に祝日等を休日としている場合ですが、36協定を締結しなければならない休日労働とは、「週1回の休日に労働をさせる場合」（労基法コンメンタール）であり、週1回の休日のほかに使用者が休日と定めた日に労働させる場合は含まれていません（昭23・12・18基収3970号）。

　月60時間超の時間外労働時間数の算定と法定休日の関係ですが、過去の法改正時に示された解釈では、労働条件を明示する観点と割増賃金の計算を簡便にする観点から、就業規則等で法定休日と所定休日の別を明確にしておくのが望ましく（平21・5・29基発0529001号）、法定休日が特定されている場合は、割増賃金計算の際には当該特定された休日を法定休日と取り扱い、月60時間の算定に含めないこととして差し支えない（改正労働基準法に係る質疑応答）としています。

## Q4 月60時間超にいつ計上？　1年変形制で時間外1日や週は月ごと支払う

中小企業でも、月60時間超の時間外労働に5割増の割増賃金が必要になりました。当社は1年単位の変形労働時間制を採用しています。1日や1週間でみて時間外労働となった部分については、各月で60時間に計上するとして、総枠を超える部分はどのように考えれば良いのでしょうか。【和歌山・E社】

## A. 法定の総枠超えは確定時

1年単位の変形労働時間制においては、対象期間の法定労働時間の総枠を超えて労働した時間についても、労基法37条1項ただし書の「1カ月60時間」の算定における時間外労働時間に含まれるというのが、法改正当時の行政解釈です。

1年変形制を導入するには、前提として対象期間を平均して週40時間を超えない範囲内とする必要があります。1日や週の所定労働時間が短い閑散期に多少長めに働くことによって、結果的に当初予定していた総枠をオーバーする可能性があります。オーバー分が法定の総枠超えなのか、法定内だが所定の総枠超えなのかは事案により異なります。

法定の総枠を超える時間の割増賃金の支払い方として、行政解釈（平6・5・31基発330号、平9・3・25基発195号）は、まず、一般的に変形期間終了時点で初めて確定するものであり、その部分については、変形期間終了直後の賃金支払期日に支払えば足りるとしています。

総枠を超えるかどうか判断するうえで前掲通達では例として、変形期間終了1カ月前に労働時間が法定労働時間の総枠を超えた場合等のように変形期間の終了を待たずに法定労働時間の総枠を超えた場合についてはこの限りではない、としています。つまり変形期間

終了を待たず、割増賃金を支払うよう求めています。なお、清算期間が１カ月超のフレックスタイム制では、総枠を超過した分は清算期間終了後に最終月の時間外労働とする扱いとなっています。

　１年変形制では、対象期間を１カ月以上の期間に区分し、労働日数と総労働時間を決める形も可能としています（労基法32条の４第２項）。具体的な労働日と時間は事前に特定する方法です。いつどのタイミングで法定の総枠超えが確定したといえるかは、ケースバイケースといえるでしょう。

 **時間年休で金額は？　日ごと所定異なる場合**

　子育てをする従業員が増えてきたこともあり、過半数労働組合がないので過半数代表者と労使協定を締結し、時間単位の年次有給休暇を導入したいと考え中です。１年単位の変形労働時間制も適用していて日ごとの所定労働時間の長短がありますが、取得１時間当たりの賃金はどう求めますか。長短にかかわらず同じでしょうか。【茨城・Ｓ社】

## A. 取得日における時間数で除する

　労基法39条４項の時間単位の年次有給休暇制度を導入する際は、年休１日分に当たる時間数を定めますが、所定労働時間を下回ってはなりません。日によって異なる場合は、１年間における１日平均所定労働時間数となり、年総所定労働時間数が決まっていないときには、所定労働時間数が決まっている期間における１日平均所定労働時間数とします（平21・５・29基発0529001号）。

　取得した際の時間当たり賃金は、１日年休を取得した場合に支払うとする平均賃金または所定労働時間働いたときの通常の賃金などの額を、時間単位年休取得日の所定労働時間数で割り求めます（労

基則25条2項など）。所定労働時間の短い日は時間当たり賃金が高くなります。なお、1日取得のときと同様簡素化が認められ、通常の賃金を用いる場合には、通常出勤したものと扱えば足りるなどとしています。

## Q6 フレックスで2暦日勤務？　割増賃金計算どうなる 始業開始時刻まで通算か

フレックスタイム制の対象者で、2暦日にまたがって勤務した従業員がいました。当社では、深夜帯にまたがる場合は許可制にしているのですが、2暦日にまたがる労働時間通算のルールだと残業は、「コアタイムの開始時刻まで」、「フレキシブルタイムの開始時刻まで」のどちらが正しいのでしょうか。【大阪・R社】

## A. 残業は清算期間の枠みて

継続した労働が2暦日にわたるとき、1勤務として取り扱うのが原則です（昭23・7・5基発968号）。時間外労働の割増賃金の計算は、所定労働時間の始期までの超過時間に対して支払えば違反にならないという解釈が示されています（昭26・2・26基収3406号）。

フレックスタイム制では、労使協定において、コアタイム（労働者が労働しなければならない時間帯）を定める場合には、「その時間帯の開始及び終了の時刻」、フレキシブルタイム（労働者がその選択により労働することができる時間帯）を定める場合には、「その時間帯の開始及び終了の時刻」を規定します（労基則12条の3）。

前掲通達の「所定労働時間の始期まで」をどう適用するかという問題ですが、そもそもフレックスタイム制では、1日単位の時間外労働という概念が存在しません。

時間外・休日労働（36）協定を結ぶときでも、フレックスタイム制については、清算期間を単位として時間外労働を判断するので、

　1日の限度時間については協定する必要はなく、その代わりに、1カ月と1年について協定すれば足ります（平30・12・28基発1228第15号）。前日の時間外と翌日の勤務が連続しても、それだけで時間外労働が発生するとは限りません。清算期間が1カ月なら、1カ月トータルの労働時間が原則として法定の枠を超えた場合、初めて時間外労働となります。本人が労働時間を調整し、1カ月の総枠内に収めれば割増賃金の支払い義務は生じません（深夜分の支払いは必要）。コアタイム・フレキシブルタイムの開始時間は、時間外の判定と無関係です。ただし、フレキシブルタイムの枠を超えて自由に深夜勤務するのはルール違反ですから、しっかり管理すべきでしょう。

 **過少な実労働と調整可？　1年変形制で途中清算**

　自己都合で4月末をもって退職する者が現れました。当社は、対象期間を1～12月とする1年単位の変形労働時間制を採用しており、前半は閑散期のため、短めの所定労働時間を設定しています。1～4月の実労働時間が法定労働時間の総枠より少ないのですが、その分の賃金を支払わない調整をすることは可能なのでしょうか。【滋賀・E社】

## A. 規定あればできる見解が　注意促す解釈例規は存在

　1年単位の変形労働時間制は、1カ月超1年以内で定めた対象期間において、週平均40時間以内の範囲内で所定労働時間の設定に柔軟性を持たせる制度です（労基法32条の4）。設定の上限となる法定労働時間の総枠は、40時間×対象期間の暦日数÷7で求めます。例えば1年（365日）なら2085.7時間です。

　途中で入社・退社があるなど、実際に働かせた期間（変形期間）が対象期間より短くなるケースが生じ得ます。この場合、割増賃金

の支払いという清算が必要になります（法 32 条の 4 の 2）。

　具体的には、変形期間の実労働時間から、40 時間×実労働期間の暦日数÷7 …（A）で計算した時間数を引き、さらに割増賃金の既払いの時間数を引いた部分が時間外労働と扱われます。なお、既払いの時間数となるのは、① 1 日単位でみて、所定 8 時間超を定めた日はそれを超えた部分、8 時間以下の日は 8 時間超の部分と、②週単位でみて、所定 40 時間超を定めた週はそれを超えた部分、40 時間以下の週は 40 時間を超えた部分（①の部分を除く）です。

　例えば 1 月〜 12 月が対象期間で、8 月末退職、変形期間の実労働時間が 1410 時間の場合は、（A）は 40 時間× 243 日÷7 ＝1388.5 時間で、21.5 時間につき清算が必要です（日・週で既払い分除く）。

　一方で、後半に長い所定労働時間の日が集中するなど、設定によっては、逆に変形期間の実労働時間が（A）より不足する可能性もあり得ます。このときは上記清算をする必要はないのですが、実労働時間が足りておらず、賃金が時給制などであればともかく、ほかの対象者と不公平が生じているという考え方もできます。

　この場合には、あらかじめ規定を設けておけば、下回った時間数に応じて賃金を差し引くこともできなくはないとする弁護士の見解があります（石嵜信憲「労働時間規制の法律実務」）。ただし、解釈例規（平 11・3・31 基発 169 号）で、変形期間の前半に対象期間中の週平均所定労働時間を超える所定労働時間を特定した月があるような場合には、清算をすると過小払いとなって労基法違反となる可能性が高いとするものがあります。また、既払いの賃金を返金させることも必要になりかねず、そうなると労働者に不利益が生じます。ハードルは低くないといえそうです。

## Q8 賃金に支給日在籍要件？　退職したら歩合給なし 賞与の考え方当てはめる

　賞与に「支給日在籍要件」を設けて、退職した従業員には支払ってきませんでした。一方、月々の賃金で在職中に未払い分があれば、退職後であっても支払うべきという話になりそうです。仮に歩合給に関して、賞与と同様の「支給日在籍要件」を定めていたら有効といえるのでしょうか。【大阪・Ｔ社】

## A. 全額払抵触する危険が

　歩合給の支給対象者を「支給日当日に在籍している者」としていた会社が、元従業員に対して歩合給の返還を求めた事案（東京地判令元・9・27）があります。当該事案において、在籍要件を歩合給の支給条件とすることに合理的理由は見出し難いとしています。歩合給を支払うか否か、その支払額をいくらとするかが原告（会社）の広範な裁量判断に委ねられているとは解し難く、歩合給は、いわゆる任意的恩恵的給付ということはできないとしました。労働の対償としての賃金に当たるという結論となっています。

　労基法で賃金とは、賃金、給料、手当、賞与その他名称の如何を問わず、労働の対償として使用者が労働者に支払うすべてのもの（11条）をいいます。賃金であれば全額払等の原則があり、単に支給日に在籍していないことをもって不支給にはできないはずです。裏を返せば賃金に当たらないとされている結婚祝金等の恩恵的給付はこの限りではありません（昭22・9・13発基17号）。

　賞与は法11条の賃金であり、法24条2項の臨時の賃金等に当たりますが、なぜ裁判等で支給日在籍要件が有効とされているのしょうか。

　賞与に関しては、基本的には支給対象期間の勤務に対応する賃金ということになりますが、そこには功労報償的意味のみならず、生

活補償的意味および将来の労働への意欲向上策としての意味が込められているなどと解されています（菅野和夫「労働法」など）。賞与の支給日在籍要件が有効となるのは、純粋に後払い的性格のみを有するものではないという判断に基づくものといえます。なお、賞与に関しては裁判で退職者に一部支払いを命じた事案があり、これを支持する学説も強く主張されています。

## Q9 休日出勤の賃金は必要？　月給に含まれるか暦で日数変動も定額で

　従業員が、会社の所定休日に勤務しました。当社は週休2日制で、本人は当該週に年次有給休暇を1日取得していました。実働は週40時間の範囲に収まっています。休日出勤の賃金が必要と考えていたところ、別の従業員が、暦の関係で毎月の所定労働日数が変動しても月給は決まった額だから、その額を支払えば足りるといいます。どうなのでしょうか。【兵庫・R社】

## A. 所定外には通常賃金を

　月給制なら暦の関係で所定労働日が少なめの2月と、多めの6月の金額を比較しても同じ額でしょう。月給制とは、民法624条2項の「期間によって定めた報酬」であり、その期間の労働時間とは直接関係がなく定められている（安西愈「新しい労使関係のための労働時間・休日・休暇の法律実務」）と解したものがあります。

　労基法において、割増賃金が必要となる1日8時間や週40時間については、実労働時間をベースとして考えるとされています（昭29・12・1基収6143号、昭63・3・14基発150号、平11・3・31基発158号）。当該週に年次有給休暇を取得したことにより実働が減ります。所定休日に労働しても、週40時間に収まれば労基法上の割増賃金を支払う義務はありません。

　所定休日の労働を、所定労働時間以外の労働とみれば、次の解釈例規を当てはめることが可能でしょう。所定労働時間7時間の日に8時間労働させたときの賃金をどのように支払うかというものです（昭23・11・4基発1592号）。法定労働時間内である限り所定労働時間外の1時間について、別段の定めがない限りには原則として通常の労働時間の賃金を支払うよう求めています。ただし、前掲解釈例規では、就業規則等によって、その1時間に対し別に定められた賃金額がある場合にはその別に定められた賃金額で差し支えないとしています。

　休日に従事する労働の内容等によっては、原則となる「通常の労働時間」の賃金とは異なるのであれば規定が必要です（すべての労働時間に同一額の賃金を支払う必要があるか述べたものとして、石嵜信憲「労働時間規制の法律実務」など）。

## Q10　算定基礎に含むか　欠勤し皆勤手当不支給

　当社では、月の所定労働日にすべて出勤した場合、皆勤手当を支給しています。今までは、どの従業員も年次有給休暇で足りる日数しか休むことがなかったものの、このたび私傷病による入院で年休を使い切り欠勤せざるを得なくなった従業員が現れました。割増賃金の計算に当たり、皆勤手当は含めなくても良いのでしょうか。【栃木・B社】

## A.　実際に支払った賃金で計算する

　割増賃金の算定基礎に含めなくても良い賃金は、労基法37条5項と労基則21条で計7種類が挙げられ、たとえば、通勤手当や住宅手当などです。制限的に列挙されているもので、これらの手当に該当しない「通常の労働時間又は労働日の賃金」はすべて算入しなけれ

ばなりません（労基法コンメンタール）。名称にかかわらず実質で取り扱います。

皆勤手当はここに該当せず、算定基礎に含めなければなりません。一方、欠勤などがあり支給しないときは、算入しなくても良いといえます。

算定の基礎となる額の計算方法は、則19条1項で、時間や月、出来高制などの決め方ごとに定められています。同項に該当しないときは、2項により、月によって定められた賃金とみなします。皆勤手当も原則ここに該当し、支給されれば含め、されなければ含めないということになります。

## Q11 パート時給を減給可能か　懲戒処分として実施　総額1割どう考える

時給制のパート、アルバイトですが、懲戒処分として減給をすることを考えています。時給を10円減らすことは可能でしょうか。よく1割までというふうにいわれますが、減給の前後で単純に時給を比較したらその範囲内に収まっていますので、問題はないのでしょうか。【鹿児島・S社】

## A. 制裁規定抵触するおそれ

懲戒処分を行うには根拠規定が必要と解されています。パート、アルバイトに適用される就業規則等の確認が必要です。懲戒としてではなく、労働契約の更新のタイミングで賃金等を見直すのであれば直接にはこの限りではありません。契約内容は勤務成績を加味して見直すことがあるなどと規定していることも少なくないでしょう。

減給に関して労基法91条では、1回の額が平均賃金の1日分の半額を超え、総額が1賃金支払期における賃金の総額の10分の1を超えてはならないとしています。

　１回の額が平均賃金の１日分の半額を超えるかですが、仮に１回の額として１時間当たりの時給を比較してクリアしているというふうにみても、減額された時給は通常１日、１カ月と継続して適用される形になります。この点、「１回の事案について１日分の半額ずつ何回にもわたって減給できるわけではない」という解釈（労基法コンメンタール）が示されています。半額までは可能とみても、懲戒処分としての恒久的な時給引下げは現実的にはできません。

　裁判例（東京地判令２・２・26）で、降格処分は原告の職責や職務内容に変更をもたらすものではないから、通常の労働に対する対価としての賃金を継続的に一定額減給するもの（略）であって、（労基法の）「減給の制裁」に当たる（昭37・９・６基収917号）としたものがあります。同条の定める「総額が１賃金支払期における賃金の総額の10分の１を超え」るものに該当することから、同条に抵触するとしています。

　一方で、「職務の内容」に何らか変化を伴う形にして賃金を見直して、これが有効といえるのであれば減給の制裁とは別問題として考えることが可能と解されます。

## Q12 深夜割増も対象になるか　代替休暇の制度を教えて

　月60時間超の時間外労働に対する割増賃金の猶予が切れ、さらに業務も忙しくなってしまったことが重なって、想像以上に賃金の支払いが増えそうです。代替休暇という仕組みがあるようですが、改めて、どのような制度か教えてください。また、深夜労働の割増分についても、対象となるのでしょうか。【長野・Ｗ社】

## A. 法定どおりなら含まれず　追加割増分で時間計算

　時間外労働をさせると割増賃金の支払いが必要になります。法定

割増賃金率は 25％ です（労基法 37 条 1 項）。ただし、時間外が月 60 時間を超えると 50％ となります（1 項ただし書き）。60 時間超の部分は、法定割増率が引き上がった分だけ追加的な支払いが必要になるといえますが、この追加分に代え、有給の休暇である「代替休暇」を与えることもできるとしています（3 項）。

　導入には労使協定の締結が必要です（届出不要）。締結事項は、代替休暇として与える時間数の算定方法、代替休暇の単位（1 日・半日）、付与できる期間（60 時間を超えた月の末日から 2 カ月以内）、取得日の決定方法および割増賃金の支払日などです。

　代替休暇として与える時間数は、60 時間を超える時間外労働の時間数に換算率を掛けて計算します。換算率は、平たくいえば、時間外 60 時間以下に対する割増率から 60 時間超の割増率への引上げ分をいいます。正確には、代替休暇を取得しなかった場合の割増率と、取得した場合の割増率との差に相当する率です。これらを協定しますが、取得しなかったときの割増率は法 37 条 1 項ただし書きから 50％ 以上とし、一方で取得した場合の割増率は同項本文から 25％ 以上とする必要があるとしています（平 21・5・29 基発 0529001 号）。

　例えば、割増率が、法定どおり 60 時間以下 25％、60 時間超 50％ で、ある月の時間外労働が 80 時間というケースでは、換算率は 50 － 25 ＝ 25％ となり、これに 60 時間超の時間数を掛け、25％ × 20 時間 ＝ 5 時間と計算できます。

　深夜労働の割増賃金は、換算率の考え方から、基本、含まれないといえます。時間外かつ深夜労働の場合は、時間外の割増率に深夜の割増率 25％ が乗ります。つまり、法定どおりなら 60 時間以下は 50％、60 時間超は 75％ ですが、この差を取ると 25％ になり、含まれないことと同じことになります（労基則 19 条の 2 第 2 項）。

　なお、所定労働日と法定外休日で割増率が異なるときは、それぞれの換算率を算出しておき、対応する時間数をかけて足し合わせることで代替休暇の時間数を計算するとしています。双方の換算率が

同一となるように労使協定で定めることも可能です（改正労働基準法に係る質疑応答）。

## Q13　どの算定基礎を使用　清算期間途中に昇給なら

清算期間を３カ月とするフレックスタイム制を今年４月に導入しました。ただ、当社は昇給が昔から８月で、７～９月の清算期間の途中で賃金が変わる形となりました。この場合、割増賃金の算定基礎はどう考えるのでしょうか。【広島・Ｆ社】

## A. 賃金締切日へ対応する額で

労基法 32 条の３によるフレックスタイム制で割増賃金の支払いが必要な時間外労働となるのは、①法定労働時間の総枠を超えた部分です。同総枠は、法定労働時間の週 40 時間に、清算期間の暦日数を掛け、７で割って求めます。

ただし、清算期間が１カ月を超えるときは、途中清算が必要になることがあります。②清算期間を１カ月ごとに区分した各期間につき、週平均 50 時間を超える部分を時間外労働として、各期間に対応した賃金支払日に割増賃金も支払います。つまり、50 時間×各月の暦日数÷７で求めた時間数を超えた部分が、時間外労働となります。②で清算した部分については、①で重複して支払う必要はありません。

割増賃金の算定基礎については、賃金締切日の賃金額がベースになります。したがって、①の清算では、昇給後の賃金額が算定基礎となります。なお、②の清算において、昇給前の賃金で賃金計算を行う期間がある場合は、昇給前の賃金額を基礎として計算して差し支えないとされています（平 31・４改正労働基準法に関するＱ＆Ａ）。

# Q14 保険料の控除はどうする　賃金締切日近くし切れず

パートを新たに雇うことになりました。労働時間の都合上、健康保険や厚生年金の被保険者資格を当初から取得することになります。なるべく早くから働いてもらいたいのですが、最初の就労日が賃金締切日とかなり近く、社会保険料を賃金から控除し切れない可能性がありそうです。どうすればよいでしょうか。【岡山・A社】

## A. 話合いによると解釈例規　就業規則へ規定も設けて

賃金の支払い方には賃金支払5原則が定められており、通貨で、直接労働者に、その全額を、毎月1回以上、一定の期日を定めて支払わなければなりません（労基法24条）。ただ例外もあり、全額払の原則は、法令に別段の定めがある場合と、労使協定が締結されている場合（届出は不要）に、賃金からの控除が認められます。

例外の前者により、健保法167条に基づき、健康保険料の被保険者（労働者）負担分を源泉控除をすることができます。ただし、この控除は前月分に限られ（昭2・2・5保発112号）、前々月や将来の保険料の控除を行うことはできません。

保険料の納付義務は、被保険者分も事業主負担分も事業主が一括して負います。被保険者に支払うべき報酬がなく保険料を控除できなかったり、支払っても控除し切れなかったりした場合でも、被保険者の負担すべき保険料は、納付すべき義務を負うとしています（昭2・2・18保理578号）。

このようなときは立替えなどが必要になりますが、この立て替えた「当該負担分はあくまで被保険者の負担すべきもので、事業主は、その部分について私法上の求償権を有する」（昭25・6・21保文発1418号）とされています。また、労働者がどのように事業主へ支払

うかについては、解釈例規では、話合いによるとしています（昭29・9・29保文発10844号）。

したがって、労働者と話合いのうえ、支払ってもらうことが可能といえます。就業規則に規定を設けておくとベターでしょう。厚労省が出した育介法のモデル規定例では、保険料の免除がない介護休業取得時について、立て替えた額を翌月○日までに従業員に請求し、従業員は会社が指定する日までに支払うとしています。さらに、休業取扱通知書で、振込みまたは持参と支払い方法を指定していました。

なお、賃金の過払いを後日の賃金で調整する調整的相殺については、労使協定がなくとも、過払いの時期と相殺の時期が賃金の精算調整たる実を失わない程度に接着しており、相殺が労働者に予告されるとかその額が多額にわたらないなど労働者の経済生活の安定を脅かすおそれのないといった要件を満たせば、全額払原則に反しないとされています（福島県教組事件＝最一小判昭44・12・18）。いずれにせよ、労働者への説明は必要でしょう。

## Q15 賃金に当たり未払い状態!? 手当申請忘れた従業員 遡及規定見当たらないが

当社で家族手当の申請をうっかり忘れていた従業員がいます。このたびまとめて支払ってほしいといわれたのですが、賃金規程をみてもさかのぼって支払うといった規定はありません。手当は賃金に当たるから支払うべきではと従業員はいいますが、どうすべきでしょうか。【三重・G社】

## A. 支給開始時期の確認を

労基法の賃金（11条）に該当すれば、全額払（法24条）や時効（法115条）に関する規制が適用されます。賃金とは、名称の如何を問わず、労働の対償として支払われるものをいいます。判断する基準

の尺度として、「任意的、恩恵的なもの」「福利厚生施設」「企業設備の一環」等が考えられるとしています（労基法コンメンタール）。任意に与える慶弔見舞金に関して、賃金に該当する可能性を指摘した行政解釈があります（昭22・9・13発基17号）。就業規則等によってあらかじめ支給基準が明確にされていて、それに従って使用者に支払い義務のあるものは、労働の対償と認められるとしていて、学説も同様に、賃金規程で制度化されている限り賃金としています（菅野和夫「労働法」）。

　もっとも手当の支給条件をどのように定めるかは各社各様です。住宅手当であれば、持ち家なのか賃貸なのか等で金額が変わるのが通常です。届出等が出され、内容を審査したうえで支給可否を決定することもあり得るでしょう。

　確認が必要なのは、規定上支給開始時期をどのように定めているかです。たとえば、届出日なのか、あるいは支給事由発生日の属する月の翌月なのかは遡及する・しないの判断につながる可能性があります。その他、手当によっては会社が知り得たということも考えられます。家族手当なら結婚したときや子どもが生まれたときの異動手続きの有無、住宅手当であれば住宅を購入したときの税金関係の手続き等です。

　いずれにせよ支給開始時期を規定で明らかにしておく必要があるでしょう。たとえば、「所定の期日までに届出のないものについては、原則として当該月まで遡及して支給することはしない」としつつ、ただし書きで会社が認めた場合は最大2年間遡及することがあるとした例がありました。

## Q16 基準日ごとに時季指定？ 年休付与日を繰上げなら

近年事業規模が拡大し労働者が増加しつつあるものの、中途が多く入社日がバラバラです。年次有給休暇の管理が煩雑になってきたことから、付与する基準日を統一したいと考えています。最後に迎えた基準日と、繰上げ後の基準日のそれぞれにおいて、1年以内に年5日、年次有給休暇の時期指定義務が生じるのでしょうか。【神奈川・R社】

## A. 重複期間に対し考慮あり1年以上のスパンで取得

年次有給休暇は、雇入れ日から6カ月継続勤務し、その出勤率が8割以上のとき、付与されます（労基法39条1項）。付与される日を「基準日」と呼び、毎年基準日ごとに、勤続年数に応じた新たな年休が与えられます。10日以上付与された場合、うち5日については、基準日から1年以内に使用者が時季を指定し取得させなければならないという時季指定義務が課されます（法39条5項）。

基準日は労働者ごとに異なることとなりますが、法定の基準日を前倒しする形で基準日を統一する取扱いが認められています（平6・1・4基発1号）。この場合、入社から半年以上経った労働者には、時季指定義務に関して、最後の基準日（第1基準日）からの1年間と、繰り上がった基準日（第2基準日）からの1年間に重複が生じるという「ダブルトラック」が発生します。

このときの取扱いが、労基則24条の5第2項で示され、重複した期間に応じた日数を取得させることも可能としています。具体的には、第1基準日から起算して、第2基準日から1年を経過する日までの間に、その期間の月数を12で割り5を掛けた回数について取得させることになります。たとえば、7月1日に10日付与され、基準日統一で翌4月1日に11日付与される場合は、7月1日〜翌々年3

月31日までの21カ月の間に9日（21÷12×5＝8.75日）取得させる必要があります（平31・4「改正労働基準法に関するQ＆A」）。

　基準日の繰上げに関して、条件は、①前倒しして短縮した期間における出勤率は全部出勤したとみなすこと、②次年度以降の付与日についても、同じ日かそれより前にする（繰上げる期間は当初と同じかそれ以上とする）こととされています。②は例えば、4月1日に入社し、本来10月1日が法定の基準日となるところ、入社時点に前倒して10日付与した場合には、4月1日が基準日となり、次に勤続1年6カ月における11日の年休を付与するタイミングは1年後の4月1日以前とするということです。また、基準日は複数設定可能で、4～9月入社は10月1日、10月～翌3月入社は翌4月1日などとすることもできます。

 退職前に年休フル消化？　シフトを確定する前　所定労働日どう考える

　シフト制で働く従業員から、「退職前に残った年次有給休暇をすべて消化したい」という申出がありました。会社としてはやむを得ないと考えていますが、ただ、シフトを確定する前の請求でした。1カ月まるまる年休のシフトというのも、それはそれでありなのでしょうか。【大阪・W社】

## A. 最低限の休日数は確保

　休日は就業規則の記載事項の中でも、いわゆる絶対的必要記載事項（労基法コンメンタール、昭25・2・20基収276号）です。ただし、パートらに関して、個別の労働契約等で定める旨の委任規定を設けることも可能となっています（昭63・3・14基発150号、平11・3・31基発168号）。

　いわゆるシフト制留意事項（令4・1・7基発0107第4号）にお

いては、労働契約締結のタイミングで休日が定まっている場合には明示しなければならないとしつつ、具体的な曜日等が定まっていなければ、休日の設定にかかる基本的な考え方などを明示すれば足りるとしています。

　休日と表裏一体の関係にある労働日に関して、労働契約等でどのように定めているかの確認も必要です。前掲通達では、所定労働日の設定の仕方として、あらかじめ一定期間において目安となる労働日数を取り決めておくことが望まれるとしていますが、決めていないことも少なくないでしょう。

　年次有給休暇を付与しているということは、週または年間の所定労働日を見積もっているはずです。訪問介護労働者に関する通達（平16・8・27基発0827001号）ですが、予定されている所定労働日数を算出し難い場合、基準日直前の実績を考慮して所定労働日数を算出しても差支えないとして、過去6カ月の労働日数の実績を2倍したものを用いることを可能としています。

　具体的な所定労働日数はケースバイケースになりますが、年休を充てるうえで労基法35条では、少なくとも週1日の休日の付与を義務付けていることには留意が必要でしょう。なお、仮に就業規則で月の休日を9日などと規定しているときには注意が必要です。就業規則を下回る労働条件を合意してもその効力は否定されることがあります（労働契約法12条）。

**年休与えられるか？　機械不調で休業させた日**

　機械の不調で修理が必要になったため、翌日、一部の労働者を休ませました。後日、ある労働者から「近く失効する年休があるのでその日取得したことにしてほしい」といわれました。休業手当より、100％の賃金が保障される年休の方が得と考えてのようです。休業日に年休を与えられるのでしょうか。【福井・O社】

## A. 請求あれば認めても可

　本来労働日の日に労働者を休ませたとき、使用者の責めに帰すべき事由による場合は、平均賃金の60％の休業手当を支払う必要があります（労基法26条）。使用者の責めに帰すべき事由は、第1に、使用者の故意、過失または信義則上これと同視すべきものよりも広く解され、第2に不可抗力によるものは含まれないとしています。

　会社都合で休業させている期間は労働者の労働義務がなくなるため、労働義務を免除するという法39条の年休を同時期に重ねて与えなくても、同法違反にはならないとしています（労基法コンメンタール）。ただし、労働者の請求に基づき、年休を事後的に取得したと認めても差し支えないとされています。この場合、年休の賃金と重ねて休業手当を支払う必要はありません。また、不可抗力的事由による休業も同様に取得可能としています。

 年休取得認める必要が？　休日労働を命じた日でも

> 　トラブルが続いていて、休日労働を視野に入れざるを得ない状況です。休日労働を命じたところ、ある従業員から同日について年次有給休暇の申請がありました。休日労働命令により労働日になったということで、取得を認める必要はあるのでしょうか。【福岡・D社】

## A. 義務発生も労働日不該当　例外的な取扱いのため

　休日労働をさせるには、まず時間外・休日労働（36）協定を締結し届出をする必要があります（労基法36条）。これにより労基法上の免罰効果を得られますが、個々の労働者へ労働義務を発生させるには、就業規則などに時間外・休日労働命令の規定を設けて周知することにより、命令権を取得しておくことが求められます。

　次に年次有給休暇について、基本は、雇入れから6カ月間継続勤務し全労働日の8割出勤した労働者へ10労働日付与するとしています。以後1年ごとに、勤続年数に応じた日数を付与します。年休は、賃金の減収を伴うことなくして、所定労働日に休養させるために付与されるものです。労働者の請求する時季に与えることが基本となります（法39条5項）。

　しかし、賃金の減収を伴うことなく労働義務の免除を受けるものなので、休日その他労働義務の課せられていない日については、これを取得する余地がないとされています（昭24・12・28基発1456号）。本条が「10労働日」の有給休暇を与えるという文言を使用しているのもかかる立法趣旨からであると解されるとしています（労基法コンメンタール）。

　休日労働は、休日という本来労働義務のない日における臨時的な取扱いであり、当初から労働日である日に行われるものではありま

せん。例外的な労働義務であり、休日労働を命じて労働義務を発生させたとしても労働日となるわけではないといえます。また、発生要件にある「全労働日」の算定に当たり、労働日とみるべきか否かに関して、所定休日は、所定休日に労働させた場合を含めて、全労働日に含めないとしています（昭33・2・13基発90号）。休日労働が労働日であることを否定しているといえます。

したがって、年休を請求されても与える必要はないでしょう。なお、休日労働命令については、業務上の必要性と労働者の私生活上の自由のバランスを考慮したうえで、正当かどうか（権利濫用にならないか）を考える必要があるとされています（石嵜信憲「懲戒権行使の法律実務」）。必要性が大きくても、例えば、ほかに対応できる人がいなかったり（非代替性）、その日に対応しないと具体的に損害が生じたり（損害性）するなどの事情がない限り、命令を拒否し従わない事実があっても懲戒処分をすることはできないと考えた方が良いとしています。

##  労使協定だけで控除可？ 10人未満で就業規則なく

互助会を設けようと話合いを進めています。当社は10人未満で就業規則は作成していませんが、労使協定のみで互助会費の賃金控除は可能なのでしょうか。【京都・E社】

## A. 労働者から同意得たなら 免罰効果が発生するのみ

労基法24条で賃金支払いの5原則が定められており、その1つに全額払原則があります。これは、賃金の一部を控除して支払うことを禁止するもので、「控除」とは、履行期の到来している賃金債権についてその一部を差し引いて支払わないことをいう（それが事実行為によると法律行為によるとを問わない）とされています（労基法コンメンタール）。

この例外として賃金控除が認められているのは、法令に別段の定

めがある場合と、過半数労働組合（ない場合は過半数代表者）と労使協定を締結した場合です。前者は、労働保険料や社会保険料などです。後者は、購買代金、社宅、寮その他の福利、厚生施設の費用、社内預金、組合費等、事理明白なものについてのみ、労基法36条1項の時間外労働と同様の労使の協定によって賃金から控除することを認める趣旨であることとしています（昭27・9・20基発675号など）。また、労使協定の様式は任意としつつも、少なくとも、①控除の対象となる具体的な項目、②右の各項目別に定める控除を行う賃金支払日を記載するよう指導することとしています。

　次に就業規則は、常時10人以上の労働者を使用する事業場で作成が必須になります（法89条）。10人未満なら不要ですが、厚労省は作成が望ましいとしています。

　10人未満で就業規則がない場合でも、賃金控除の労使協定を締結（労基署への届出は不要）し、労働者から同意を得れば、控除は可能といえます。労使協定は、本来は労基法違反となる行為をしても違反しないという免罰効果のみを発生させるため、賃金控除も締結により、全額払い違反として罰則を適用されたり、強行法規違反として違反無効とされることがなくなります。

　ただ、免罰効果のみのため、労働契約上控除が適法かどうかは別問題とされています（菅野和夫「労働法」）。同著は、賃金控除が適法となるためには、労働協約または就業規則に控除の根拠規定を設けるか（労組法16条、労契法7、10条）、対象労働者の同意（同法8条）を得る必要があるとしています。これは、時間外労働をさせるには、36協定の締結・届出に加えて、命じるための就業規則などにおける根拠が求められることと同じといえます。

　なお、例えば法91条の減給は、条文に「就業規則で…減給の制裁を定める場合」と、就業規則の規定を求めています。一方、賃金控除は条文に就業規則という文言がないことから、後者の同意でもできるようになるといえるでしょう。

　従業員を解雇することが決まり、解雇日の 30 日前までに解雇予告をしました。ところがその 2 週間後、同従業員から新しい就職先が決まり、予定日より前に辞めたいと申出がありました。引継ぎなどの目途もついていて応じる予定ですが、この場合でも解雇の扱いのままで、解雇日が前倒しになる分だけ解雇予告手当の支払いが必要になるのでしょうか。【栃木・Ｚ社】

## A. 自己退職するといえるなら不要

　解雇時は、原則、少なくとも解雇日の 30 日前に解雇予告をしなければなりません（労基法 20 条）。30 日前より後になると、解雇予告手当として 30 日分以上の平均賃金の支払いが必要ですが、解雇予告期間は平均賃金を支払った日数分短縮可能で、両者を併用し、予告日の翌日～解雇日で 30 日に満たない分を予告手当で穴埋めすることもできます。

　予告後も解雇日までは雇用関係が続きます。労働者が新たな就職先をみつけて雇用契約を結び、そこでの勤務を開始する申出をしても、予告期間中は勤務を要求できます。ただし、労働者自らの意思で自己退職の意思表示をしたと認められる場合や、勤務要求に従わない場合は、労働者から退職の意思表示があったとして、予告期間満了前に雇用関係が終了することになります（昭 25・9・21 基収 2824 号）。この際は解雇日までの解雇予告手当の支払いも不要といえます。

**インフレ手当は割増基礎か　一時金でなく毎月支給　物価高騰への対応目的**

　当社でインフレ手当の支給を検討しています。一時金ではなく、従業員全員に毎月支払う形にしたとき、割増賃金の除外賃金に当たらず算定基礎から除けそうな感じはしませんが、含めて考えるべきものという結論で良いでしょうか。【大阪・R社】

## A. 家族手当で除外可能性が

　物価上昇に配慮して手当の創設や特別一時金を支給する企業があります。毎月の手当として支給するときに、これを昇給の上乗せやベースアップの前倒しとみれば、割増賃金の計算基礎に含める形で考えたとしてもおかしくはありません。

　割増賃金の算定基礎から除外できるものとして、労基則21条には7種類の賃金を列挙しています。これは単なる例示ではなくて、制限的に列挙されたものと解されています。家族手当や住宅手当などが含まれていて、家族手当は、「扶養家族またはこれを基礎とする家族手当額を基準として算出した手当」をいいます。その他、除外賃金には、「臨時に支払われた賃金」もあります。しかし、全社員一律いくらといった形で毎月支給するとき、非常にまれに支給事由が発生するものとはいえないでしょう。

　除外賃金である家族手当等は単に名称によるものではなく、その実質によって取り扱うべきものとなっています（昭22・9・13発基17号）。インフレ手当は、物価上昇応援手当などという名称で支給している企業もあります。物価手当、生活手当等の名称であっても、ここでいう家族手当に該当する可能性があると前掲解釈例規は指摘しています。物価の高騰は、扶養家族が多ければ多いほど影響を受けるという見方もできそうです。そこで扶養家族数等を基準とできれば、ここの家族手当に該当する可能性ありといえるでしょう。た

だし、これは家族手当の一部上乗せのイメージで、そもそも同手当が支給されない人に手当を支給すれば、これは割増賃金の算定基礎に含めるべきものといえます。均衡上独身者に対しても一定額の手当が支払われている場合には、これらの手当のうち独身者に対して支払われている部分は家族手当ではない（中川恒彦「賃金の法律知識」）と解されています。

## Q23 早出残業の取扱いは？　時間外とイコールか就業規則に繰上げ規定

　先日、当社で「早出残業」が発生しました。その日の残業時間を記録する方法として、2つの案が出ています。1つは、早出の時間をそのまま時間外として計上する方法、もう1つは、勤務を変更して繰り上げた形としてみる方法です。ともに割増賃金を支払うとき、両者を比較することにあまり意味がないのでしょうか。
【兵庫・Z社】

## A.　1日8時間超をカウント

　東京労働局「しっかりマスター労働基準法　割増賃金編」には、概要次のQ＆Aがあります。「午前9時から午後6時まで（休憩1時間）を勤務時間としていますが、掃除当番に当たる者を交代で午前8時に出勤させたケースです。『早出残業』として午前8時から9時までを時間外労働として考えれば良いでしょうか」、という問いに対して、午後5時以降を時間外労働として取り扱うという回答になっています。

　「早出残業」とは始業時刻より前に、出勤・就労を求める措置です。「残業」と呼んでいますが、法律的にいえば、早めに出勤し、通算の労働時間が8時間を超えた時点で、それ以降の時間帯（終業時刻より前）が時間外労働となります。

　一方、就業規則で始業終業時刻の繰上げ、繰下げに関する規定を当てはめて考えることもできます。一般的な規定として、会社は、業務上の必要性がある場合、始業・終業時刻を繰り上げ、または繰り下げることがあるというものです。始業を繰り上げればその分終業も繰り上がる仕組みです。

　両者で相違があるとしたら所定労働時間を一部欠勤したときの欠勤控除の有無等といったことがあるかもしれませんが、それはさておき、労基法上、早出で働いた時間に対して、直接割増賃金の権利は発生しません。ただし、就業規則等で始業時刻前の就労に対して、割増賃金の支払いを定めている場合を除きます。時間外・休日労働（36）協定上、時間外労働とみなされるのは、通算して8時間を超えた後の時間帯です。

　労働時間等の記録に関してですが、常時使用される労働者は、様式20号の賃金台帳を用いる（労基則55条）としています。法定の記載事項（労基則54条）は、法定の労働時間を延長した場合の時間数のように読めますが、様式で早出残業時間数を記載するよう求めている点には留意が必要です。

# 労働時間関係

## Q24 １年変形制で休日振替は？　勤務割を変更する形 通常の時間制より制約

　１年単位の変形労働時間制は、業務の都合によって労働日等を変更する制度は認められないといいます。通常の労働時間制よりもいくつか制約があり、休日の振替も認められないのではという意見がありますが、問題があるのでしょうか。【兵庫・R社】

## A. 連続労働日数６日に注意

　１年変形制においては、労働日および労働日ごとの労働時間を定める必要があります（労基法 32 条の４第１項４号）。対象期間を平均して１週間当たりの労働時間が 40 時間を超えないように、労働日と労働時間を設定しなければなりません。なお、１日および１週間の労働時間などに限度が設けられています。

　労働時間の定め方は、①対象期間中すべてについて定める方法と、②対象期間を１カ月以上の期間ごとに区分して、各期間が始まるまでに、その期間における労働日および労働時間を定める方法があります。②は、対象期間が始まるまでに、労使協定において具体的に定める必要があります。

　労働日や労働時間の特定がポイントです。年間の総労働時間を変えずに、期間ごとの総労働時間を入れ替えることができるかというと、労使の合意があっても認められないというのが行政の解釈です（昭 63・３・14 基発 150 号、平６・３・31 基発 181 号）。休日の振替も労働時間の枠を維持したまま、休日と労働日を入れ替えるイメージです。

　ただし、１年単位の変形労働時間制の趣旨を損なわない範囲内で、休日の振替を認める解釈例規があります（平11・3・31 基発 168 号）。休日振替の要件は、就業規則に根拠規定を設け、あらかじめ振り替えるべき日を特定して振り替えることが必要です。なお、１年単位の変形労働時間制については、労基則 12 条の４第５項で、「連続して労働させる日数の限度は６日、ただし、特定期間として定められた期間における連続して労働させる日数の限度は１週間に１日の休日が確保できる日数とする」と定めています。対象期間（特定期間を除く）においては連続労働日数が６日以内、特定期間においては１週間に１日の休日が確保できる範囲内という要件を満たす必要があります。

 **連続労働日数に抵触か？　１年変形制で労働７日目**

　　１年単位の変形労働時間制を採用しています。新しく導入した機械のトラブルで、土曜日に加え、法定休日の日曜日に出勤させる必要がありそうです。特定期間外のため連続労働日数の限度に抵触しそうですが、そうなると出勤させられないのでしょうか。
【福岡・Ｓ社】

## A. 36 協定などに基づけば可　所定を制限する解釈が

　１年単位の変形労働時間制は、１カ月を超え１年以内で定める対象期間において、労働時間の設定に柔軟性を持たせる制度です。導入には労使協定の締結・届出が必要で、締結事項は、①対象労働者、②対象期間、③特定期間、④労働日および労働日ごとの労働時間、⑤労使協定の有効期間です。③は、対象期間のうち、とくに繁忙な時期をいいます。④は、原則では全期間について定めますが、対象期間を１カ月以上の期間ごとに区分する場合、最初の期間を除き、当

初は各期間の労働日数と総労働時間を定めれば足りるとしています。

　同変形制には、所定労働時間・労働日の決め方に各種制約が設けられています。たとえば、所定労働時間は1日10時間、週52時間が上限です。連続労働日数にも限度があり、原則は最長6日で、先述の特定期間については、1週間に1日の休日が確保できる日数（最長12日）としています（労基則12条の4第5項）。特定期間の長さに上限は定められていませんが、対象期間の相当部分とするのは法の趣旨に反するとしています（平11・1・29基発45号）。

　ご質問の場合、法定休日である日曜日に労働させると連続労働日数が7日となりますが、同日を法定休日労働として、時間外・休日労働（36）協定の範囲内で、かつ割増賃金を支払い労働させた場合には、連続労働日数の上限に抵触しないこととなります。則12条の4で定める労働日数・時間数の限度に関して、労基法コンメンタールで「労使協定で定める労働時間、労働日、すなわち、所定労働時間、所定労働日に関する限度であるので、第33条又は第36条に基づき時間外・休日労働としてこの限度を超えて労働させることはできる」としていることからです。また、36協定に基づく休日労働は、労使協定が免罰効果を持つことから法35条違反を問われなくなり、休日労働があった後に「代休を与える法律上の義務はない」ともされています（昭23・4・9基収1004号、平11・3・31基発168号）。

　なお、同変形制の趣旨は、年間単位の休日管理により休日増を図ることを目的としているとなっています（平6・3・10基発132号）。特定期間の連続12日の限度についても、「長期間の連続労働日数は好ましいものではないことから、これを常態とすることは、本制度にそぐわないものであること」としていて、留意は必要でしょう。

# Q26 1年変形で労働日数は？ うるう年のため1日多い

　　1年単位の変形労働時間制を適用しており、引き続き労使協定を締結する予定です。同制度は労働日数の設定に制限があるところ、うるう年には、その分労働日数を1日増やせたりするのでしょうか。【北海道・E社】

## A. 最長280日など変更なし　法定総枠計算に影響あり

　　1年単位の変形労働時間制は、労使協定の締結により、1カ月を超え1年以内で定める対象期間において、労働時間の設定に弾力を持たせる制度です（労基法32条の4）。すべての労働日と各労働日の労働時間を特定しなければなりませんが、対象期間を1カ月以上の期間ごとに区分する際は、最初を除き、当初は各区分の労働日数と総労働時間数を定めれば足ります。

　　労働時間は週平均40時間を超えない範囲とします。総労働時間の上限（法定労働時間の総枠）は、40時間×対象期間の暦日数÷7で求めます。対象期間が1年で暦日数が365日なら40×365÷7＝2085.7時間、うるう年なら40×366÷7＝2091.4時間です。半年で暦日数183日なら、40×183÷7＝1045.7時間となります。なお、週の法定労働時間が44時間になる特例措置対象事業場でも40時間で計算します。

　　対象期間が3カ月を超える場合は、対象期間の労働日数にも制限が課されます。条文（労基則12条の4第3項）上では対象期間について1年当たり280日としていますが、具体的には、280日×対象期間の暦日数÷365で求めます。整数とならない端数については、切り捨てて適用するとしています（労基法コンメンタール）。例えば、対象期間7カ月（暦日数214日）なら、280×214÷365＝164.16日で164日が上限です。ご質問のように対象期間がうるう年

を含んでいたとしても、労働日数の限度や計算式に変更はないとしています。

すでに1年変形制を適用していて翌年も更新するような場合に受ける労働日数の制限もあります。過去に締結した労使協定を旧協定、新たな協定を新協定とします。制約があるのは、いずれも対象期間が3カ月超で、新協定の対象期間の初日の前1年以内の日を旧協定の対象期間が含む場合、つまり新協定の対象期間前1年間に1年変形制の適用があったときです。そのうえで、1日、週の労働時間について、旧協定の最長の時間数より新協定のほうが長いものがあるか、新協定で1日9時間、週48時間を超える時間を定めているかのいずれかに該当する場合は、旧協定の労働日数から1日減じた日数または280日のどちらか少ないほうが上限となります。例えば、旧協定における労働日数が252日、最長の労働時間は1日8時間50分、週48時間のときに、新協定で1日10時間の労働時間を設定したいときは、新協定の労働日数の上限は、280日ではなく251日となります。

 **Q27** 暦週以外の1カ月変形制は？　前半と後半で2等分　端日数発生を避けたい

1カ月変形労働時間制は、あらかじめ労働時間を特定する必要がありますが、人手不足もあり柔軟に運用できないか考えています。変形期間を細かくして特定する時期を遅らせることを検討中です。週単位だと月の中で端日数が出てしまいます。月の前半と後半で二分することも問題ないでしょうか。【愛知・Y社】

## A. 特定要件満たせば可能

労基法32条の2は、1カ月以内の一定の期間を平均し、週の法定労働時間を超えない定めをすることを、変形労働時間制の条件にし

ています。「最長限度は1カ月であるが、1カ月以内であれば、4週間単位等でもよい」としています（労基法コンメンタール）。

　変形制のメリットを、1週間の例で考えてみます。通常勤務は、月〜金曜日の8時間勤務とします。同じ日の夜間に勤務することがあり、通常の労働時間制であれば始業の日が属する日の労働として労働時間を通算して時間外割増賃金が必要になることがあります。あらかじめ変形制を適正に導入することで、時間外となる部分は生じなくなることがあります。

　1カ月単位の変形制を導入するには、労使協定または就業規則その他これに準ずるものにおいて変形期間における各日、各週の労働時間をあらかじめ特定しなければなりません。特定の要件を満たさないと制度自体無効となり、通常の労働時間計算によることになるため注意が必要です。裁判例（名古屋地判令4・10・26）では、原則である4つの勤務シフトの組合せ以外に店舗独自の勤務シフトを使って勤務割が作成されていることから、各日・各週の労働時間を具体的に特定したものとはいえないとして、変形制の導入要件を満たさないとしました。

　直前までシフトを決められないことへの対応として変形期間を細かく定める方法も検討に値するでしょう。変形制における時間外労働の考え方として、変形期間が週単位でない場合が挙げられています（前掲コンメンタール）。この場合には、1週間を暦週（あるいは変形期間の初日を週の起算日）でみるとともに、変形期間をまたがる週についてはそれぞれ分けて考える必要があります。

 変形時間制の特徴教えて　小売業で日により繁閑

当社は小規模な小売業で、日によって繁閑があることから、1週間単位の非定型的変形労働時間の導入を考えています。一方で、1カ月変形制を1週間単位で回す方法もあるように思ったのですが、どのような違いがあるのでしょうか。【京都・O社】

## A. 1日最大10時間労働まで　特例事業場でも40時間に

　1週間単位の非定型的変形労働時間制（労基法32条の5）の対象は、日ごとに著しい業務の繁閑があり、繁閑も定型的でなく、就業規則であらかじめ労働時間を特定できないために1カ月変形制で対応不可能な事業です。具体的には、小売業、旅館、料理店および飲食店の事業で、さらに常時使用する労働者数が30人未満であることも要件です（労基則12条の5）。

　過半数労働組合（ない場合は過半数代表者）と締結する労使協定において、1週間の所定労働時間を40時間以内の範囲で定め、届出をすることで、最大1日10時間まで労働させることができます。なお、週44時間の法定労働時間が認められている特例措置対象事業場であっても、週所定労働時間は40時間以下とする必要があります。

　1週間変形制を採用した際は、就業規則で各日の始業・終業時刻を定める必要はありません。就業規則には、1週間の所定労働時間を定めるとともに、各日の始業・終業の時刻については、労働者に通知する時期、方法等を規定しておけば足りるとされています（労基法コンメンタール）。ただし、始業・終業の原則的な時刻やいくつかのパターンが決まっているときなどは、就業規則に定めておく必要があります。

　1週間における各日の労働時間については、少なくともその1週間が始まる前に、書面で労働者に通知しなければなりません。緊急

でやむを得ない事由がある際には、前日までに書面で通知すれば、事前に定めた労働時間を変更できます。緊急でやむを得ない事由とは、使用者の主観的な必要性ではなく、台風の接近、豪雨といった天候の急変など客観的事実により、当初想定した業務の繁閑に大幅な変更が生じた場合としています（前掲コンメンタール）。

　１週間変形制が使えるときに１カ月変形制（法32条の２）を使用することも可能です。後者は、変形期間を１週間とすることもできます。この場合でも１カ月変形制であるため、適用開始前に各日・各週の所定労働時間を特定する必要があります。

　このように１カ月変形制を使う利点として、まず、特例措置対象事業場なら、週平均44時間の所定労働時間を設定できます。１日の労働時間に制約もないため、１日10時間を超える時間数も設定可能です。このほか、就業規則で導入すれば、労使協定は不要といえます。導入に関して、労使協定または就業規則その他これに準ずるもので定めるとしているためです。

## Q29　欠勤扱いできるか？　フレックスで全日不就労

　フレックスタイム制に関する労使協定の期限切れが近付いていて、見直しを進めています。コアタイムをなくすことを考えているのですが、一方で全日出勤しないというのはいかがなものかという意見や、その際の皆勤手当の支払いをどうするかなどの疑問が出ています。このような場合に欠勤として扱い、さらに欠勤控除などすることは可能でしょうか。【新潟・Ｙ社】

## A. 規定し制度設けたなら

　フレックス制では、始・終業の時刻の決定を労働者に委ねます（労基法32条の３）。導入すると実労働時間が法32条の１日８時間など

を超えてもただちに時間外とならなくなる一方、１日の標準労働時間に達しなくても欠勤となるわけではないとしています（厚労省「フレックスタイム制のわかりやすい解説＆導入の手引き」）。

　全日出社しなかった場合は、欠勤と扱うことができるとする見解があります（石嵜信憲「労働時間規制の法律実務」）。始・終業の時刻を委ねても、労働日に労働する義務は残るためです。同著では、労使協定に定めることで、全日勤務しなかった場合に総労働時間数から標準となる１日の労働時間数を控除する制度設計とし、時間外労働命令がなければ結果として欠勤分の控除が可能になるとしています。賃金を控除せずあくまで総枠で考え、賞与などの査定に反映させる制度とすることも可能とします。

## Q30 コアタイムの決め方自由？　重要な会議が発生 枠広げて時間数特定

　フレックスタイム制のコアタイムですが、10 時から 15 時としています。急遽９時から重要な会議を行って出席を求めるとき、始業を委ねたといえるかが問題になるかと思います。そこで、コアタイムの幅をもたせて一定の時間帯のうち〇時間という決め方は可能でしょうか。具体的な時間帯は、勤務開始前に特定します。【兵庫・Ｂ社】

## A. 開始終了定めたか問題に

　コアタイムは、法令上必ず設けなければならないものではありませんが、設ける場合には、労使協定において、その開始および終了の時刻を定めなければなりません。コアタイムを設ける日と設けない日があったり、日によってコアタイムが異なるものなども可能と解されています（労基法コンメンタール）。

　コアタイムの定め方として、そのものずばり決めた時間帯に勤務

しなければならないのか、それとも一定の時間帯のうち○時間勤務すると規定しておくことも可能なのでしょうか。

　次のような仕組みを導入している地方公共団体があります。通常の勤務時間は午前8時30分から午後5時15分としつつ、業務が集中している時間帯をコアタイムとして定めています。月曜日から金曜日まで（略）の午前9時から午後4時までの時間帯において、休憩時間を除き、「任命権者があらかじめ定める」連続する5時間は、（略）勤務時間を割り振る職員に共通する勤務時間とする、としています。ただし、これは労基法32条の3に基づくフレックスではありません。地方公務員法は58条で労基法32条の3から32条の5までの規定は適用しないとしています。

　労基法のフレックス制としてこうした仕組みを設けることができるかどうかですが、都内の複数の労働基準監督署および東京労働局は否定的な見解を示しています。概ね、コアタイムの開始終了を定めたといえるのかという点を疑問視していました。なお、フレキシブルタイム中の業務命令について学説では、労働者の自己決定を重視して否定する見解、就業規則の留保条項により可能とする見解やコアタイムの繰上げ等により可能と説く見解が対立しているとしています（土田道夫「労働契約法」）。

## Q31　休日出勤にも裁量あるか　フレックス制を適用 36協定は時間外のみ規定

　当社の時間外・休日労働（36）協定をみると、フレックスタイム制が適用される部門では休日労働に関する定めがありませんでした。裁量があるから、休日出勤も自由と解釈している人がいるようです。本人の都合に合わせて問題ないのでしょうか。【栃木・D社】

# A. 許可制として時間把握

フレックスタイム制（労基法 32 条の 3）は、始業・終業を従業員に委ねる制度ですが、従業員に広く裁量があると誤解されがちです。労働時間や休日に関して適用を除外している労基法 41 条をみても、フレックス制の規定は見当たりません。

36 協定を有効に締結しなければ、時間外・休日労働に従事させることはできません。スーパーフレックスやフルフレックスなどの名称で、コアタイムを設定せず、裁量労働的な働かせ方をしていたとしても、休日出勤を適法化する協定の有無とは別の問題です。

36 協定届は法定の様式を用いる必要がありますが（労基則 16 条）、休日労働の欄をみると、労働させることのできる法定休日の日数などを記載することになっています。記載する必要があるのは、週 1 日または 4 週 4 日の休日についてです。行政解釈（平 11・12・18 基収 3970 号）は、「4 週間に 4 日の休日を確保する場合、協定届出の義務はない」としています。もっとも、法定休日でない場合（たとえば、日曜休日が確保されている中での土曜出勤）でも、休日労働は清算期間内の実労働時間としてカウントの対象となり、時間外割増賃金の問題になり得ます。

法定外休日の労働は、フレックス制の清算期間（1 カ月等）を通算した総労働時間が法定の範囲内なら 36 協定なしで、法定時間外労働に及ぶ場合は同協定を前提として、可能となります。この場合も上司の事前許可を採るのがベターでしょう。

フレックス制の場合にも、使用者に労働時間の把握義務があるのは同じです（昭 63・3・14 基発 150 号）。労働時間適正把握ガイドライン（平 29・1・20 基発 0120 第 3 号）では、使用者が講ずべき措置として、使用者自らの現認のほか、タイムカード等の客観的な記録を確認するよう求めています。

# Q32 総枠で時間外計算可能か　177時間超過部分を対象

　変形労働時間制やフレックスタイム制における法定労働時間の総枠の考え方を使うと、1カ月において週平均40時間となる時間数を計算できます。当社はどちらでもありませんが、この考え方を用いて、月の実労働時間数を合計し総枠との差を取ることによって時間外労働の時間数を計算することはできないのでしょうか。
【熊本・S社】

## A. 通常の制度なら日と週で　フレックスや変形制とは別

　変形労働時間制やフレックスタイム制では、後述のように、法定労働時間の総枠という考え方が出てきます。同制度では、確かにこの総枠を超過した部分は法定外労働時間（時間外労働）となりますが、厳密には、採用する労働時間制度によって、どこが時間外労働となるかは異なります。

　1日8時間、週40時間という法32条の原則的な労働時間制の場合は、同時間を超過した部分が時間外労働となります。例えば1日16時間労働をしたときには、8時間分の割増賃金が必要です。よって、基本的には、1日・週単位で判断していく必要があり、1カ月単位でみてどこが時間外労働か判断する考え方は取っていないといえます。なお、時間外労働の時間数の算定に際しては、1日単位で対象となった部分は、週単位では重複してカウントしません。

　次に変形労働時間制です。例えば1カ月単位（法32条の2）の場合、週の平均労働時間が法定労働時間（原則40時間）を超えない範囲とすることが必要です。ここで法定労働時間の総枠の考え方が登場します。計算式は、週の法定労働時間×変形期間の暦日数÷7です。30日なら171.4時間、31日なら177.1時間です。各労働日の所定労働時間の合計をこの範囲内とします。実労働時間と照らして時間

外労働となるのは、①1日につき、8時間超の所定労働時間を定めた日はその時間を超えた時間、8時間以内の日は8時間を超えた時間、②1週間につき、40時間超を定めた週はその時間を超えた時間、40時間以内を定めた週は40時間を超えた時間（①除く）、③変形期間全体でみて、法定労働時間の総枠を超える時間（①、②除く）です（昭63・1・1基発1号）。法定労働時間の総枠を使う一方で、1日・週単位もみる必要があります。

　フレックス制（法32条の3）でも、週平均労働時間を法定労働時間の範囲内とします。上記変形制と同じ式で、清算期間における法定労働時間の総枠を求めます。時間外労働となるのは、清算期間終了後、同期間の実労働時間を集計し、総枠を超える部分です。例えば1日16時間の実労働があっても、最後に総枠を超えない限り時間外にはなりません。なお、清算期間が1カ月を超えるときは、各月ごとに週平均50時間超の部分を途中清算する必要があります。50時間×各月の暦日数÷7で計算した枠を超えた部分が対象です。

## Q33　裁量制で深夜帯勤務どうする　割増賃金が必要に　業務配分指示できない

　専門業務型裁量労働制について、あらかじめ定めた時間働いたものとみなす制度と認識しています。時間外の割増賃金は基本生じない一方で、深夜の割増賃金は必要といいます。制度を適用するには労働者に具体的な指示はできないはずですが、深夜割増については、どのように処理したら良いのでしょうか。【大阪・S社】

## A. 労働時間の状況把握を

　専門業務型裁量労働制は、各日の実際の労働時間によるのではなく、労使協定で定めた時間働いたものとしてみなす制度です（労基法38条の3）。

　時間配分の決定は、対象労働者に委ねられる形です。始業や終業の「いずれか一方」でも指示すると対象業務に該当せず（令5・8・2基発0802第7号）、労使協定でもその旨定める必要があるとしています（厚生労働省「専門業務型裁量労働制の解説」）。

　みなし労働時間を1日当たり9時間と定める場合で午後10時以降作業しても、その日の労働の対価として支払われるのは9時間分の賃金です。しかし、深夜業・休日労働に関する規定は適用除外ではないため、2割5分増しの割増賃金を支払う義務が生じます（労基則24条の2の2第1項、労基法コンメンタール）。

　裁量労働制は、使用者の労働時間把握義務が免除されています（労働時間適正把握ガイドライン）。しかし、深夜労働は何らかの手段で時間を把握し、割増賃金を支払わなければなりません。

　制度導入に当たっては、健康・福祉確保措置を講じる必要があり、労働時間の状況に応じて実施することが求められています。労働時間の状況の把握方法は、安衛法と同一と解されています（令5・3・30基発0330第1号）。「労働時間の状況」の把握という言葉は、安衛法66条の8の3の面接指導のところで出てきます。タイムカードやパソコンの使用時間の記録等の客観的な方法その他の適切なものであることが必要です。

　厚労省の協定例では、適用労働者が（休日や深夜に）勤務する場合は、事前に所属長に申請し、許可を得なければならないとし、所属長の許可を得た場合に、割増賃金を支払うとしています。労使協定で深夜勤務等の手続きを明確化し、それに基づき深夜割増を支払うのがベターでしょう。

## Q34 4月以降も適用猶予に？　建設業の時間外上限 施行期日をまたぐ協定

　当社は建設業です。時間外・休日労働（36）協定の考え方なの
ですが、令和6年4月をまたぐ協定の取扱いはどうなるのでしょ
うか。旧協定の効力がなくなるわけではないと考えています。引
き続き猶予の状態ということでしょうか。【千葉・Ａ社】

# A. 36協定再締結も必要なし

　工作物の建設の事業等は、労基法附則139条で、時間外上限規制
の適用を猶予するとしています。「等」には、工作物の建設の事業に
関連する警備の事業が含まれています（労基則69条）。

　令和6年3月31日までの間、適用がなかったのは次の各条文で
す。労基法36条3項と4項の限度時間、5項の限度時間を超える場
合に必要な特別条項、そして6項の時間外および休日労働の上限（月
100時間未満、2～6カ月平均80時間以内）に関する規定となって
います。

　施行日をまたぐ協定ですが、令和6年3月31日およびその翌日を
含む期間を定めている36協定に関しては、当該協定に定める期間の
初日から起算して1年を経過する日までの間、限度時間に関する規
定は適用しないという扱いになっています（労基法附則139条2項）。
36協定の再締結についても、同じく適用が猶予されている自動車運
転者に関してですが、「当該協定の有効期間の終期が令和6年4月1
日以後であるときは、同日開始の協定を締結し直す必要はない」と
あります（令5・3・31基発0331第49号）。

　原則として、時間外・休日労働の上限規制は、36協定の対象期間
で考えるのが原則です。ただし、月平均80時間に関する上限は、36
協定の対象期間で区切ることなく計算します。

　一方で、上限規制が適用される前の36協定の対象期間について

は通算して考える必要はありません。建設業の時間外労働の上限規制に関するＱ＆Ａでは、「時間外労働と休日労働の合計で、複数月平均80時間以内とする要件（法36条6項3号）については、複数の36協定の対象期間をまたぐ場合にも適用される。ただし、上限規制の適用前の期間や経過措置の期間の労働時間は算定対象とならない」としています。

 **部署を限定できるのか？　36協定の健康福祉措置で**

当社は、特別条項付きの時間外・休日労働（36）協定を締結しており、更新時期が近付いてきました。健康福祉確保措置について、一部の部署から深夜労働の回数制限を新たに盛り込んで欲しいとの声があったといいます。しかし、メンテナンス関係の部署は、24時間体制で稼働しています。代わりにメンテナンス部門は別の措置を講じたいと思うのですが、特定の措置を一部部署だけに適用ということはできるのでしょうか。【新潟・Ｒ社】

## A. 労使協議により決めれば　実施状況は保存期間３年

　36協定を締結すると、法定労働時間を超えた時間外・休日労働をさせることができます。設定できる上限は、労基法36条4項で定める「限度時間」までで、原則、月45時間、年360時間です。

　特別条項を付けると、年6回まで、限度時間を超え労働させることができます（同条5項）。その際も、時間外・休日労働の合計について単月100時間未満、2～6カ月平均80時間以内とするほか、時間外に関して年720時間以内とすることが求められます。また、回数と時間数のほかに協定すべき事項として、発動する具体的事由、健康福祉確保措置、割増賃金率、発動時の手続きを挙げています（労基則17条）。

健康福祉確保措置は、「36協定指針」（平30・9・7厚労省告示232号）の8条で、ここに掲げる9項目から選択するのが望ましいとしています。具体的には、深夜労働の回数制限や、勤務間インターバル、心とからだの健康問題についての相談窓口の設置などです。

　同指針8条については、健康福祉確保措置として望ましい内容を規定しているものであり、深夜業の制限回数や勤務間インターバルの休息時間なども含め、具体的な取扱いは、各事業場の業務の実態等を踏まえて、必要な内容を労使間で協定すべきとしています（平31・4「改正労働基準法に関するQ&A」）。つまり労使の話合いの余地を認めており、36協定の健康福祉確保措置を部署ごとに細かく設定することもできるといえるでしょう。36協定では業務の種類ごとに時間外労働時間数を設定するところ、その区分を細分化することが同指針で求められていることや、例えばフレックスタイム制において、労使で協定をすれば、部署ごとに清算期間を設定できることなどとも整合的といえます。

　講じるタイミングについては、原則として、限度時間を超えるたびに実施する必要があるとしています（前掲Q&A）。時期は措置によって異なるとしつつ、医師による面接指導の場合は、1カ月の時間外労働時間を算定した日（賃金締切日等）からおおむね1カ月以内に講じるのが望ましいとしています。

　実施状況に関する記録の保存は、36協定の有効期間中と満了後3年としています。

# Q36　協定の届出不要になる？　労使委員会で代替決議なら

　時間外・休日労働（36）協定の締結準備のため、過半数代表者と協議をしていたところ、労働時間などの労働条件をもっと詳しく話し合うため、労使委員会を設置してはどうかという提案を受けました。決議を労使協定に代えられるほか、届出も省略可能ということも話していましたが、どうなのでしょうか。【京都・Ｔ社】

## A. 1年変形制などが対象に　36協定は必要なため注意

　労基法では、１年単位の変形労働時間制や専門業務型裁量労働制を導入する際など、労使協定を締結したり、ものによっては届出をしたりすることを求められます。労基法38条の４や法41条の２で規定する労使委員会を設置し、委員の５分の４以上の多数により決議することで、この労使協定に代えることができます（代替決議）。この５分の４以上は、選任した者全体ではなく、出席した委員で足りるとされています（平12・1・1基発1号）。

　労使協定の代替決議が可能なのは、①１カ月単位の変形労働時間制、②フレックスタイム制、③１年単位の変形労働時間制、④１週間単位の非定型的変形労働時間制、⑤一斉休憩適用除外、⑥時間外および休日の労働（36協定）、⑦時間外労働が月60時間を超えた際における割増賃金の代替休暇、⑧事業場外労働に関するみなし労働時間制、⑨専門業務型裁量労働制、⑩年次有給休暇の時間単位付与、⑪年休の計画的付与、⑫年休を取得したときの賃金に健保法の標準報酬月額を使用する定め――です。

　①～④と⑧、⑨は本来労使協定の届出が求められますが（②は清算期間が１カ月を超える場合、⑧はみなし労働時間が法定労働時間を超える場合）、決議により届出も免除されます。逆に、⑥の36協定は届出までは免除されておらず、必要です。また、ここに含まれ

ない労使協定は決議に代えることができません。例えば、貯蓄金管理協定（法18条）や、賃金の全額払いの例外を定める協定（法24条）があります。

　労使委員会は、委員の半数について、過半数労働組合（ない場合は過半数代表者）から任期を定めて指名されていることが必要です。構成人数に関して法律などで特に規定はないものの、労使各1人の2人では「労使委員会」として認められない（前掲解釈例規）とされています。

　このほかの要件として、委員会の開催のつど議事録を作成し、かつ、開催の日から起算して5年間（労基則附則72条より、当面の間は3年）保存するとともに、労働者に周知することが求められています。さらに、運営規程をつくり、労使委員会の招集、定足数、議事その他労使委員会の運営について必要な事項に関する規程を定めることも必要です。なお、労使委員会を設置したことについては、労働基準監督署への届出は不要としています。

 **36協定の時間数も通算？　副業・兼業して残業割増賃金が必要なとき**

　副業・兼業を許可したとして、労働時間の通算によって割増賃金が必要になるケースがあるということは、時間外・休日労働（36）協定の時間数も通算する必要があるのでしょうか。時間関係は自己申告によらざるを得ませんが、どのように考えればいいのでしょうか。【宮城・S社】

## A. 延長時間は各事業場で

　労基法では、「事業場を異にする場合も、労働時間は通算」します（38条）。割増賃金の支払義務について、労働基準法上の義務を負うのは、「当該労働者を使用することにより、法定労働時間を超えて当該労働

者を労働させるに至った（すなわち、それぞれの法定外労働時間を発生させた）使用者」と解されています（副業・兼業の促進に関するガイドラインＱ＆Ａ）。一般的には、「通算により法定労働時間を超えることとなる所定労働時間を定めた労働契約を『時間的に後から』締結した使用者」が、割増賃金を支払う義務を負います。

　一方で、36協定の考え方は異なります。各々の使用者は、通算して時間外労働となる時間のうち、自らの事業場において労働させる時間については、自らの事業場における36協定の延長時間の範囲内とする必要があります。ガイドラインは「通算されない規定」として、36協定を挙げています。個々の事業場における36協定の内容を規制するものであり、それぞれの事業場における延長時間を定めることとなるとしています。

　時間外労働時間数に関して、「通算される規定」もあります。時間外労働と休日労働の合計で単月100時間未満、複数月平均80時間以内の要件（法36条6項2号および3号）については、労働者個人の実労働時間に着目し、当該個人を使用することから、通算するとしています。副業・兼業でいわゆる「管理モデル」を用いる際も、単月100時間未満、複数月平均80時間以内で各々の事業場における労働時間の上限をそれぞれ設定することを前提にしています。

　単月100時間未満等に関して、労働者個人の実労働時間に着目するのは、転勤や出向、転職した場合も同様と考えられています（平31・4「改正労働基準法に関するＱ＆Ａ」）。

緊急時なら時間外可能？　36協定の上限に近くても

　災害時の対応について話合いをしていたとき、時間外、休日労働（36）協定で締結した時間外・休日労働の上限に近かったり達したりしていても、緊急時には残業などをさせて対応に当たらせても問題ないのかという疑問が出ました。可能という解釈でよいのでしょうか。【岡山・K社】

## A. 別カウントで対応できる　行政官庁から許可は必要

　時間外・休日労働をさせるときは、労基法36条における時間外・休日労働（36）協定を締結する方法のほか、法33条によるものも認められています。後者は、災害その他避けることのできない事由によって、臨時の必要がある場合において、行政官庁の許可を受け、さらにその必要の限度でさせることができるとしています。

　災害その他避けることのできない事由は、具体的には解釈例規（令元・6・7基発0607第1号など）で示されています。まず、地震や火事、風水害などです。急病への対応その他の人命または公益を保護するための必要も認められます。事業の運営を不可能ならしめるような突発的な機械・設備の故障の修理、保安やシステム障害の復旧も該当し、例えば、サーバーへの攻撃によるシステムダウンへの対応は含まれるとしています。ただし、通常予見される部分的な修理、定期的な保安は認められません。

　続いて必要の限度に関しては、社会通念によって判断されるべきとなっています。例えば工場火災等の場合、消火作業中や消火作業の後始末の時間は含まれるが、後始末後の復旧の作業までは含まれないとしています（労基法コンメンタール）。

　行政官庁（管轄の労基署長）の許可は、事態急迫のために許可を受ける暇がない場合は、事後に遅滞なく届け出なければなりません。

事態急迫は、客観的にそうであることが必要ですが、具体的事案に即して判断するほかなく、事柄の性質上、該当するケースも少なくないとしています。

ご質問のように36協定の限度時間に到達寸前の場合でも、ここから延長して法33条の時間外・休日労働をさせることは可能としています（昭22・7・27基収2622号など）。つまり、法33条の時間外・休日労働は、いわゆる上限規制のカウントからは除外されるということです。ただし、厚労省は、あくまで必要な限度の範囲内に限り認められるもので、過重労働による健康障害を防止するため、実際の時間外労働を月45時間以内に抑えることなどが重要としています。また、やむを得ず月に80時間を超える時間外・休日労働となって疲労の蓄積の認められる労働者に対しては、医師による面接指導などを実施し、適切な事後措置を講じる必要があるとしています（厚労省パンフなど）。

なお、法33条の時間外・休日労働でも、割増賃金の支払いは36協定のとき同様必要になるため注意が必要です。

 **災害時復旧工事で規制は　上限規制の猶予終わって**

建設業に対する時間外労働の上限規制の猶予が終わりましたが、災害時の復旧工事などは引き続き例外が認められると聞きます。どのような内容なのでしょうか。【福島・E社】

## A. 月100時間などが対象外　年720時間以内適用される

時間外・休日労働（36）協定を締結しても時間外労働には上限が課され、原則は月45時間以内、年360時間以内です（労基法36条）。特別条項を付けることで、時間外・休日労働の合計で①単月100時間未満、2～6カ月（複数月）平均80時間以内まで延長できます。

その際も、時間外で②月45時間を超えるのは年6カ月以内とし、年720時間以内に収めます。

　建設業はこの規制が猶予されてきましたが、一部を除き、令和6年4月から原則どおりの適用となりました。除かれるのは、災害時における復旧および復興の事業（以下「災害時復旧復興事業」）に従事する場合です（法付則139条）。災害により被害を受けた工作物の復旧および復興を目的として発注を受けた建設の事業をいい、工事の名称等にかかわらず、特定の災害における被害を受けた道路や鉄道の復旧、仮設住宅や復興支援道路の建設などが該当するとしています（令5・7・6「建設業の時間外労働の上限規制に関するQ＆A」）。

　災害時復旧復興事業でも、適用されないのは①の単月100時間未満、複数月平均80時間以内の規制のみです。②の年720時間以内、月45時間超は6カ月以内という規制は課されます。また、災害時復旧復興事業に関する延長については、36協定の特別条項として締結しておく必要もあります。

　具体的な考え方について、まずある月（例えば10月）に災害時復旧復興事業のみに従事した場合、同月は①の対象外です。複数月80時間以内をみる際は、同月を除いて考えます。11月からみる場合は、2カ月平均は11月のみで月平均を出し、3カ月平均は9、11月をみるという具合です。

　次に、一般の工事と災害時復旧復興事業の両方に従事したケースでは、前者のみに①の規制が適用されます。一方、②の規制は両方に適用されるため、こちらは両方の時間外労働の時間数を合計し、抵触していないか判断することになります。つまり、一般の工事と災害時復旧復興事業とで分けて労働時間を管理する必要があるといえます。

　なお、災害時復旧復興事業と、法33条の災害等による臨時の必要がある場合の時間外労働との違いですが、後者は建設の事業に限定されていません。36協定の限度とは別に時間外労働などをさせるこ

とができますが、行政官庁の事前の許可（事態窮迫等のときは事後の届出）が必要になります。

 時間外は44時間超？　兼業で特例事業場ならば

アルバイトを募集していて、ほかで働いているが掛持ちで働きたいという応募者が来ました。当社は法定労働時間が週44時間となる特例措置対象事業場ですが、労基法38条1項の労働時間の通算においても適用されるのでしょうか。【栃木・S社】

## A. 自社の労働時間制度に照らして

兼業等における労働時間の通算は、まず労働契約の締結の先後の順に所定労働時間を通算し、次に所定外労働を発生順に通算します。

先契約をA事業場、後をB事業場とします。たとえばAの所定労働時間が4時間、Bも4時間というケースにおいて、実際の労働がAで5時間（所定外1時間）、その後Bで4時間の場合、先にAとBの所定労働を合計した時点で8時間に達しているため、Aにおける所定外1時間は法定外労働となり、実際に労働させたAが割増賃金を支払います。

法定外労働か否かの判断は、実際に労働させた事業場の労働時間制で判断します（厚労省「副業・兼業ガイドラインQ＆A」）。仮にAが通常の事業場で所定が週30時間、Bが特例措置対象事業場で所定15時間というとき、同じ順に所定どおり働かせた場合、通算45時間となりますが、Bにおける44時間を超過した1時間が法定外労働となり、Bに支払い義務が発生します。

> 　兼業をしている有期労働契約の従業員がいます。現在、労働契約の締結は、時間的に当社が先です。更新した場合、先後は入れ替わり労働時間管理に影響するのでしょうか。【神奈川・Ｙ社】

## A. 従来の継続なら変わらず　無期転換しても同じ考え

　副業・兼業でも、雇用に基づく場合は、労基法 38 条 1 項などにより、本業と労働時間が通算されることになります。

　原則的な労働時間管理の方法を使用する際、労働時間の通算は、労働契約の先後の影響を受けます。労働契約の先後の順に所定労働時間を通算し、次に所定外労働時間を発生順にカウントする仕組みです。つまり、労働者と先に契約した事業主をＡ、後をＢとすると、Ａの所定労働時間、Ｂの所定労働時間と先に枠を設定しておき、枠をはみ出た所定外労働は、実際の労働の時間的な順番にかかわらず、Ａ・Ｂの所定労働に引き続く労働と扱うイメージです。また、所定労働時間を通算した時点で法定外労働となる部分は、当初から割増賃金の支払いが必要になります。

　有期労働契約などで更新があったとき、労働契約の先後はどうなるでしょうか。有期労働契約が反復更新されている場合など、更新が実態として従来の労働契約の継続に該当するときについては、更新で自動的に通算の順序が変更されるわけではなく、引き続き、労働契約が時間的に先に締結された労働契約として、従来と同じ順（最初に労働契約を締結した順）に、労働時間を通算するとしています（令 4・7・13 改定「副業・兼業ガイドラインＱ＆Ａ」）。また、有期雇用契約では 5 年経つと無期転換ルールが適用されますが、無期転換した際も、順番の先後は変わらないとしています。なお、労働時間通算の順番は、先契約者、後契約者、労働者の 3 者で合意が形成さ

れれば入替え可能とはされています。

　通算と割増賃金の関係ですが、例えばＡの所定労働時間を８時間、Ｂを２時間とすると、Ａの所定だけで法定労働時間の上限に達しているため、Ｂにおける労働はすべて法定外労働となり、Ｂは割増賃金を支払うことになります。次に、Ａの所定を３時間、Ｂも３時間の場合で、実際の労働はまずＡで５時間、同日内に引き続きＢで４時間というケースを考えると、Ａ・Ｂの所定だけでは通算しても６時間と、所定だけでは法定外労働となる部分は発生しません。ここにＡの所定外２時間を通算しても法定労働時間内ですが、Ｂの所定外１時間は法定労働時間の上限を超過してしまうため、Ｂはこの１時間の割増賃金の支払いが必要になります。逆に、実際の労働がＢで４時間、引き続きＡで５時間というときは、Ａ・Ｂの所定労働６時間、Ｂの所定外１時間、Ａの所定外２時間と通算していき、Ａの所定外のうち１時間が法定外労働となって、Ａに割増賃金の支払いが求められます。

## Q42 パートに休日出勤命じられるか　雇用契約書は有無なし　就業規則で規定あるが

　パート・アルバイトの雇用契約書をみると、休日労働の有無はとくに書かれていませんでした。適用される就業規則は、正社員用をモデルとした関係で、「業務上の都合により休日に出勤させることがある」という文言があります。これを根拠に、出勤を命じることはできるでしょうか。【京都・Ｅ社】

## A. 本人から同意得て実施

　パート・有期雇用労働者を雇い入れた際の労働条件の明示事項は、労基法15条に基づくものとパート・有期雇用労働法６条に基づくものの２つがあります。

「所定労働日以外の労働の有無」は、パート法6条2項により、明示するよう努めるべき事項となっています（平31・1・30雇均発0130第1号）。指針（平19・10・1厚生労働省告示326号、改正平30・12・28厚生労働省告示429号）では、できるだけ所定労働日以外の日に労働させないよう努めることとしています。厚労省のモデル労働条件通知書（令5・10・12基発1012第2号）では、一般労働者用には休日労働の有無の欄はありませんが、短時間労働者用等には欄があります。

　就業規則ですが、正社員に対しては、不測の事態を考慮して、時間外・休日出勤等を想定して作成するのが一般的です。一方で、厚労省が示すパートタイム・有期雇用労働者就業規則の規定例（令5・6「パートタイム・有期雇用労働法のあらまし」）では、「休日に労働させない」などと規定しています。

　正社員就業規則を踏襲したパートタイム就業規則には、休日出勤の根拠規定が存在するという場合、明示した労働条件との関係はどうなるのでしょうか。労働契約法12条では、「就業規則で定める基準に達しない労働契約は無効、就業規則で定める基準による」と規定しています。しかし、これはあくまで就業規則が労働契約を上回る場合の処理基準です。就業規則でどのような定め方をしていても、これより有利な個別の労働契約があればその方が優先します（労契法7条）。労働契約で所定労働日以外の出勤を免除しているなら、休日出勤を命じるためには、本人の同意が必要になるでしょう。

## Q43　主な変更点はどこなのか　改善基準告示の改正あり

当社はトラック運転者を使用する貨物自動車運送事業を営んでいます。改善基準告示が改正されたと聞き、労働時間の見直しを進めようとしていますが、具体的にどのように変わったのでしょうか。【長野・Ｔ社】

## A. 拘束時間短縮と連続制限　休息11時間が基本になる

トラックなどの自動車運転者の場合、労働時間について、改善基準告示（平元労働省告示7号）も守る必要があります。今回この告示が改正されました（令4・12・23厚労省告示367号）。以下、トラック運転者に関する改正の主な部分を説明します。

同告示では、拘束時間と休息期間という言葉が登場します。拘束時間は始～終業時間をいい、労働時間だけでなく休憩時間も含みます。休息期間は、勤務と次の勤務の間の自由時間を指します。

月の拘束期間の上限は、現行、原則293時間です。労使協定により最大320時間まで延長できますが、年6カ月が上限です。これが改正により、同順で、284時間、310時間へ短縮されます（図1）。

新たに、284時間超の月が連続3カ月を超えてはならないという制約も加わります。年単位の上限は、原則3300時間、労使協定があるときに3400時間となります。

1日（始業から24時間）の拘束時間は、13時間以内が原則となります。延長しても最大15時間です（長距離の特例

### 図1　月、年単位の上限

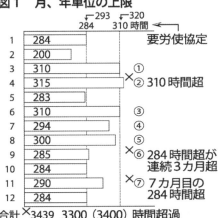

あり）。

　休息期間の制約は、現行、勤務終了後8時間以上ですが、改正で、「継続11時間以上与えるよう努めることを基本とし、継続9時間を下回らない」（長距離の特例あり）と変更されます（図2）。業務の必要上、この下限を与えることが困難な場合は、一定期間（1カ月を上限）における全勤務期間の2分の1を限度に、分割して付与できます（図3）。3分割なら1日で合計12時間以上、2分割は10時間以上とし、かつ1回当たり継続3時間以上であることが必要です。3分割される日が連続しないよう努めるとしています。

## 図2　1日における上限（原則の場合、8時始業）

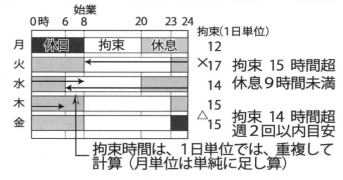

## 図3　休息期間の分割付与

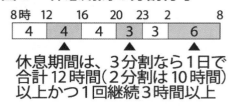

休息期間は、3分割なら1日で
合計12時間(2分割は10時間)
以上かつ1回継続3時間以上

# 休憩・休日関係

 休日の振替できるのか？ フレックスタイムを採用

　休日の振替は変形労働時間制では認められていますが、同じ柔軟な労働時間制ということで、フレックスタイム制ではどうなのでしょうか。また、労働時間だけでなく休日の設定も労働者に任せるフレックスタイム制は可能なのでしょうか。【福井・Ｄ社】

## A. 特段禁止はされておらず　休みに柔軟性で利用必要

　フレックスタイム制は、清算期間における総労働時間の総枠を定めておき、その範囲内で労働者に始業・終業の時刻の決定を委ねるものです（労基法32条の３）。

　フレックス制でも、法定休日は法35条の原則どおり、週１日（または起算日を決めて４週のうちに４日）与えなければなりません。適用除外とされていないためです。法定休日に労働させた場合は休日労働という扱いになり、フレックス制における通常の実労働時間とは別建てで、労働時間管理や割増賃金の支払いなどが必要になります。

　休日の振替とは、あらかじめ休日と定められていた日を労働日とし、その代わりに他の労働日を休日とすることをいいます。休日と定められた日が「労働日」となり、代わりに振り替えられた日が「休日」となります。つまり、もともとの休日に労働させた日については「休日労働」とはならず、休日労働に対する割増賃金も発生しません。なお、休日の振替をするためには、

　①　就業規則に振替休日の規定を置く、

② 振替休日は特定する、

③ 振替休日は4週4日の休日が確保される範囲のできるだけ近接した日とする、

④ 振替は前日までに通知する

こととしています（厚労省「モデル就業規則」）。

フレックス制でも、休日の振替をすることは特に禁止されていないといえます。休日の振替をした場合、当初は休日だったその日の実労働時間は、通常の労働日の労働ということで、フレックス制としての実労働時間へカウントしていくことになります。フレックス制で時間外労働となるのは、清算期間全体では週平均40時間の枠を超えた労働の部分です。さらに、清算期間が1カ月を超えるときは、週平均50時間の枠を超えた部分につき、月ごとにの清算が求められます。法定ではなく所定休日と休日の振替をした場合も、通常の実労働時間へカウントする扱いになります。

より柔軟な制度ということで、会社側では当初休日としている日に労働者が自主的に出勤し、代わりに当初の労働日を休日にするといった、休日の設定も含むようなフレックス制については、会社の承認のもとで休日の振替を使う必要があります。休日の付与義務は使用者にあり、必ずしも休日を特定することまでは労基法上要求されていないものの、特定するのが望ましく、休日の変更も就業規則の定めに従って行うためです（安西愈「新しい労使関係のための労働時間・休日・休暇の法律実務」）。

# Q45 変形週休制の起算日どうする 「年」や「月」が選択肢 端日数出て処理方法は

週1日は休日を確保する必要がありますが、その例外に変形休日制があります。制度を導入するためには、起算日を定める必要があるようです。起算日は年単位の一択なのでしょうか。端日数が出るときの考え方についても教えてください。【熊本・G社】

## A. 1年単位に限られない

週1日の休日（労基法35条1項）を付与するのが原則です。例外として、4週間を通じ4日以上の休日を与える場合にはこの限りではないというのが、変形休日制（2項、変形週休制などということもあります）です。導入するためには、労基則12条の2第2項で、4週間の起算日を明らかにするよう求めています。法35条は休日の特定を要求していませんが特定するのが望ましいとされ（昭23・5・5基発682号、昭63・3・14基発150号）、変形休日制の場合もできる限り、これに準ずるとしています（昭22・9・13発基17号）。

変形休日制は原則として4週サイクルが繰り返されるため、賃金計算期間とずれが生じるのがネックです。

起算日に関して、新年度の最初の日曜日が含まれる週（すなわち各年の1月1日）を起算日としていた事案（東京地判令元・11・27）では、4週間×7日×13週の364日となり、端数が生じていました。判決では、端数のうち1日を法定休日とし、変形週休制により法定休日が定められているものと解するとして、制度自体有効としました。別の事案（東京地判令4・10・28）でも、毎年1月1日を起算とすると、空白が生じるため起算点の意味をなさないという労働者側の主張に対して、判決では、端数が法定休日となると解するのが相当であり労働者の不利益でないと指摘して、変形休日制の適用を有効としています。

なお、毎月1日起算を有効とした事案（東京地判令元・12・12）があるほか、4週間よりも短い期間を単位とすることを許容するとした学説（菅野和夫「労働法」）もあります（これと異なる説もあります）。起算日は年一択とはいえないでしょうが、いずれにしても変形休日制は例外であり、適用がない期間については原則の週1日の休日が必要になるでしょう。

 **6時間超え休憩必要か？　午前に半日年休取得でも**

　当社では、年次有給休暇を半日単位で取得できるようにしています。午前休を取得し午後から出社する場合の始業は13時です。所定労働時間は9〜17時とし、原則の休憩時間は正午からの1時間としています。午前休を取得予定の労働者がいますが、その日は時間外労働が必要になりそうで、19時半までかかる見込みです。13〜19時半の6時間半の労働となったときも、休憩時間を設ける必要はあるのでしょうか。【北海道・R社】

## A. 実労働時間で要不要判断　終業後は付与できない

　休憩時間は、労働時間が6時間を超え8時間以内のときは45分、8時間以上のときは1時間与えなければならないとしています（労基法34条）。この休憩は、始業後6時間を経過した際に少なくとも45分の休憩を与えなければならないなどということではなく、労働時間の途中に与えなければならないという意味であって、置かれる位置は問わないとしています（労基法コンメンタール）。逆にいえば、途中に与えなければならないということで、始業前や終業後に付与することはできず、たとえば休憩と終業時刻を接続させるようにして、休憩の分だけ早上がりするなどということは認められていないといえます。

　休憩を付与するか、45分と1時間のどちらが必要かについては、実労働時間で考えるとしています（昭22・11・27基発401号）。したがって、所定労働時間が7時間という場合にさらに1時間を超える労働があれば、その日は45分ではなく1時間の休憩が必要です。このように延長により労働時間が8時間を超える場合は、延長時間が何時間であっても、15分の休憩を追加して与えれば違法ではない（前掲通達）とされています。

　半日年休を取得しその後労働したというときは、年休取得分は実労働時間にカウントせず、また前述の実労働時間の考え方から、その日の労働が6時間を超えたときに休憩が必要になるといえます。ご質問の場合は実労働時間が6時間半なので、当該労働者について、勤務途中のどこかで45分の休憩を与えることになります。12～13時にほかの労働者を休憩させていたとしても、この時間において当該労働者は始業前であることから、ここで休憩を取得したとはいえないことになります。

　なお、休憩は法定の時間分を1度に与えることまでは求められておらず、合計が法定の時間に達していれば、分割して付与することも可能です。また、法34条の時間は下限のため、必要に応じてより長い時間を与えてもよいとされています。休憩時間の最長限度についての定めはありませんが、これを長くすれば労働者をいたずらに長時間事業場に拘束しておくこととなり、望ましいことではないであろうとはされています（前掲コンメンタール）。

## Q47　年休多く与えるか　特例事業場で比例付与

　小規模な小売業で特例措置対象事業場です。雇用開始から半年経ったパートに年次有給休暇を付与します。比例付与の対象ですが、通常より労働時間が長い分、付与日数は増えますか。【福岡・T社】

# A. 通常と同じ日数の扱い

年次有給休暇の比例付与の対象は、週所定労働時間が30時間未満で、かつ①週所定労働日数が4日以下または②年間所定労働日数が216日以下の者です（労基法39条3項）。この判断においては①が原則で、②は週以外で労働日数が決まる場合に使います。

具体的な付与日数は、労基則24条の3に表が示されています。原則の付与日数を基準として、対象者の週所定日数と、省令で定める通常の労働者の週所定日数（5.2日）の比率を考慮し決定しています。たとえば勤続半年で週3日なら、表から付与日数は5日です。計算では、原則の付与日数10日×所定3日÷5.2日≒5.76日で、端数を切り捨てる形です。

法定労働時間が44時間となる特例措置対象事業場についても、通常の事業場と同じ付与日数です。前掲5.2日の算出に当たり、週労働時間40時間の場合を5日、週44時間を5.5日と換算し、それぞれの事業場数に応じて加重平均し積算したとしており（労基法コンメンタール）、すでに考慮されているためです。

## Q48 休日を先に与える振替可能か　出勤後休ませていた　賃金の扱いどうなる

業務の繁忙が今後見込まれるため、先に休日を振り替えて今のうちに休んでもらうことも可能でしょうか。賃金の扱いはどうなりますか。これまでは休日に出勤してもらってから、その後で休んでもらう形で休日を振り替えてきました。【長崎・E社】

# A. 「先後」は限定されない

休日の振替の手続きに関して、振り替えるべき日については、振り替えられた日以降できる限り近接していることが望ましいとした行政解釈があります（昭23・7・5基発968号、昭63・3・14基

発 150 号）。これだけをみると、振替休日は事後に与えることを前提
にしているかのように読めるかもしれません。一方、別の行政解釈
では、「就業規則上に根拠を置き、休日を振り替える前にあらかじめ
振り替えるべき日を特定」すれば、休日の振替が認められるとして
います（昭 23・4・19 基収 1397 号、前掲昭 63 通達）。規定例と
しては、次のようなものがあります。会社は、対象となる休日また
は労働日の〇日前までに振り替えるべき休日および労働日を指定す
るというものです。

　なお、原則として、週に 1 日は休日を確保する必要があります（労
基法 35 条）。振り替えた結果、週に 1 日も休日がないというときに
は適法に休日を振り替えたとはいえない可能性があることに留意が
必要です。

　休日を振り替えた場合に、休日に出勤した日の賃金を支払う一方
で、休日には賃金が発生しないとしてその分の賃金を支払わないこ
とも可能とする学説や裁判例（横浜地判昭 55・3・28 など）があ
ります。

　振り替える具体的な時期ですが、「振替の根拠規定において格別の
定めがあればそれによる」が「格別の定めがなければ、遅滞なく、
労働者の生活設計に配慮して行われるべき」と解されています（菅
野和夫「労働法」）。生活設計に配慮して、月をまたいで休日を繰り
上げたようなときに賃金カットを実施せず、後から清算する方式も
可能でしょう。本件と直接関係はありませんが、フレックスタイム
制に関する解釈例規で、実際の労働時間に不足があった場合に、実
際の労働時間よりも多く賃金を支払い、次の期間でその分の過払い
を清算する方法も可能としています。

# 女性および年少者関係

## Q49 妊産婦は週40時間まで？　特例事業場で変形制利用

当社は、10人未満の特例措置対象事業場で、週の労働時間を44時間とするほか、1カ月単位の変形労働時間制も採用しています。このたび従業員から妊娠の報告がありました。変形労働時間制では週40時間を超える労働が禁止というのをみた記憶があるのですが、週44時間が法定労働時間である特例措置対象事業場でもそうなのでしょうか。【佐賀・R社】

## A. 通常どおり44時間が法定　1日8時間の制約同じ

労基法では、妊娠中の女性を「妊婦」、産後1年を経過しない女性を「産婦」といい、両者を併せて「妊産婦」としています。出産当日までは妊婦の扱いです。

妊産婦については、産前産後休業などのほかにも、労働に各種制限がかかります。労働時間関係では、妊産婦が請求した場合、時間外・休日・深夜労働が禁止されます（前者2つが労基法66条2項、後者が3項）。36協定に基づくものだけでなく、非常災害時や公務でも禁止です。これは、満18歳未満の年少者が、非常時災害の時間外・休日・深夜労働と、公務における時間外・休日労働が認められているのとは異なります。

さらに、1カ月・1年・1週間単位の変形労働時間制を適用している場合、妊産婦からの請求があれば、1週間について法32条1項、1日について同条2項の労働時間を超えて労働させてはならないとしています（法66条1項）。法32条1項は週40時間、2項は1日

8時間の原則的な上限を定めており、つまりは、変形制は適用できても、1日10時間のような所定労働時間を設定できないことになります。請求は、1日または1週間の法定労働時間を超える時間の全部または一部についても認められると解されるとしています（労基法コンメンタール）。なお、フレックスタイム制にはこのような制約はありません。

　では、ご質問のような特例措置対象事業場の場合、週44時間との関係はどうなのでしょうか。特例措置対象事業場については、法40条1項で、労働時間に関して省令で別段の定めをできるとしており、労基則25条の2第1項において、労働時間を1日8時間、週44時間までとしています。法66条1項は、法40条、則25条の2の適用を受けた法32条が上限になるということになり、請求があっても、週44時間までは労働可能といえます。

　妊産婦が管理監督者の場合、法41条2項が適用されるため、労働時間、休憩および休日に関する規定を受けなくなることから、請求があっても変形制下で法定労働時間を超える労働をさせたり、時間外・休日労働を行わせたりできることとも整合的といえます。なお、管理監督者でも深夜労働に関する労基法の規定は適用されるので、請求があれば深夜労働をさせることはできません。

 **30分2回で足りる？　所定8時間超の育児時間**

　1カ月単位の変形労働時間制の下で、出産後1年経たず復帰した労働者から育児時間を取りたいとありました。変形制の適用除外請求や時短勤務の申出がないなか、所定労働時間が8時間超の日でも、30分を2回付与で足りますか。【福島・Y社】

# A. 最低基準だが配慮望ましい

生後満1年に満たない生児を育てる女性は、労基法34条の休憩とは別に、育児時間を請求できます（法67条）。1回当たり少なくとも30分を、1日2回までとしています。育児時間を与えるタイミングは当事者間に任せられていて、始・終業とつなげることも可能です。なお、男性は請求できません。

育児時間の制度は1日8時間労働を予想したもので、労働時間が4時間以内なら、1日1回少なくとも30分で足りるとされています（昭36・1・9基収8996号）。

変形制で、所定が1日8時間超のときは、労基則12条の6の「育児等に必要な時間を確保できるような配慮をしなければならない」点を前提としたうえで、法67条はあくまでも最低基準を定めたものであって、具体的状況に応じ法定以上の育児時間を与えることが望ましいとしています（昭63・3・14基発150号）。「望ましい」のため、1日2回各30分で最低ラインをクリアしているといえますが、前掲解釈例規への留意は必要そうです。

## Q51 4時間以下を設定？ 年少者の変形特例使用で

飲食店を経営しており、3月は近所へ花見に来る人で忙しくなります。高校生のアルバイトへ労働時間の延長の仕組みを使えないか考え中です。週のうち1日を4時間以下とする代わりにほかの日を10時間まで延長可能なようですが、週の労働日が3日で所定休日が3日あるような場合でも、このどこかを4時間以下にしないといけないのでしょうか。【埼玉・K社】

# A. 全一日労働ない日含む

　満18歳未満の者（年少者）には、変形労働時間制や36協定に基づく時間外・休日労働、10人未満の飲食店等における週44時間の特例などが適用されません（労基法60条1項）。ただし、一定の制限の下で変形制の特例を認めています。1日8時間、週48時間の範囲内で1カ月・1年単位の変形制を用いるパターン（同条3項2号）と、週40時間以内としつつ、週のうち1日の労働時間を4時間以内に短縮し、ほかの日を10時間まで延長するパターンです（同項1号）。

　この4時間以内には全一日労働させない場合も含まれます（昭26・10・11基発696号）。また、週休2日制の場合に、5日中4日は8時間40分、残り1日が5時間20分としても、同項に違反しないとする解釈例規もあります（昭48・2・9 47基収663号）。ご質問の場合は、所定休日で要件を満たすといえます。

## Q52 軽易業務へ転換か　すでに時間外を免除　妊婦

　まだ産休に入る前の妊娠中の女性がいます。数カ月前に時間外労働の免除の請求があったため、現在は残業をさせていません。そのうえで先日、軽易な業務への転換を求める請求がありました。希望に沿える業務が存在し前向きに検討中ですが、確認の意味も込めて、免除請求と転換請求は同時にすることができるのでしょうか。【香川・A社】

# A. 双方行うこと妨げずと通達

　労基法では、妊産婦等に対する保護規定を定めています。そのうちの一つに、妊婦（産婦は対象外）が請求した場合に軽易な業務へ転換させるというものがあります（法65条3項）。軽易業務の種類などについて規定はありませんが、妊婦から請求があったときに、

原則として請求した業務に転換させる趣旨とされています。ただし、新たに軽易業務を創設して与える義務まで課したものではありません（昭61・3・20基発151号）。

このほか、妊産婦が請求した場合に、時間外・休日労働や深夜業をさせてはならないという規定もあります（法66条）。

妊娠中の女性については、軽易業務への転換と時間外労働等の制限に関して、「いずれか一方または双方を行うことを妨げるものではない」としています（前掲通達）。ご質問の件は、双方応じる必要があるといえます。

## Q53 在学中のみ年齢証明書必要か　事業場への備え付け　高卒時期までが対象？

アルバイトを募集したところ、高校を中退した若者が応募してきました。学生でなければ、年齢証明書は不要なのでしょうか。それとも、高校を卒業する時期に達するまでは、年齢証明書の備え付け義務があるのでしょうか。【神奈川・E社】

## A. 満18歳未満なら義務

満18歳未満の年少者を使用する使用者は、「年齢を証明する戸籍証明書を事業場に備え付ける」義務を負います（労基法57条）。戸籍証明書は、住民票記載事項の証明書で足りる（平11・3・31基発168号）と解されています。

年少者には最低年齢が設けられ、原則として「満15歳に達した日以後の最初の3月31日が終了するまで」使用してはならないと規定しています（労基法56条1項）。ただし、いわゆる非工業的業種に限っては、労基署長の許可を受け、修学時間外に使用することも可能です（同条2項）。

年少者には、労基法36条は適用されないため、時間外・休日労働

のほか深夜労働が原則禁止されています（法60条）。例外として、非常時災害（法33条）等があります（平11・3・31基発168号など）。年齢に関する証明書を備え付ける義務は、こうした保護規定を順守するために設けられているものです。学校に通っているか否かは関係がなく、満18歳に達していなければ、証明書を備え付けなければなりません。

　労災法など法律によっては、18歳に達する日以後の最初の3月31日までの間にあることを要件にしていますが、労基法の戸籍証明書に関しては、高校卒業の時期に達しているか否かは、特別な意味を持ちません。

　労働者と雇用する事業者（求人者）が証明書を直接やり取りせず職業紹介事業者等を介しても、法違反にならないという解釈が示されました。ただ、労基法上の年齢確認義務は使用者にあるという解釈例規（昭27・2・14基収52号、昭63・3・14基発150号）にも留意は必要でしょう。会社が本人の申告を信用して（証明書を）備え付けないと違反の責を負う可能性があるとしています。会社として注意義務を尽くせば足り、容貌、体格、能力、知能その他より判断することも可能としています。

# 労働契約関係

**Q54** 解雇理由だけ証明？　予告期間後に交付でも

　労働者を解雇することになり解雇予告をしたものの、退職日の直前になってから「解雇理由の証明書を発行してほしい」といわれました。"遅滞なく"とあるので早めに用意をしたいのですが、交付が退職日より後になってしまいそうです。この場合でも、退職時の証明書ではなく解雇理由証明書の交付で問題ないのでしょうか。【愛知・D社】

## A. 退職日の前に請求があれば

　労働者が退職の場合に、使用期間や賃金、退職の事由（解雇の際は、その理由を含む）などについて証明書の交付を請求したときは、使用者は遅滞なく交付しなければなりません（労基法22条1項）。また、解雇の場合には、解雇の予告日〜退職の日（解雇予告期間）でも、労働者は解雇の理由についての証明書を請求でき、使用者は遅滞なく交付するとされています（同条2項）。つまり、解雇予告期間中は、退職時と異なり、解雇の理由のみ請求できることになります。

　解雇理由証明書は、解雇予告期間中に請求された場合、解雇以外の事由で退職したときを除き、同期間が過ぎても交付する義務を負うとされています（平15・10・22基発1022001号）。労働者も、同期間経過後に改めて退職時の証明書を請求する必要はないとしています。ご質問の場合は、解雇理由証明書を交付すれば良いといえます。

## 復職後も解雇制限適用あるか　業務上のケガで 休む　通常どおり働くのは困難

ケガをして長期休職している従業員から、治ゆしたという診断書が出されました。ケガの影響が残っている間は、労基法の解雇制限がかかったままなのでしょうか。これまでのように働かせることが困難で、他に任せられる仕事も見当たらないときにどうするか考えていて疑問に思いました。【石川・Y社】

## A. 症状固定なら制限解除

使用者が解雇できないのは、労働者が業務上の傷病等により休業する期間およびその後30日間です（労基法19条）。療養のため休業する必要があるか否かは、一般には医師の証明するところによるべきと解されています（労基法コンメンタール）。出勤しながら一部通院する場合、解雇制限の適用はないとする説もあれば、反対説もあります。

業務上の傷病かどうかは傷病と業務との因果関係が問題になり、労災法は業務災害に関して保険給付を行うとしています（労災法7条）。休業が長引いたときに、傷病補償年金や障害補償給付に切り替わることがあります。

傷病補償年金の支給事由は、傷病が治っていないことおよび一定の傷病等級に該当していること（労災法12条の8第3項）となっています。

一方の障害補償年金は、傷病が治ったときに身体に障害が存する場合に支給される可能性があるものです。治ったときとは、傷病に対して行われる医学上一般に承認された治療方法をもってしても、その効果が期待し得ない状態（療養の終了）で、かつ、残存する症状が自然的経過によって到達すると認められる最終の状態（症状の固定）に達したときをいう、と解されています（労災保険給付事務

労働基準法

取扱手引)。

　裁判例（名古屋地判平元・7・28）の中には、症状固定時以降も症状は残存しているのであり、対症療法としての療養が必要な場合はあるけれども、それは、労働能力の低下として評価すれば足り、このような場合には障害補償の対象となることにより救済されるとして、解雇制限の適用がないとしたものがあります。この場合でも解雇権濫用（労働契約法16条）かどうかは別問題となります。前掲判決では、会社側の配慮を認めて解雇無効とはいえないとしていました。

## Q56　解雇制限は受けるのか？　休業期間中に定年迎える

　65歳の定年が間近な正社員がいますが、仕事中負傷し休業中です。大事には至らなかったものの、このまま退職予定日を迎えた場合、労基法上、労働契約終了に制限はありますか。再雇用の相談も途中で、会社が認めた際の嘱託への変更はどうでしょうか。【広島・D社】

## A.　事由異なるため影響せず　就業規則や慣行など考慮も

　労基法19条の解雇制限が課されるのは、業務上負傷したり疾病にかかったりして療養のために休業する期間とその後30日間および法65条の産前産後休業を取得する期間とその後30日間です。

　前者は、業務上の傷病による休業なので、私傷病や通勤災害は対象となりません。業務上の傷病による治療中でも、休業せずに出勤している場合は制限を受けないとしています（昭24・4・12基収1134号）。

　また、療養のために休業する必要が認められなければ、制限の対象にはなりません。解釈例規（昭25・4・21基収1133号）では、

骨折について治ゆしたと診断され、法77条の障害補償も行った後、外科後の措置として保健施設で療養した期間に関して、療養のための休業期間ではないため、障害補償の支給事由が確定した日から30日後は、解雇制限の問題は生じないとしています。

　制限期間中に定年を迎え労働関係が解消される場合は、解雇でないとして、法19条は適用されないとしています（労基法コンメンタール）。定年制と解雇に関する規定の適用については、解釈例規では、就業規則に定める定年制が労働者の定年に達した翌日をもってその雇用契約は自動的に終了する旨を定めたことが明らかであり、かつ従来この規定に基づき定年到達で当然雇用契約が消滅する慣行となっていて、それを従業員に徹底する措置をとっている場合には、解雇の問題は生じず、法19条の問題は発生しないとしています（昭26・8・9基収3388号）。

　また、鉱員を定年解雇して退職辞令と退職手当を支給したうえで新採用の臨時夫として採用したときについて、鉱員から臨時夫に切り替えても引続きその会社で使用する場合は、単に労働者の職制上の身分の変動であって労働関係が存続しているため、法20条（解雇の予告）の問題は生じないとしています（昭25・1・10基収3682号）。再雇用により正社員から嘱託へという身分変動も可能といえるでしょう。

　なお、法19条の制限には、解除される例外があります。1つは、療養開始から3年経過後に使用者が平均賃金の1200日分の打切補償を支払う場合です。労働者が療養開始後3年を経過した日に労災保険から傷病補償年金を受けている（同日以後受けられる）際も、打切補償をした扱いで同様です。もう1つは、天災事変その他やむを得ない事由で事業の継続が不可能となり、事前に労基署長の認定を受けた場合です。

# 労務一般関係

 **Q57** 一括届の対象教えて　就業規則や労使協定
手続きをまとめたい

当社は複数の事業場があり、就業規則や労使協定を本社で一括
して届け出たいと考えています。対象となる就業規則、労使協定
や手続き等について教えてください。【神奈川・Ａ社】

## A. 1年変形制などは電子申請

就業規則

就業規則を作成、変更したときの届出は原則、事業場ごとに必要
です。ただし、通達（平15・2・15基発0215001号）で、概ね以
下の要件を満たす場合の本社の一括届出が可能となっています。

① 本社を含め事業場の数に対応した必要部数の就業規則を提出
すること。

② 労基法89条各号の事項について、本社と対象事業場の就業規
則の内容が同一であること。その他、対象事業場の一覧表の作
成が必要になることがあります。

③ 意見聴取した書面の正本が、各事業場の就業規則に添付され
ていること。各事業場の過半数労働組合が単一で、かつ同意見
なら、組合本部の意見書の写しも可となっています。

36協定

次に、36協定の一括に関しても通達（平15・2・15基発
0215001号、平31・4・1基発0401第43号）が示されています。

一括届出が可能となるのは、①本社と本社以外の事業場に係る協
定の内容が同一であり（事業の種類や名称等を除く）、かつ同一の様

式で届け出ること、②本社を含めた事業場の数に対応した必要部数の協定を提出することのいずれの要件も満たす場合です。過去、すべての事業場について1つの過半数労組と36協定を締結している場合のみ、本社一括届出が可能でしたが、令和3年3月末からは電子申請に限り、事業場ごとに労働者代表が異なる場合でも一括届出が可能となっています。

その他

令和5年2月27日からは、「1年単位の変形労働時間」の労使協定に関して、本社一括届が可能となりました。要件としては、記載内容が同一であることが求められています。たとえば、対象期間および特定期間（起算日）、対象期間中の各日および各週の労働時間ならびに所定休日などです。

労働日等に関して、本社で仮に3パターンのカレンダーを使用している場合、このうちの2パターンを使用する支社Aは一括届の対象となりますが、支社Bで1つ加えて4パターンを使用するようなとき、当該支社は一括の対象外となります。手続きは電子申請により行う必要があります。

※令和6年2月23日から、電子申請により、1カ月単位の変形労働時間制に関する協定、1週間単位の変形労働時間制に関する協定、事業場外労働に関するみなし労働時間制に関する協定、専門業務型裁量労働制に関する協定、企画業務型裁量労働制に関する決議、企画業務型裁量労働制に関する報告も本社一括届ができるようになりました。

 **Q58** 外国語版用意する？　就業規則の周知に際し

> 初めて外国人を雇用することになりそうです。労働条件の通知
> は、厚労省のモデル通知書を使用すれば、日本語と外国語が併記
> されているため対応できそうですが、就業規則は外国語対応が難
> しそうです。翻訳したものを用意する必要はあるのでしょうか。
> 【福岡・B社】

# A. 平易な日本語で説明すること可

　法令や就業規則、労使協定などを周知する義務が、使用者にはあ
ります（労基法106条）。周知の仕方は、作業場の見やすい場所への
掲示または備付け、書面の交付、パソコンなど電子機器等を使用し
た方法で行うとしています（労基則52条の2）。

　外国人労働者に対しても周知は必要です。外国人雇用管理指針（平
19・8・3厚労省告示276号）では、分かりやすい説明書や行政機
関が作成した多言語対応の広報資料等を用いたり、母国語等で説明
したりするなど、外国人労働者の理解を促進するための必要な配慮
をするよう努めるとされています。母国語等とは、母国語その他の
外国人が使用する言語または平易な日本語をいうとしています。理
解促進の努力は必要でも、翻訳した就業規則などを用意することま
では求められていないといえるでしょう。

　なお、厚労省のモデル就業規則には、外国語版のほか、やさしい
日本語版も示されています。

## Q59 就業規則を周知する方法は？　誰でも確認できる状態　入社時とくに知らせず

人事異動に伴う転勤を内示したところ、転勤には応じるが「そもそも就業規則を読んだことがない」などといわれました。就業規則自体は入社以降いつでも閲覧可能な状態にはしているものの、場所までは知らせておらず問題があったのでしょうか。【埼玉・T社】

## A. 備付け場所も明示求める

個別に締結する労働契約では詳細な労働条件は定めずに、就業規則で統一的な労働条件を設定することがあります。

労働契約法7条は、労働契約において労働条件を詳細に定めずに労働者が就職した場合でも、就業規則で定める労働条件によって労働契約の内容を補充し、労働契約の内容を確定する（平24・8・10基発0810第2号）としています。合理的な内容の就業規則を周知していれば足り、本人が実際に読んだかどうかは関係がありません。周知の方法は後述の労基法に基づく3つの方法に限られません。転勤に関しても、原則としては根拠規定が就業規則にあって、これが周知されているかどうかがポイントです。

一方で、労契法とは別に、使用者は、労基法に基づき就業規則等を周知する義務を負います（労基法106条）。労基法の周知は、3つの方法（労基則52条の2）に限られています。

労働者の請求があった場合に見せる方法でも備え付けているものと解して良いかについて、これまでの行政解釈（平11・3・31基発169号）では、「労働者が必要なときに容易に確認できる状態にあること」が必要としていました。

令和6年4月から、労働条件の明示に関するルールが変更されます。労働契約関係の明確化等に関する行政解釈（令5・10・12基発

1012 第 2 号）で、周知の要件に追加がありました。具体的には、使用者は、就業規則を備え付けている場所等を労働者に示すこと等により、就業規則を労働者が必要なときに容易に確認できる状態にする必要があるとしています。厚生労働省のモデル労働条件通知書には、「就業規則を確認できる場所や方法」を記載する欄が設けられました。労働局が示す例として、社内イントラネットに掲載、共有フォルダに格納する等の方法が挙げられています。

##  代休取得日の指定方法は？　本人希望で付与決定　年休なら時季変更あるが

当社では休日出勤に対して代休を付与する仕組みにしています。取得するかどうかは、本人任せにしています。特定の日に代休取得の希望が重なって、会社が困ることがありました。代休の与え方として、会社が指定すべきだったのでしょうか。【岡山・Ａ社】

## A. 会社承認が必要と規定

　年次有給休暇であれば、請求された時季に有給休暇を与えることが事業の正常な運営を妨げる場合の時季変更の仕組みがあります。

　暦の関係で休日が飛び石になっているときに、代休等の取得希望が重なってしまうこともあるかもしれません。代休は法律上当然に付与が求められているものではないため（昭23・4・9基収1004号）、ルールを決めることが可能です。取得日を本人の希望によるという方法もあれば、会社が指定する方法もあります。なお、「いずれの場合であっても労働者の一方的指定のみによる代休の成立を認めるものとは通常解され（ない）」とした見解があります（安西愈「新しい労使関係のための労働時間・休日・休憩の法律実務」）。たとえば、代休は当月の末日までに労働者が希望日を指定して会社に通知し承認を得るものとするといった規定を設けることがあります。

　代休日の賃金をどう支払っているかの確認も必要です。仮に代休の取得を前提に割増賃金を支払わない仕組みだとすると、代休を取得できなかったときの賃金の支払い方に問題がある可能性があります。代休の取得を本人任せにせず会社で指定する必要も出てきます。

　休日出勤が週1日の法定休日労働のとき、休日労働の代償として代休が付与された場合の考え方は、所定労働時間相当分（100％）については代休が与えられたことから加算して支給する必要はないが、休日割増部分（35％）は加算が必要という解釈です（平6・1・4基発1号）。賃金計算期間内に代休を取得できない場合、休日労働割増賃金（135％）は支払っておき、代休を付与された月で給与の清算調整として処理するか、あるいは4週4日以上（労基法35条2項）ある場合には法37条1項違反として取り扱わないとしています（前掲通達）。なお、法定休日労働に該当しないときでも、週40時間を超えた時間には時間外の割増賃金が発生します。

## Q61　過半数代表は誰になるか　管理職とパートのみ年休の計画付与を予定要と規定

　当社には、管理職である営業所長とパート・アルバイトのみが勤務する営業所があります。時間外労働等の対象者がいないため、時間外・休日労働（36）協定は締結していません。ただ、当社では、年次有給休暇を計画付与しています。当該事業場で労使協定が必要なとき、どのように選出するのでしょうか。【京都・R社】

## A.　正社員には限られない

　36協定に関しては、営業所長が管理監督者（労基法41条2号）であれば労働時間等の適用はなく、また、パートらに時間外労働を命じないならば、協定の締結は必要ありません。

　年次有給休暇の計画的付与（労基法39条6項）には、労使協定の

締結が必要です。パートらの年休が比例付与で日数が少なかったとしても、年5日を超える部分について、計画的付与が可能です。ここでの5日を超える部分には、繰り越し分を含むと解されています（昭63・3・14基発150号）が、計画年休の労使協定で対象者をどう定めるかによるでしょう。

　労使協定は、当該事業場の労働者の過半数で組織する労働組合か、労働組合がないときには過半数代表者との間で締結します。事業場は、「主として場所的観念によって決定」しますが、「出張所、支所等で規模が著しく小さく、独立性がないものについては、直近上位の機構と一括して取り扱う」のが原則です（平11・3・31基発168号）。

　過半数代表者として選出する者は、「法41条2号に規定する監督又は管理の地位にある者でないこと」という要件を満たす必要があります。なお、過半数代表を選出する際の計算の分母となる労働者は、期間の定めがあるか否か、フルタイムか短時間かなどといった雇用形態にかかわらず、労基法上の労働者全員を意味します。したがって、労基法上の管理監督者も分母に含まれます（前掲通達）。なお、小規模事業場で気になるのは過半数の要件を満たさなくなった場合ですが、過半数の要件は労使協定を締結した時点で満たしていれば良いと解されています（労基法コンメンタール）。管理監督者性を有するかどうかは実態によるとして、過半数代表者は正社員に限られず、パートらもなり得ます。

## Q62 休職中の計画年休どう扱う　年度で付与日を決定 労使協定には定めなく

　年度が始まった時点で計画年休の労使協定を結びました。その後、私傷病休職や出産などで長期間休む従業員が出たときの扱いはどうすべきなのでしょうか。労働義務の有無で判断すれば、年休を取得する余地なしという考え方もありそうですが…。【群馬・U社】

# A. 自動的に除外ではない

　年次有給休暇は、従業員が取得時季を指定し、それに基づき付与されます。労基法では、「使用者は、年休を労働者の請求する時季に与えなければならない」という原則を示しています（39条5項）。例外として、年休の計画的付与を用いる方法があります（同条6項）。過半数労組（ないときは過半数代表者）と書面による協定を結べば、協定の定めにより年休を与えることができます。

　労使協定が締結されれば、個々の労働者を拘束する法的効果を持ちます。計画付与日が指定されると「労働者の時季指定権および使用者の時季変更権はともに行使できない」と解されています（昭63・3・14基発150号）。

　計画年休には次の3パターンがあります。

① 全社一斉付与

② 班別等の交替付与

③ 年休カレンダー方式による個人別付与

　③に関して、「現行法上は、労働者の時季指定権行使による特定の応用例（季節の指定とその後の調整による特定）と理解するほかなかろう」という見解が示されています（菅野和夫「労働法」）。

　①②の方法による場合も、「付与日があらかじめ定められることが適当でない労働者については、対象から除外することも考慮する」よう要請されています（平22・5・18基発0518第1号）。

　休業等が使用者にとって不可抗力といえるような場合ですが、休暇付与日の限界として労基法コンメンタールは次のように述べています。当日が使用者の責に帰すべき事由による休業になることを予知しないときに休暇（年休）を請求したとき、年休による休業と観念され、これが無効となることはない、というものです。産前休業を取得するかは本人の請求によります。いずれにせよ、労使協定で継続して欠勤した者等には一斉付与しない旨規定しておくのが分かりやすいでしょう。

## 法定の基準へ引き下げたい　所定外に割増賃金　見直す理由どうする

当社では、所定労働時間を超える部分に割増賃金を支払っています。休憩も法定の基準を上回っています。こうした取扱いを労基法の基準に合わせて低下させようとするとき、ストレートに見直しの理由としても問題ないでしょうか。労働者の不利益の程度を緩和する措置等は別途検討します。【埼玉・O社】

# A. 決定的理由が他に必要

　１日の所定労働時間が７時間半の会社で終業時刻を超えたタイミングで割増賃金を支払うことは、８時間を超えたときに時間外の割増賃金を支払うこととしている労基法の基準を上回ります。また、休憩は労働時間が６時間を超えたときに45分、８時間を超えたときに１時間必要と定めていますが、６時間を超えて１時間付与しているようなときも法の基準を上回ります。

　労基法の基準に合わせようとすると、就業規則の変更が必要になることがあります。労働条件の変更に関して、労働契約法は労働者との合意（８条）や就業規則による労働契約の内容の変更（９条、10条）について規定しています。

　労基法にも気になる条文があります。法１条２項では「労働関係の当事者は、この基準を理由として労働条件を低下させてはならない」と規定しています。これは「労働基準法に規定があることが、その労働条件低下の決定的な理由となっている場合」と解されています（労基法コンメンタール）。この点、社会経済情勢の変動等他に決定的な理由があれば、本法の基準を理由とするものでなく、本条に抵触するものではない（昭22・9・13発基17号、昭63・3・14基発150号）としています。

　解釈例規の中には、年休の付与日数の見直しなどに関して１条に

反するとしたものがあり、見直す労働条件によっては理屈付けが難しいものも想定されます。いずれにしても単に法律の基準に合わせたいという理由だけでは問題があるということはいえるでしょう。

　当該条文自体に罰則はありませんが、前掲コンメンタールは、本法の基準を理由として労働条件を低下させた場合、その労働契約、就業規則または労働協約の効力如何が問題となるとしています。

## Q64 不要な規程類どう処理　適用対象者いるか不明　そのまま破棄もできず

　会社の規程類をチェックしていたときのことです。今はもう適用者がいないと思われる規程が出てきました。このままにしておくのも後々のことを考えると良くない気がします。ただ、即廃棄というわけにもいかないため、どういった形で処理をするのが良いのでしょうか。【群馬・Ｂ社】

## A. 経過措置的な運用注意

　規程類が就業規則に該当する場合、廃止に当たって労基法90条に基づき「変更」する際の手続きを踏む必要があるでしょう。その際は、過半数代表者の選出等が必要となります。

　規程が現在使われていないのは、代わりの制度等ができたことが原因かもしれません。この場合、旧規程をあえて残しておいた可能性もあり注意が必要です。すなわち、新規程で、経過措置として旧規程の一部を時限的に適用している可能性があります。これは旧規程を実態として次のように運用しているといえます。「本規程は、○○（一定の期間）をもって廃止する。ただし、廃止日時点で本規程が適用されている従業員については、○○（同上）までの間は、本規程を適用する」。今は適用者がいないようだからと廃棄してしまうと、代わりとなる新規程に旧規程を準用している規定がある場合、

支障が生じる可能性があります。

　関連する規程の有無や内容等をまず確認する必要があり、規程を廃止する際は関連規程の最後に附則として、いつをもって廃止するかを明確にしておくべきといえます。

　廃止からいつまで保存等するかを明確に規定した条文等は見当たりませんが、重要な書類の保存に関して規定した労基法109条に準じて考えることは可能でしょう。

　今は対象者がいない規程でも、制度廃止は労働者にとって不利益が及ぶ可能性があります。不利益変更の観点から就業規則の廃止のほか、労働者の同意（労働契約法9条）を得ることまで考えると、今は制度の適用対象となる労働者がいないので実質的不利益がないといった点は、同意を得やすいといえます。この場合も労働者の受ける不利益の程度が完全にゼロになるということではなく、不利益の程度が小さい事情として考慮されることになると解されています（荒木尚志ほか「詳説労働契約法」）。

 **１人に選任できないか？　労使協定で過半数代表者**

　今年、複数の労使協定が更新のタイミングを迎えますが、過半数代表者は都度選出手続きが必要なのでしょうか。一定期間ある１人に一任する仕組みは設けられますか。【宮城・Ａ社】

## A. 原則は都度選ぶこと必要　規定設けて任期制も可

　労働関係では、労使協定の締結が多々求められます。時間外・休日労働（36）協定や1年変形労働時間制などのほか、労基法以外で、育介法の適用除外などもあります。

　締結対象者は、事業場の労働者の過半数で組織する労働組合があればその労働組合が優先され、ない場合に過半数代表者となります。

過半数代表者の要件は、①労基法 41 条 2 項の管理監督者でないこと、②法に規定する協定等をする者を選出することを明らかにして実施される投票、挙手等の方法による手続きにより選出された者であって、使用者の意向に基づき選出されたものでないこと——です（労基則 6 条の 2）。②における「投票、挙手等」の「等」には、労働者の話合い、持ち回り決議等労働者の過半数が当該者の選任を支持していることが明確になる民主的な手続きが該当するとしています（平 11・3・31 基発 169 号、平 31・4・1 基発 0401 第 43 号）。

　過半数代表者が代表する労働者の範囲については、事業場のすべての労働者としています。パート、アルバイトなどのほか、管理監督者や休職中の者も含まれます（昭 46・1・18　45 基収 6206 号など）。

　選任は、原則として、労使協定の締結ごとに必要といえます。労基法コンメンタールでは、36 協定締結後に労働者側の締結当事者が要件を満たさなくなった場合についてですが、締結当時に過半数労働組合・過半数代表者であればよく、有効期間中に要件を保持し続けなければならないものではないとしています。つまり、締結時点の状況をみているといえます。また、安西愈「新しい労使関係のための労働時間・休日・休暇の法律実務」では、過半数を代表する者は締結日の労働者数を基礎として定めるべきものと解されているとして、都度選任が予定されているといえるとしています。

　同著は、都度の選任は双方負担となるため、過半数代表者の任期制を設けることも差し支えないとの見解を示しています。過半数代表者の選任についての規約や規定等を定め、1 年間はその人に労働者代表として行為してもらうということを前提にして選任手続をとった場合には、その選任当時の労働者の構成等が大きく変動しない限り、当該事業場の労働者の全体的意思として 1 年間はその人を代表者とするという明示の意思の下に選任されたといえるから、それを否定することはできないと解されるとします。適切に選出されたと

いえるよう、使用者の意向に基づかず、都度選出したのと同じ効力を有するようにすることに対して留意は必要といえます。

## Q66 過半数代表の選出方法は　労使協定を再締結 立候補制採用している

当社で賃金控除の労使協定を見直すことになりました。過半数代表者を選出するうえで、これまでは立候補制を採用していました。しかし、なかなか名乗り出ないことがあり、選出方法を変えることができないか検討しています。立候補制でなければならないのでしょうか。【大阪・Ｔ社】

## A. 投票や挙手に限定されず

労基法で定める労使協定は、使用者と過半数労働組合（ないときは過半数代表者）が締結します。過半数労組が存在するときは、委員長等がその任に就いている期間を通じて締結者となります。一方、過半数代表者は、選任の手続きを経る必要があります。

労基則では、２つの条件を定めています（則６条の２）。

① 労基法で定める管理監督者でない

② 協定当事者等であることを明らかにして実施する投票・挙手等の方法により選出し、使用者の意向に基づき選出しない

立候補制の場合でも、使用者の側で立候補や推薦を制限する取扱いは不適切でしょう。その他、違法となり得る主な選出方法としては、役職者や一部の労働者による互選によって選出されている場合などが挙げられます。

前記①と②の要件を満たせば原則として誰でも過半数代表になることができます（派遣先における派遣労働者は除く）。②の投票および挙手等の「等」には、労働者の話合い、会議を開かない持ち回り決議等労働者の過半数が当該者の選任を支持していることが明確に

なる民主的な手続きが該当すると解されています（平 11・3・31 基発 169 号）。過半数代表者の選出方法として「投票や挙手」、「信任」、「話合い」の順に多いとした調査があります（JILPT「過半数労働組合および過半数代表者に関する調査」）。

　裁判例（東京地判令 4・12・26）では、「過半数代表者の選出手続は、『協定等をする者を選出することを明らかにして実施される投票、挙手等の方法』によらなければならないが（略）、使用者において立候補者の一般募集を行うことが義務付けられているものではない。また、労働者又は労働組合からの要求によってそのような義務が生じるとも解されない」としたものがあります。

# 第2章
# 労災保険法編

総則関係

保険給付関係

# 総則関係

 本人不注意で労災は？　サンダル履きで転倒

雨の日に会社の階段で滑って転んでケガをした従業員がいます。労災保険給付の請求ですが、本人は靴ではなくサンダルを履いていて滑りやすかったといえます。本人の不注意があると、労災認定は難しいのでしょうか。【石川・Ｂ社】

## A. 療養補償等影響しない

労災保険給付が支給されるかは業務と相当因果関係のある傷病等といえるかどうかになります。この判断において使用者の過失の有無は問いませんから、階段に手すりや滑り止めを設けていたというときでも、労災請求が認められないわけではありません。

本人が故意の犯罪行為または重大な過失によりケガをしたときは、支給が制限されることがあります（労災法12条の2の2、労災保険給付事務取扱手引）。ただ、支給制限の対象は休業補償給付等であり、病院にかかったときの療養補償給付は制限されません（昭52・3・30基発192号）。

会社としては、安全配慮義務の問題も気になるところです。本件と似たケースで本人に不注意があり会社の責任を否定した一審（横浜地判令3・11・26）の判断が、二審（東京高判令4・6・29）で覆った事案があります。二審は、予見可能性を認めて会社が対策を講じることができたと判断しています。たとえば、雨の日のサンダル履きを禁止するなどといった一定の措置を講じておくべきでしょう。

**胃潰瘍は業務上災害に？　起因性ある疾病の考え方**

以前、「出血性胃潰瘍」で死亡した労働者の労災が認定されたとの報道がありましたが、労災の業務上疾病が定められている労働基準法施行規則別表第１の２の第11号でいう「その他業務に起因することの明らかな疾病」の考え方を教えてください。【東京・Ｉ社】

## A. リスト外でも可能性あり　認定基準なく個別判断

「その他業務に起因することの明らかな疾病」とは、第１号ないし第９号までに掲げられた疾病以外の疾病で、個々の事例に即して業務起因性（業務と発症の因果関係）が認められる疾病をいいます。

### 1　業務上疾病の範囲

労災の業務災害のうち、とくに業務上疾病については労働基準法75条２項において、業務上の疾病を厚生労働省令で定めることとされていて、この規定に基づいて労基則別表第１の２の規定およびこれに基づく告示が定められ、その範囲を明確にしています（**表**）。

表　労働基準法施行規則別表第１の２　（例：筆者追記）

| 第１号 | 業務上の負傷に起因する疾病<br>例：頭部外傷後の外傷性てんかん　等 |
|---|---|
| 第２号 | 物理的因子による疾病<br>例：騒音性難聴　　例：熱中症　等 |
| 第３号 | 身体に過度の負担のかかる作業態様に起因する疾病<br>例：振動障害　　例：腱鞘炎　等 |
| 第４号 | 化学物質等による疾病<br>例：酸素欠乏症 |
| 第５号 | 粉じんを飛散する場所での業務によるじん肺症とじん肺合併症 |
| 第６号 | 細菌、ウィルス等の病原体による疾病<br>例：針刺事故によるウィルス性肝炎 |
| 第７号 | がん原性物質若しくはがん原性因子又はがん原性工程での業務による疾病<br>例：中皮腫 |
| 第８号 | 長期間にわたる長時間の業務その他血管病変等を著しく増悪させる業務による脳出血、くも膜下出血、脳梗塞、高血圧性脳症、心筋梗塞、狭心症、心停止（心臓性突然死を含む）若しくは解離性大動脈瘤又はこれらの疾病に付随する疾病<br>例：脳・心臓疾患 |
| 第９号 | 人の生命にかかわる事故への遭遇その他心理的に角の負担を与える事象を伴う業務による精神及び行動の障害又はこれに付随する疾病<br>例：精神障害 |
| 第10号 | 前各号に掲げるもののほか厚生労働大臣の指定する疾病 |
| 第11号 | その他業務に起因することの明らかな疾病 |

## 2　第11号「その他業務に起因する疾病」とは

労基則別表第1の2の第11号において「その他業務に起因することの明らかな疾病」が業務上疾病として掲げられています。

これは、同表による業務上疾病の列挙が限定列挙ではなく、例示列挙であるということであって、第11号は、第1号ないし第9号までに掲げられた疾病以外の疾病で、個々の事例に即して業務起因性（業務と発症の因果関係）が認められる疾病を示しています。

## 3　労基則別表第1の2に関するリーフレットの内容

労基則別表第1の2は都度見直し・改正が行われていますが、改正周知のためのリーフレットには次のとおり記載されています。

Q　「職業病リスト」に示された疾病は、どのような基準で選ばれたのですか？

A　業務と疾病の間に因果関係が確立していると認められた疾病が、「職業病リスト」に示されています。「職業病リスト」は、新しい医学的知見や疾病の発生状況などを踏まえ、定期的に見直しを行っています。

Q　「職業病リスト」に示されていない疾病は、労災補償の対象にならないのですか？

A　第11号は、「その他業務に起因することが明らかな疾病」と定めており、「職業病リスト」に示されていない疾病でも、業務と疾病との間に因果関係が認められる場合には、労災補償の対象となります。

## 4　最近の事例

電気設備工事会社に勤めていた男性（当時62歳）が令和3年、出血性胃潰瘍（かいよう）を発症して死亡したのは長時間労働やストレスなどが原因だとして、労働基準監督署が労働災害と認定しました。

遺族や代理人弁護士によれば、男性は昭和61年から技術者として勤務し、令和元年8月の定年後も嘱託再雇用され、電気設備工事の現場責任者を務めていたところ、徐々に長時間勤務となる日が増え、

令和3年12月に自宅で倒れ、病院に搬送されたが死亡したというものです。

「その他業務に起因することが明らかな疾病」については認定基準が示されていませんので、個別判断によって労災認定に至ったものです。

 自賠責適用で労災は？　業務上ケガしたが不休

> 営業マンが会社の車で外回り中に交通事故に遭いました。今のところ会社は休んでいません。保険関係は自賠責を優先しますが後遺症の心配がないわけではありません。労災保険関係ではどのようにしておくべきなのでしょうか。【愛知・Ｉ社】

## A. 第三者災害届提出しておく

労基署は、原則として自賠責保険等の支払いを労災保険給付に先行させるよう取り扱うとしています（第三者行為災害事務取扱手引）。ただし、労災保険給付の請求権を行使するか否かは本人の意思に委ねられるべきものです。

労災則22条に基づき、第一当事者等から労基署長に対して第三者行為災害届の提出を義務付けています。（労基署が）第三者行為災害に該当する旨を把握した場合においては、労災保険給付請求書の提出に先立って、または、請求書と同時に届を提出するよう第一当事者等に指導することとしています。なお、第三者行為災害届を提出する必要がないケースとしては、軽度の交通事故の場合で、自賠先行の手続きをとり、被災状況等から判断して自賠責保険の金額以内で処理されることが確実な事案（以上、前掲手引）というものがあります。

## Q4 再雇用で条件低下し「いじめ」？　定年後に職務内容変更　労災認定基準を当てはめ

定年後再雇用する従業員は、従事する職務が変わるなど労働条件が低下することが少なくありません。仮に、本人がそれを理由に精神疾患になったと主張したとき、労災認定では、いじめや嫌がらせとみなされるのでしょうか。【大阪・Ｅ社】

## A. 会社からの差別か判断

心理的負荷による精神障害の認定基準（令2・8・21 基発0821 第4号）では、（ひどい）嫌がらせ、いじめは、パワーハラスメントに該当しない優越性のない同僚間の暴行や嫌がらせ、いじめ等を評価する項目として位置付けられています。一方のパワハラは、優越的な関係を背景とする上司等による一方的な被害（令2・5・29 基発0529 第1号）ですが、いずれも認定基準における平均的な負荷の強度は「強」です。

労災保険審査官に審査請求した事案（平成25年度〈平成26年1〜3月〉）に、以下のような事案があります。再雇用後に、定年退職前の営業担当部署から経験のない事務担当部署に配置され、業務内容も補助的雑務であったのは、いじめであり、うつ病の原因と労働者が主張しました。決定では、「社員間に処遇の差異があるが、その差は小さ」く、心理的負荷の強度は「弱」としています。認定基準の「非正規社員であるとの理由等により、仕事上の差別、不利益取扱いを受けた」という項目に当てはめて判断しました。こちらの平均的な強度は、現在「中」です。

いじめ、嫌がらせやパワハラとの区分ですが、対人関係の中で行われる差別、上司であれ同僚であれ個人として行う差別については、「対人」関係で評価します。一方で、非正規社員であるとの理由等により、仕事上の差別、不利益取扱いを受けたといえるかは、「対会社」

との関係、処遇等の問題を評価するとしています（令4・6・30「精神障害の労災認定基準に関する専門検討会」）。

　なお、客観的に精神障害を発病させるおそれのある程度の心理的負荷とは、総合評価が「強」と認められる程度の心理的負荷をいうと解されています。「中」が複数ある場合はともかく、「中」のほか「弱」の出来事があったとしても総合評価は「中」です（平23・12・26基発1226第1号、令2・8・21基発0821第4号）。

**加害者不明で手続きは？　自転車同士が接触事故**

> 　従業員が出勤のため自宅最寄り駅まで自転車走行中、Ｔ字路で出合い頭に自転車と接触、転倒して負傷したのですが、相手はそのまま走り去ってしまったとのことです。このように相手方・第三者が不明な場合でも第三者行為災害に該当するのでしょうか。手続きをするうえでの注意点等を教えてください。【三重・Ｃ社】

# A. 第三者行為の届出必要　労災保険給付を先行

　相手を確認できず別れてしまったような場合も、負傷の原因が第三者の加害行為であることには変わらないので、労災保険への保険給付請求を行うに当たっては「第三者行為災害」として第三者行為災害届の提出が必要です。「第三者行為災害」の相手方欄には「不明」であることと、その事情を記載することになります。

## 1.「第三者行為災害」とは

　労災保険では、当該災害に係る保険関係の当事者（保険給付を行う政府と保険給付を受ける被災労働者（遺族を含む））以外の者（第三者）の行為によって業務災害、通勤災害を被った場合においては、これらの災害を「第三者行為災害」といっています。

第三者行為災害は、当該事故の発生に関して第三者の不法行為が介在しているため、相手方からの損害賠償との調整を図る必要があることから、他の災害による保険給付手続きと区別して取り扱っています。

## 2.「第三者行為災害」の必要な手続き

第三者行為災害による労災保険給付の請求に当たっては、「第三者行為災害届」を所轄の労働基準監督署へ提出し、**下表**の書類を添付する必要があります。これは、災害発生後できるだけ速やかに提出しなければならないことになっています。

| 添付書類名 | 交通事故による災害 | 交通事故以外による災害 | 備考 |
|---|---|---|---|
| 「交通事故証明書」または「交通事故発生届」 | ○ | － | 自動車安全運転センターの証明がもらえない場合は「交通事故発生届」 |
| 念書（兼同意書） | ○ | ○ | |
| 示談書の謄本 | ○ | ○ | 示談が行われた場合（写しでも可） |
| 自賠責保険等の損害賠償金等支払証明書または保険金支払通知書 | ○ | － | 仮渡金または賠償金を受けている場合（写しでも可） |
| 死体検案書または死亡診断書 | ○ | ○ | 死亡の場合（写しでも可） |
| 戸籍謄本 | ○ | ○ | 死亡の場合（写しでも可） |

正当な理由がなく「第三者行為災害届」を提出しない場合は、労災法47条の3に基づき、保険給付が一時差し止められることがあります。

## 3.「第三者行為災害」に係る労災保険の基本的考え方

政府における第三者行為災害に係る基本的考え方は、「第1当事者（被災者）にてん補されるべき損失は、最終的には政府によってではなく、災害の原因となった加害行為等に基づき損害賠償責任を負った第三者（相手方）が負担すべきである」というものです。

第三者行為災害は、当該事故の発生に関して第三者の不法行為が

介在しているため、被災労働者は第三者に対して民法上の損害賠償請求権を取得することになると同時に、当該事故が業務災害、通勤災害に該当した場合には労災保険に対する保険給付請求権も取得することになります。

　この場合、双方（相手方・労災保険）から同一の事由について重複して損害のてん補を受けることになると、実際の損害額以上の支払いを受けることになってしまいますので労災法12条の4によって労災保険給付と損害賠償との支給調整について規定し、重複てん補が行われない処理（労災保険側としての処理）が行われることになっています。

### 4．手続きにおける留意点

① 相手不明な場合も第三者行為災害届は提出

　当て逃げされて負傷した場合や相手を確認できず別れてしまったような場合も、第三者の加害行為であることには変わらないので、「第三者行為災害」に該当し、第三者行為災害届の提出が必要です。

　第三者行為災害届には加害者の住所、氏名、所属事業場等を記載する欄がありますが、加害者が不明である場合、届の相手方欄は不明であることと、その事情を記入して提出することになります。

② ご質問のケース

　相手方が不明な場合において、労災保険給付が先行して行われた場合、被災労働者あてに都道府県労働局担当部署から文書による報告（相手方の判明状況）を求められる場合がありますので対応が必要になります。

## Q6 借上げ駐車場でケガしたら　会社まで距離あり 労災の考え方教えて

　会社が一部借り上げている駐車場で、従業員が転倒してケガをしました。場所は会社からやや離れているのですが、このケガは、通勤災害と考えて良いでしょうか。当該従業員の通勤経路は、自宅から会社借上げの駐車場まで車で行き、そこから会社まで徒歩で出勤します。【岩手・M社】

## A. 通勤中に該当する可能性

　労災法における通勤とは、労働者が、就業に関し、住居と就業の場所等との間を、合理的な経路および方法により往復すること（法7条2項）としています。通勤として認められるのは、具体的に次のパターンです。

　①　住居と就業の場所との間の往復

　②　厚生労働省令で定める就業の場所から他の就業の場所への移動

　③　第1号に掲げる往復に先行し、または後続する住居間の移動 （厚生労働省令で定める要件に該当するものに限る）

　駐車場に関して、過去に示された行政解釈のなかに、会社敷地内に駐車場がある工場事業場等の事案があります。災害発生場所が会社構内であれば通常は通勤災害には該当せず、構内に入った以上、すでに事業主の支配下にあり、業務付随行為（準備行為）と認めたものです。これは会社構内に駐車場がある場合に関するものであり、たとえば、雑居ビルの一室が会社事務所等のケースにおいてはこの限りではありません。

　就業の場所とは、通常、会社の門（一般人が自由に通行できる場所か否か）が、通勤経路との境界と解されています（労災保険法コンメンタール）。関連する行政解釈においても、帰途、会社内の階段で転倒した場合（昭49・4・9基収314号）や構内の私設道路での

転倒災害（昭51・1・10基収3941号）を通勤災害と認めなかった例があります。

　ケースバイケースといえそうですが、次のような解釈例規もあります。出勤のためマイカーで自宅を出発し、会社の北側にある駐車場に車を置き、徒歩で100メートル先にある会社に出勤していた事案で、道路横断中に車にはねられたことによる負傷を結論として通勤災害としました（昭49・6・19基収1739号）。個別具体的な事案は、管轄労基署に確認する必要があるでしょう。

# 保険給付関係

他社年休で休業給付は？　副業・兼業時の労災保険

わが社のパート社員が、仕事中に負傷したために10日程度休業することとなり休業補償請求書を提出することになりました。本人に確認したところ、他の会社でもパートで働いているとのことで「複数事業労働者」に該当すると思われますが、他の会社の休業は年次有給休暇を取得することとするようです。このような場合の「複数事業労働者」としての労災の取扱いについて教えてください。【福島・N社】

## A. 「賃金受けない日」を判断　複数事業場ごとにみる

複数事業労働者が被災した場合の労災保険給付（療養を除く）について、複数事業労働者を使用する全事業場の賃金を合算して「給付基礎日額」を算定しますが、一方の事業場において年次有給休暇を取得して賃金を受ける場合、他方の事業場において「賃金を受けない」のであれば、当該休業に対して休業（補償）等給付が行われます。

**1　「複数事業労働者」とは**　**「複数事業労働者」とは、負傷、疾病、障害または死亡が生じた時点において、事業主が同一でない2以上の事業に同時に使用されている労働者であって、以下のいずれかに該当する者をいいます。**

・複数の事業と労働契約関係にあり、当該事業に使用される労働者
・一以上の事業と労働契約関係にあり、かつ他の事業について特別

加入している者

・複数の事業に特別加入している者

したがって、2以上の事業場でパート社員として働く労働者も「複数事業労働者」に該当します。

## 2　複数事業労働者に関する保険給付に係る給付基礎日額は、全事業場の賃金を合算して「給付基礎日額」を算定する

労災保険給付のうち、休業（補償）等給付や遺族（補償）等給付などは、受けた賃金額を基に給付基礎日額が算定され保険給付額が決定されますが、複数事業労働者に係る給付基礎日額は、労災法8条1項および2項に基づき、複数事業労働者を使用する事業ごとに算出した額を基礎として、労災法8条3項に基づき、給付基礎日額に相当する額を合算することになります。

業務災害や通勤災害の別にかかわらず、複数事業労働者であれば対象となります。

複数事業労働者ではない人（一つの事業場でしか働いていない人）は、その働いている事業場の賃金額を基礎として給付基礎日額が決定されます。

## 3　労災給付請求書の提出に当たって

「複数事業労働者」が労災保険給付請求書を提出するに当たっては、請求書裏面（**次ページ参照**）の「その他の就業先の有無」欄を「有」として申告することにし、休業（補償）等給付の請求に当たっては、複数就業先に係る別紙3を提出します。

| ㊴その他就業先の有無 | | |
|---|---|---|
| 有<br><br>無 | 有の場合のその数<br>（ただし表面の事業場を含まない） | |
| | | 社 |
| 有の場合で<br>いずれかの<br>事業で特別<br>加入してい<br>る場合の特<br>別加入状況<br>（ただし表<br>面の事業を<br>含まない） | 労働保険事務組合又は<br>特別加入団体の名称 | |
| | 加入年月日<br><br>　　　年　　　月　　　日 | |
| | 給付基礎日額<br><br>　　　　　　　　　　円 | |
| 労 働 保 険 番 号 （ 特 別 加 入 ） | | |
| | | |

## 4　休業（補償）等給付

　休業（補償）等給付は、①療養のため、②労働することができず、③労働不能であるために賃金を受けない日の第4日目から支給されることになっています。

## 5　複数事業労働者に係る「賃金を受けない日」の考え方

　複数事業労働者が、複数の事業場のうち一部の事業場において年次有給休暇を取得して当該事業場より平均賃金相当額の60％以上の賃金を受けながら、他の事業場において、傷病等により無給での休業をしている場合もあり得るところです。

　複数事業労働者の休業（補償）等給付に係る「賃金を受けない日」の判断は事業場ごとに行われます。このため、一部の事業場で賃金を受けない日に該当し、一部の事業場で賃金を受けない日に該当しない場合も想定されますが、一部の事業場でも賃金を受けない日に該当する場合には、当該日は「賃金を受けない日」に該当するもの

として取り扱われることになります。

参考条文等

・労災法14条1項
・複数事業労働者に係る給付基礎日額の算定について（令2・8・21基発0821第2号）
・「複数事業労働者の休業（補償）等給付に係る部分算定日等の取扱いについて」（令2・3・18基管発0318第1号、基補発0318第6号、基保発0318第1号）
・複数事業労働者における労災保険給付に係る事務処理要領の一部改正について（令3・5・17基発0517第3号）

 定年後も継続可能？　労災保険給付への影響

　業務上ケガをして休職している従業員がまもなく定年年齢に達します。退職後も保険給付を継続して受給できるはずですが、定年を機に退職するときでも、引き続き保険給付の対象なのでしょうか。【富山・R社】

## A. 退職理由で変更されず

　労災保険給付の受給権は、労働者の退職で変更されることはないと規定しています（労災法12条の5）。

　病院等に行ったときの療養補償給付が退職後に支給されないとなると、業務上の事由により負傷し療養しているのにもかかわらず、その治療を受けられないという不合理なことになります（東京労働局）。

　休業補償給付は、定年で退職してしまうと休業状態といえず、補償を受けられないのではないかという疑問が生じるかもしれません。しかし、業務上のケガに対する補償は雇用関係の存続とは別に考えられています。

労災法 12 条の 5 の退職について、労災法コンメンタールでは、使用者による解雇や労働者の意思による任意退職、労働契約の期間満了による自動退職に加え、「定年退職等理由のいかんを問わず労働関係の終了することをいう」としています。

## Q9 賃金一部出ると不支給か　休業補償給付の要件

> 労働災害に伴って受けることになる休業（補償）等給付については、「療養のため」「労働することができず」「賃金を受けない日」の第 4 日目から支給されますが、賃金の一部を受けている場合の「賃金を受けない日」についての解釈を詳しく教えてください。【大分・E社】

## A. 6割未満なら休業で処理　時間単位の年休に留意

休業補償給付は、「労働者が業務上の負傷又は疾病による療養のため労働することができないために賃金を受けない日の 4 日目から支給」されます。

「賃金を受けない日」とは、労働災害によって労働できないことによって、賃金の全部を受けない場合と、賃金の一部を受けない日がありますが、一部を受けている場合については次のとおり取り扱うことになっています（昭 40・9・15 基災発 14 号、労災保険給付事務取扱手引）。

### 1　傷病の当日

傷病が当日の所定労働時間内に発生し、療養のため、所定労働時間の一部について労働することができなかった場合は、その一部休業した時間に対して平均賃金の 100 分の 60 以上の金額が支払われていても、その日は休業期間（待期期間）に算入されることになり

ます。

　また、通勤による傷病が所定労働時間終了前に発生した場合については、その日は休業したことになりますが、所定労働時間終了後に発生した場合については、その日は休業した日とはなりません。

　２暦日にまたがる勤務形態であった場合には、出退勤を問わず、当該傷病発生の日から休業した日として取り扱います。

## 2　全部労働不能で平均賃金の 100 分の 60 以上の金額が支払われている場合

　全部労働不能での休業初日からの３日間については、使用者が平均賃金の 100 分の 60 以上の金額を支払った場合は、休業補償が行われたものとして取り扱います。

　一方、待期期間後（休業第４日目以降）については、100 分の 60 以上の金額が支払われている場合は賃金が支払われたものとして休業（補償）等給付の支給事由は生じないことになります（昭 27・8・6 基収 3152 号）。

## 3　一部労働不能の場合

　通院等のため、所定労働時間の一部について労働することができない一部労働不能の場合、当該一部休業した時間に対して、平均賃金と実労働時間に対して支払われる賃金との差額の 100 分の 60 未満の金額しか支払われていない場合は、その日は休業した日として休業（補償）等給付の対象となります。

　なお、当該一部休業した時間に対して、差額の 100 分の 60 以上の金額が支払われている場合には、療養のため休業した最初の日から第４日目以降の日については、休業した日に該当しないことになります（前掲昭 40 通達）。

## 4　年次有給休暇を取得した場合

　療養のために時間単位の年次有給休暇を取得したことにより、労働時間の一部について賃金が支払われる場合、給付基礎日額と支払われた賃金との差額の 100 分の 60 未満の金額しか支払われていない場合は、その日は休業した日として休業（補償）等給付の対象となります（令3・3・18 基管発 0318 第 1 号、基補発 0318 第 6 号、基保発 0318 第 1 号）。

## 5　一部休業の場合の給付額

　休業（補償）等給付の支給額は、1 日につき給付基礎日額の 100 分の 60 に相当する額です。ただし、業務上の事由または通勤による負傷もしくは疾病による療養のため所定労働時間のうち、その一部分についてのみ労働した日もしくは賃金が支払われる休暇に係る休業（補償）等給付の額は、給付基礎日額から実際に労働した部分等の賃金額を差し引いた額の 100 分の 60 となります（**下式参照**）。

$$\begin{matrix} \text{一部休業日についての} \\ \text{休 業 補 償 給 付 の 額} \end{matrix} = \left\{ \text{給付基礎日額} - \begin{matrix} \text{一部休業日の労働等に対し} \\ \text{支 払 わ れ る 賃 金 の 額} \end{matrix} \right\} \times \frac{60}{100}$$

　この場合の給付基礎日額は、年齢階層別の最高限度額の適用がないものとした場合の給付日額となります（労災法 14 条 1 項ただし書き）。

## 6　端数処理

　休業（補償）等給付の額の算出において、給付基礎日額に 100 分の 60 を乗じて休業 1 日分の休業（補償）等給付の金額を算出し、その額に 1 円未満の端数を生じた場合には、その端数金額を切り捨てた額に給付日数を乗じて得た額が支給額になります（国等の債権債務等の金額の端数に関する法律）。

休業補償給付　計算で不利益が発生!?　ケガ前
に私傷病休職　平均賃金から除外可能か

　私傷病で３週間ほど休んでいた従業員が、業務復帰後、ケガを負いました。労災の申請をしますが、休んでいた期間の扱いはどうなるのでしょうか。業務上の傷病ではないので、平均賃金の算定上、当該期間を除外できないようにも思います。休業補償給付の計算上、不利益が生じる気がしますが、救済措置はありますか。
【栃木・Ｍ社】

## A. 業務上とみなして除外

　労災保険の給付基礎日額は、原則として「労基法の平均賃金に相当する額」（労災法８条１項）と定めていますが、私傷病時等の扱いは同一ではありません。

　労基法上、平均賃金は算定事由発生日以前３カ月の間に受けた賃金総額を暦日数で除して計算するとされています。「業務上負傷し、又は疾病にかかり療養のために休業した期間」は、その日数および賃金を計算から除外しますが、私傷病休職は対象外です。ただし、平均賃金相当額を給付基礎日額とすることが適当でないと認められる場合の取扱いが定められています。

　その１つに「私傷病による休業期間がある場合」が定められています（労災則９条１項１号）。業務外の傷病で休業した労働者の給付基礎日額（平均賃金相当額）が、当該期間を業務上傷病による休職期間とみなして算定した平均賃金に満たない場合には、みなしで計算した平均賃金に相当する額とするというものです。

　労災保険給付事務取扱手引（令４・６・21基発0621第１号など）では、次の例を示しています。月33万円の労働者が、平均賃金算定期間中に10日間私傷病欠勤し、その間の賃金（10万円）を受けなかった場合の例です。原則の計算だと、9781円（円未満切上げ、労災法

８条の５）となります。この額と比較するのは、算式の分母から欠勤日数 10 日と分子から 10 万円をそれぞれ引いて算出した１万 988 円（同上）です。後者が給付基礎日額となります。この算式においては欠勤控除のルールが定められていて、月給制であれば、賃金の額を月の総暦日数で除して得た額に、休業した日数を乗じて得た額としています。休業補償給付の計算上は、特例が設けられています。

## Q11 コロナ後遺症にも給付？　感染症法の分類が変更

業務に起因してコロナ感染し、治療や療養が終わった後の、明らかな原因がない倦怠感などの症状（いわゆる後遺症）についての労災補償の考え方を教えてください。令和５年５月以降、感染症法の分類は５類となったようですが、これに伴いどのような影響があるのでしょうか。【東京・Ｆ社】

## A. 療養や休業補償の対象に　症状固定なら障害補償も

業務により新型コロナウイルスに感染した後の症状であり、療養等が必要と認められる場合には、労災保険給付の対象となることとされています。

### 1　新型コロナウイルス感染症の労災補償

新型コロナウイルス感染症感染者に係る労災補償については、感染経路が特定されなくとも、業務により感染した蓋然性が高く、業務に起因したものと認められる場合には労災保険給付の対象とすることが通達によって示されています（令２・４・28 基補発 0428 第１号、改正令５・２・17 基補発 0217 第２号）。

## 2  り患後症状に対する考え方

厚生労働省ではり患後症状について、具体的取扱いを以下のとおり示しています。

① 基本的考え方

本感染症については、感染症が消失した後であっても、呼吸器や循環器、神経、精神等に係る症状がみられる場合がある（中略）。

これらのり患後症状については、業務により新型コロナウイルスに感染した後の症状であり療養等が必要と認められる場合は、労災保険給付の対象となるものであること。

② 具体的な取扱い

（1）療養補償給付

医師により療養が必要と認められる以下の場合については、本感染症のり患後症状として、療養補償給付の対象となる。

ア　診療の手引きに記載されている症状に対する療養（感染後ある程度期間を経過してから出現した症状も含む）

イ　上記アの症状以外で本感染症により新たに発症した傷病（精神障害も含む）に対する療養

ウ　本感染症の合併症と認められる傷病に対する療養

（2）休業補償給付

り患後症状により、休業の必要性が医師により認められる場合は、休業補償給付の対象となる。

なお、症状の程度は変動し、数カ月以上続く症状や症状消失後に再度出現することもあり、職場復帰の時期や就労時間等の調整が必要となる場合もあることに留意すること。

（3）障害補償給付

診療の手引きによれば、本感染症のり患後症状はいまだ不明な点が多いものの、時 間の経過とともに一般的には改善が見込まれることから、リハビリテーションを含め、対症療法や経過観

察での療養が必要な場合には、上記のとおり療養補償給付等の対象となるが、十分な治療を行ってもなお症状の改善の見込みがなく、症状固定と判断され後遺障害が残存する場合は、療養補償給付等は終了し、障害補償給付の対象となる。

なお、新型コロナウイルス感染症の感染症法上の位置付けが5類感染症に変更された後においても、この取扱いに変更はありません。

請求の手続等については、事業場を管轄する労働基準監督署にご相談ください。また、5類感染症に変更された後に労働者が発病した場合の労災保険給付については、メリット制による労災保険料への影響があり得るとしている点、留意が必要です。

参考：「新型コロナウイルス感染症によるり患後症状の労災補償における取扱い等について」（令4・5・12基補発0512第1号）、新型コロナウイルスに関するQ＆A（企業の方向け、令6・3・15〈更新中〉）

〈参考：新型コロナウイルス感染症に関する労災請求件数等（令和5年4月30日現在）〉

| 業種 | 請求件数 | 決定件数 | うち支給件数 |
|---|---|---|---|
| 1 医療従事者等 | 14万8869（38） | 14万952（34） | 14万652（34） |
| 2 医療従事者等以外 | 4万8183（168） | 4万8083（167） | 4万7872（166） |
| 計 | 19万7052（206） | 18万9035（201） | 18万8524（200） |

※1　集計時点は都道府県労働局から厚生労働本省が報告を受けた時点です。

※2　「医療従事者等」とは、患者の診療若しくは看護の業務、介護の業務又は研究その他の目的で病原体を取り扱う業務に従事する者をいいます。

※3　（　）内は集計時の死亡者数を表記したもので、内数です。

※4　本表の内容は、請求事案の調査の進捗を踏まえ、変更することがあります。

**Q12** ５類以降でどう取扱うか　新型コロナの保険給付

　新型コロナウイルス感染症の感染症法上の位置付けが「２類」から「５類」に変更されました。感染者は今もなお一定程度いる状況ですが、５類になったことに伴い、労災保険に関して何か変更点があれば教えてください。【京都・Ｎ社】

## A. 医師等から原則証明必要　メリット制で保険料影響

　新型コロナウイルス感染症の位置付けが「５類」に変更されても（令５・４・28厚生労働省告示74号）、業務起因性が認められる場合において、療養や休業が必要とされれば労災保険が適用されることに変更はありませんが、「５類」に変更された後に労働者が発病した場合の労災保険給付額については、メリット制の収支率算定に反映されることになります。

### 1　新型コロナウイルス感染症に係る労災認定

　労災補償の対象疾病の範囲は労働基準法施行規則別表第１の２に列挙されており、第６号として「細菌、ウイルス等の病原体による疾病」が示されていることから、一定の業務に従事する労働者に当該種類の疾病が発生した場合、業務との因果関係が推定され、特段の反証のない限り、その疾病は業務に起因するものとして取り扱われます。

　具体的な取扱いは以下のとおりとなっています（令５・２・17基補発0217第２号）。

（１）国内の場合

　　ア　医療従事者等

　　　患者の診療もしくは看護の業務または介護の業務等に従事する医師、看護師、介護従事者等が新型コロナウイルスに感染し

た場合には、業務外で感染したことが明らかである場合を除き、原則として労災保険給付の対象となる。

イ　医療従事者等以外の労働者であって感染経路が特定されたもの

　　感染源が業務に内在していたことが明らかに認められる場合には、労災保険給付の対象となる。

ウ　医療従事者等以外の労働者であって上記イ以外のもの

　　調査により感染経路が特定されない場合であっても、感染リスクが相対的に高いと考えられる次のような労働環境下での業務に従事していた労働者が感染したときには、業務により感染した蓋然性が高く、業務に起因したものと認められるか否かを、個々の事案に即して適切に判断する。

（ア）複数（請求人を含む）の感染者が確認された労働環境下での業務

（イ）顧客等との近接や接触の機会が多い労働環境下での業務

## 2　「5類」に変更後の労災認定に関する考え方

　上記の労災認定に係る取扱いは「2類」から「5類」に変更後も変わりはありません。

　具体的に労災保険給付の対象とするか否かについては、他の疾病と同様、労働基準監督署において、個別の事案ごとに調査し、労災保険給付の対象となるか否かを判断することとなります。

　また、「新型コロナウイルス感染症による罹患後症状の労災補償における取扱い等について」（令4・5・12基補発0512第1号）についても取扱いが変更されるものではありません。なお、令和5年5月8日以降に陽性が確認されたときは、他の傷病による休業補償給付の請求と同様に、原則として診療担当者の証明が必要です。

## 3 新型コロナウイルス感染症に係る労災保険給付とメリット制

（1）これまでの取扱い

　メリット収支率算定に当たり、新型コロナウイルス感染症に関する保険給付および特別支給金の額については反映させないこととされていました（令4・1・31 厚生労働省令 19 号）。

（2）「5 類」に変更後の取扱い

　厚生労働省が発表している「新型コロナウイルスに関するQ＆A（企業の方向け）」によれば、これまでの取扱い（特例）を廃止し、「5 類感染症に変更された後に労働者が発病した場合の労災保険給付については、メリット制による労災保険料への影響がありえます」とされています。

### メリット制とは

　労災保険率を個別の事業場の災害の多寡に応じて増減することで、事業主の保険料の負担の公平性の確保や災害防止の努力の推進を図るためにできたのが「労災保険のメリット制」です。

　メリット適用事業場においては、労働災害の発生（保険給付額）が少なければ労災保険率が下がり、労働災害の発生（保険給付額）が多いと労災保険率が上がることになります（料率への反映は収支率算定の翌々年度）。

（注）メリット制は、原則としてすべての事業場が対象となるものではなく、一定規模以上の事業場に適用されます。

# 第３章
# 雇用保険法編

総則関係

保険給付関係

# 総則関係

## Q1 2暦日勤務どう記載　離職票の賃金支払日数

　退職する従業員がいます。深夜まで働いて2暦日にわたる勤務を行った日がある場合の賃金支払基礎日数ですが、どのようにカウントすればいいのでしょうか。労働基準法だと1勤務ということですが……。【福井・M社】

## A. 8時間超は2日と計算

　離職して失業給付を受けられるかどうかは、原則として、離職の日以前2年間に被保険者期間が12カ月以上あるか否かがポイントになります。離職日から遡る形で1カ月ごとに区切っていった期間に、賃金支払基礎日数が11日以上ある月を1カ月とカウントします。令和2年8月以降は、例外的に80時間以上の月をカウントできる仕組みになっています（雇保法14条3項）。

　労基法ですが、通達（昭63・1・1基発1号）で、暦日を異にする場合でも1勤務として取扱い、始業時刻の属する日の労働とする解釈が示されています。

　雇用保険では、深夜労働に従事して翌日にわたり、かつ、その時間が労基法32条2項に規定する8時間を超えるときは、これを2日として計算し、8時間を超えない際は1日として計算するとしています（雇用保険業務取扱要領、宿直は除く）。2暦日にわたる勤務の回数ではなく、時間数を確認する必要があります。

## 離職票の希望なしに？　本人に意向確認できず手続き遅れると心配が

　従業員の退職手続きを進めるときに、あまり考えず離職票を発行してもらってきました。交付の有無等を本人に確認できるまで手続きを放置すれば問題が出てくる可能性もありそうです。会社手続きが遅れて手当を受給しきれなかったなどという事態になったとき、何らかの責任を負うのでしょうか。【高知・G社】

## A. 求職申込み自体可能で

　退職した人が雇用保険から失業時の基本手当を受けようとするとき、現在は離職票を持ってハローワークに行く必要があります。

　退職時の手続きとして、事業主は、退職日の翌日から起算して10日以内に、離職証明書等の書類とともに雇用保険の被保険者資格喪失届を、管轄ハローワークに提出するのが原則です（雇保法7条、雇保則7条）。退職する人が離職票の交付を希望しないときは、離職証明書を添える必要はありません。なお、離職の日に59歳以上のときは、本人希望の有無にかかわらず離職証明書を添える必要があります。

　基本手当を受給できるのは、離職の日の翌日から起算して原則1年間です（雇保法20条、受給期間の延長は可能）。ハローワークの手続きが遅れれば、所定給付日数を取りきれないこともあり得ます。

　離職票は失業給付を受給するうえで必須のものではありません。厚労省は、身元確認書類および退職したことが分かる書類（退職証明書等）を持参のうえ、住居所を管轄するハローワークへ早めに相談するよう求めています。離職票交付遅滞に係る債務不履行に基づく損害賠償請求は理由がないとされた例（東京地判令元・12・11）があります。離職者は、離職票の交付より前に求職の申込みをし、基本手当を受給していたもので、裁判所は離職票が交付されなかった

ことが、基本手当受給の弊害になったとの事情はないとして、損害（基本手当を受給しきれなかった）との因果関係を否定しています。なお、雇用保険業務取扱要領では、離職者が安定所に直接離職票を請求すれば交付される場合があるとしています。

　離職票交付希望の欄は、被保険者の希望に従い記載すべきものといえます。条文では、則7条の規定に違反して届出をせず、または偽りの届出をした場合、6カ月以下の懲役または30万円以下の罰金（雇保法83条）という規定を設けています。

 **給付日数へ影響？　休職期間があったなら**

> 　当社に約10年間勤めていた労働者が退職する運びとなりました。準備を進めていた際、数カ月ほど休職期間があったことを知りました。その期間を加味すると、実際に働いた期間は10年を下回りそうです。雇用保険の基本手当を受給できる日数は、加入していた期間が10年以上かどうかで日数に差があったと思いますが、休職期間は影響するのでしょうか。【愛知・H社】

## A. 算定基礎期間はカウント対象に

　基本手当を受給するには、原則、離職の日以前2年間の算定対象期間に被保険者期間が通算12カ月以上あることが必要です（雇保法13条）。算定対象期間は、同期間内に疾病や負傷などで引き続き30日以上賃金を受けなかった期間があるときは、その日数分、延長されることになります（上限4年）。被保険者期間は、賃金支払基礎日数が11日以上ある(ない場合80時間以上ある)月を1月と数えます。

　受給できるとして、それが何日分になるか（所定給付日数）は、算定基礎期間という、同一の事業主の適用事業に被保険者として雇用された期間に基づいて決まります。同期間については、賃金の支

払いの有無は考慮されません。休職していても、雇用期間が存続する限り賃金の支払いにかかわらず被保険者となることから、ご質問のような休職期間もカウント対象となります（雇用保険業務取扱要領）。

 **半日勤務も対象か？　賃金支払基礎日数へ計上**

> アルバイトの従業員がこのたび離職することになりました。雇用保険に加入していたため、基本手当の受給を考えているようです。ただ、2月は、もともとシフトに入る日が少なく、そのうえ体調不良で半日勤務となった日もあります。被保険者期間の計算に影響が出そうですが、この日は賃金支払基礎日数に含むのでしょうか。【佐賀・U社】

## A. 1時間出勤でもカウントをする

　基本手当は、原則、離職日以前2年間に被保険者期間が12カ月以上あると受給できます（雇保法13条）。

　被保険者期間は応当日方式で考えます。資格喪失日の前日（離職日）からさかのぼって1カ月ごとに区切り、各期間の賃金支払基礎日数が11日以上の場合に1カ月とします。たとえば3月25日が離職日なら、各期間は3月25日〜2月26日、2月25日〜1月26日……です。1カ月未満の端数期間は、同期間が15日以上、かつ賃金支払基礎日数が11日以上の際に2分の1カ月とします。

　賃金支払基礎日数は、日給制や時給制の場合、1時間でも出勤していれば1日と数えます。年休などもカウント対象です。また、日給月給制の場合に欠勤や遅刻などで減額があっても、1日のうちに出勤している時間があれば、欠勤日数に含めないことになります。

**上限前でも対象に？　定年後の受給期間延長**

定年後再雇用制度で働く従業員から、本人の事情で1年単位の契約を更新しないと申出がありました。定年後には受給期間の延長の制度がありますが、再雇用制度の年齢上限に達する前に更新をせず退職となった場合も対象ですか。【千葉・O社】

## A. 期限到達条件で利用ができない

基本手当は、被保険者として雇用された期間で所定給付日数が決まります。一方、それをいつまでなら受給可能かという受給期間が定められています。

原則は、離職の日から1年間です。延長を認める措置もあり、一つは、妊娠や出産、育児、疾病または負傷で引き続き30日以上職業に就くことができない期間があるときです。その日数分延長されます（最大4年）。また、定年退職者等に関して、①60歳以上の定年に達したとき、②定年到達後、勤務延長や再雇用などで引き続き雇用される場合に、その期限が到来したときも対象になります（雇保法20条2項、最大1年、雇保則31条の2）。

②は、就業規則等で制度的に退職の期限が定められている場合に限られます。期限が到来したことも必要で、たとえば、定年後、1年更新の再雇用制度で一定期限まで引き続き雇用されるときで、その期限（たとえば64歳）の到来前の更新時に更新をせず退職した際は、該当しないとしています（雇用保険業務取扱要領）。

**兼務職員の報酬影響か　被保険者資格どうなる**

> 当社は小規模な事業場で、役員といっても働き方は労働者とほとんど変わりません。役員報酬を支給するとき、役員就任後の雇用保険の被保険者資格にどのような影響があるのでしょうか。【石川・S社】

## A. 「賃金割合」が多い前提

　被保険者となるのは、適用事業に雇用される労働者（雇保法4条）です。ここでいう雇用は、事業主の支配を受け、その規律の下に労働を提供し、対償として賃金等の支払いを受ける関係をいいます。

　法人の役員は原則として被保険者となりません。ただし、同時に部長等会社の従業員としての身分も有している場合、被保険者となることがあります。いわゆる兼務役員ですが、こうした場合、ハローワークでは、兼務役員実態証明書の提出を求めています。様式に記載がある確認資料が多ければ多いほど、兼務役員と判断する際の材料になり得ます。

　なお、役員報酬が賃金を上回るとき、兼務役員とはほぼ認められないといいます（ハローワーク）。当該取扱いは、過去の様式には記載がありました。現在の様式から記載はなくなっていますが、考え方に変更はありません。実際の運用については、管轄ハローワークに確認が必要です。

雇用保険法

離職票に記載必要か　休業当初３日間を補償

社会保険労務士試験の勉強中ですが、離職票に記載する賃金で分からなくなりました。休業最初の３日間の賃金ですが、労基法の休業補償と健康保険法の傷病手当金を受給するまでの３日の補償は、いずれも賃金として考えるのでしょうか。【愛知・Ｉ生】

## A. 私傷病欠勤の手当含む

労基法の休業補償とは、業務上災害で休業するときの賃金補償です。労災法に基づく休業補償給付が支給されるまでの３日間について、労基法に基づく補償が必要となっています。雇保法上では、労働の対償ではないので賃金とは認められず、休業補償の額が平均賃金の60％を超えた場合については、その超えた額を含めて賃金に当たらないと解されています（雇用保険業務取扱要領）。

一方、健康保険は業務災害以外の傷病に関して保険給付を行うとしています（健保法１条）。傷病手当金（法99条）が支給されるまでの３日間に支払われる手当金について、前掲要領では賃金に当たるとしています。ただし、給与規程等によりその支給が義務付けられているもの等、恩恵的なものでないことが条件になっています。なお、年休の日に支払われる給与は賃金です。

# 保険給付関係

 賃金日額の上限は？　65歳以上で求職者給付

> 65歳になる従業員から、退職して求職活動をするときに受け取れる給付について聞かれました。手当の日額ですが、基本手当日額の計算式に関する表をみても65歳以上の区分はありません。日額と給付の関係はどうなっているのでしょうか。日額に上限額はありますか。【神奈川・S社】

## A. 「30歳未満」区分を適用

　高年齢求職者給付金の額については、高年齢受給資格者を雇保法15条1項に規定する基本手当の受給資格者とみなして、日額を計算します（法37条の4第1項）。年齢によって最高限度額が示されてはいますが（法17条4項2号）、同項には、65歳以上の区分が設けられていません。

　高年齢受給資格者の賃金日額が、受給資格に係る離職の日において30歳未満（法17条4項2号ニ）に定める額を超えるときは、その額を賃金日額とする規定があります（法37条の4第2項）。したがって、離職時の年齢が29歳以下の区分を用いて計算します。

　上限額は例年8月に変動します（法18条）。令和5年8月からは、1万3890円（令5・7・26厚労省告示237号）に、100分の50（法16条1項）を乗じた6945円が上限です。

**再就職手当を受給？　65歳以上離職だとしても**

　近々当社の定年の65歳に到達する従業員がいます。定年退職後に仕事を探して週3日程度働きたいようです。高年齢求職者給付金は、被保険者期間が1年以上でも基本手当日額相当額の50日分だが、再就職手当は最低90日の基本手当の給付基礎日数に基づくため結果的に額が多そうで、受給可能か聞かれましたが、どうでしょうか。【広島・G社】

## A. 基本手当受給できず対象外

　65歳以上は高年齢被保険者となり、基本手当ではなく高年齢求職者給付金が一時金として支給されます（雇保法37条の2）。なお、被保険者期間が6カ月以上1年未満なら、支給額は30日分です。

　再就職手当は、基本手当の受給資格者が、支給残日数を所定給付日数の3分の1以上残して、原則1年を超える雇用が見込まれる職業に就くと受けられます（法56条の3第1項2号ロ）。待期期間を経たり、その後最初の1カ月間は職安等の紹介で就職したことなども要件です。支給額は、基本手当日額×支給残日数の60％（残日数が3分の2以上なら70％）です。

　再就職手当は基本手当の受給資格者が対象で、高年齢被保険者となった後で離職しても基本手当の対象外のため、受給できないといえます。条文も、法37条の2第2項で、被保険者期間関係を除いて、基本手当の規定を適用しないとしています。

 受給時の注意点は？　教育訓練支援給付金で

　退職を考えているという従業員がいます。専門実践教育訓練の受講も検討しているようです。このことを聞き、前は時限措置で、受講中の失業期間に受けられる給付があったことを思い出したのですが、現在もあるのでしょうか。残っていれば、受給時の注意点を教えてください。【埼玉・G社】

## A. 受講の開始時期失業後 1 年以内

　教育訓練給付には、受講費用を補助する教育訓練給付金のほか、教育訓練のうち専門実践教育訓練を受講し、失業もしている場合に受給できる教育訓練支援給付金があります（雇保法附則 11 条の 2）。後者の給付金は創設当初から暫定措置でしたが、延長を重ね、現在は令和 7 年 3 月 31 日までの措置となっています。

　支給額は、失業 1 日当たり、基本手当の日額の 80％です。基本手当の支給期間や待期期間、給付制限期間などには受けられないとしているので、基本手当を受給し切った後の給付といえます。

　受給の要件は、①一般被保険者の資格を喪失してから 1 年以内に専門実践教育訓練を開始し、②受講開始日が 7 年 3 月 31 日以前で、開始時の年齢が 45 歳未満であって、③初めて教育訓練給付金を受け、④原則過去に教育訓練支援給付金を受けたことがなく、⑤修了の見込みがあること——などです。失業前に訓練を開始すると受給できないといえます。

## 家業手伝いも対象？　基本手当を受給中なら

　退職する従業員と話をした際に、再就職までは実家の商売でも少し手伝おうかと漏らしていました。失業保険受給中の労働は調整の対象と理解していますが、家業の手伝いも対象との理解で良いでしょうか。【千葉・Ｅ社】

# A. 4時間以上就職扱いに

　基本手当は、失業の認定を受けた日について支給されます。失業の認定は、原則、4週間に1回、直近28日の各日において行われます。

　ただし、就職した日については失業の認定が行われません。また、自己の労働による収入があった日は、基本手当が減額される可能性があります（雇保法19条）。

　農業・商業など家業を手伝う場合については、原則として、4時間以上なら就職と扱われ、4時間未満なら自己の労働による収入があった日となります。ただし、1日当たりの収入が賃金日額の最低額（令和5年8月以降は2746円）未満のときは、4時間以上でも後者の扱いです（雇用保険業務取扱要領）。

　支給額の調整について、基本手当が全額支給されるのは、①｛自己の収入 -1331円｝と②基本手当日額の合計が、賃金日額の80％以下のときです。80％を上回る場合については、次に①だけみて、賃金日額の80％以上なら不支給となり、80％未満なら①＋②の合計が賃金日額の80％となるよう基本手当を減額します。

 **時効は1カ月!? 再就職手当の申請期限**

　再就職手当ですが、申請書の注意書きに1カ月以内に提出が必要とありました。この期間を過ぎたら一切認められないということなのでしょうか。時効と考えるとすごく短い気がします。【長野・M生】

## A. 訓示規定で2年まで可

　再就職手当の支給申請手続きに関しては、雇保則82条の7に規定があります。受給資格者は、安定した職業に就いた日の翌日から起算して1カ月以内に、再就職手当支給申請書を管轄公共職業安定所の長に提出しなければならない、としています。再就職手当の提出期間は1カ月ですが、給付によって期間はばらばらです。関連する就業促進定着手当は2カ月以内（雇保則83条の4）となっています。

　通達（平27・4・24職保発0424第1号など）には、支給申請書等の提出期限に関する規定は訓示規定とあります。当該期限を徒過した場合でも各種給付の時効の完成前までに申請が行われた場合は、支給が可能としています。再就職手当の時効の終点は、1年を超えて引き続き雇用されることが確実と認められる職業に就いた日の翌日から起算して2年を経過する日です。

## Q13 介護給付で年齢制限か　定年後も雇用保険加入

　当社の継続雇用制度は、定年後も引き続き週20時間以上働き雇用保険の被保険者となるケースが大半です。育介法の介護休業を取得すれば雇用保険の介護休業給付の対象と考えて良いでしょうか。保険給付に年齢が関係していたようにも記憶していますが…。【茨城・G社】

## A. 65歳以上も給付の対象

　高年齢労働者に関する雇用保険料は過去免除されていた時期があるなど、保険給付も一部が対象外となっていました。介護休業給付もその1つです。

　現在は、65歳以上の高年齢被保険者も介護休業給付の対象です。70歳までの高年齢就業確保措置を継続雇用制度としていれば、契約期間の定めがあるのが通例でしょう。有期雇用労働者は、被保険者期間が原則12カ月以上必要なほか、介護休業開始予定日から起算して93日を経過する日から6カ月を経過する日までに、その労働契約（更新される場合は、更新後のもの）が満了することが明らかでないことが必要です。その労働契約が満了することが明らかでないといえるか否かの解釈等については、育児休業の場合と同様としています（平28・8・2雇児発0802第3号）。

 **訓練給付に影響は？　資格取得を奨励援助**

　雇用保険給付の中には賃金が支給されると、その分給付が減額されたり不支給になるものがあります。たとえば、育児や介護休業の給付等です。会社が資格の取得を奨励して費用を補助するとき、教育訓練給付との関係はどうなるのでしょうか。【千葉・Ａ社】

# A. 必要経費から控除する扱い

　教育訓練給付（雇保法60条の2）にはいくつか種類があり、最もポピュラーといえるのは一般教育訓練給付金でしょう。支給額は受講費用（教育訓練経費）の2割相当ですが、上限があり10万円となっています（雇保則101条の2の7第1号、則101条の2の8第1号）。対象講座の中にはオンラインや夜間・土日に受講できる講座もあります。支給申請者は本人で、提出先は住居所を管轄するハローワークです。

　教育訓練経費とされるのは、学校への入学料や受講料等です。一定の要件を満たす一般被保険者等が自ら支払った費用をいいます。

　事業主等が手当等を支給する場合ですが、明らかに入学料等に充てられる額は、経費から差し引かれます（雇用保険業務取扱要領）。東京労働局が示す「教育訓練経費等確認書」（一般教育訓練版）にも同様の記載があるほか、給付を受けた後に手当等が支給された場合は、速やかに届け出るよう求めています。

 **締め日変更の影響は？　高年齢継続給付申請で**

賃金締め日を変更することを検討していて、賃金が 10 日分しか支払われない月が出そうです。こうした場合に高年齢雇用継続給付は、どうなるのでしょうか。【福島・Ｓ社】

# A. 備考欄記載し支給額を計上

賃金の締め日を変更する理由として、賃金締め日から支払日までの計算期間が短いときに、これを繰り上げるといったことがあります。変更した結果、月の固定賃金が少額になり、従業員にとって不利益となることがあります。

雇用保険関係においては、たとえば離職証明書で賃金支払対象期間を記載する必要がありますが、賃金締め日からさかのぼっていきます。賃金の支払いの基礎となった日数が 11 日以上の月をカウントしていきます（雇保法 14 条 1 項）。

60 歳に到達して賃金が下がった場合などに支給されるのが高年齢雇用継続基本給付金です（雇保法 61 条）。一定の理由で賃金が減額した場合には、減額する前の賃金額を用いるみなし賃金の仕組みがありますが、賃金締め日の変更はみなし算定の事由にはならず、10 日分ならそのまま記載することになります。その他、申請書の備考欄に締切日変更などと記載を求めるハローワークもあります。

 **Q16** 雨天休業で雇用継続給付は？　定年後の再雇用時賃金減額影響あるか

> 当社は建設業ですが、賃金形態はいわゆる日給月給を採用しています。雨天で休業となる日があります。60歳定年に達し再雇用している人が、雇用保険から高年齢雇用継続給付を受給しているときに、賃金の減額のあった日についてはどのように扱われることになるのでしょうか。【長崎・M社】

雇用保険法

## A. 低下率変わらない特例

　60歳に達した後、引き続き働いて賃金が減額したときにカバーするのが高年齢雇用継続給付の中の高年齢雇用継続基本給付金（雇保法61条）です。60歳時点（受給資格を満たした時点）の賃金と比較して、75％未満に低下していることが要件です。支給されるのは、65歳に達する日（65歳の誕生日の前日）の属する月までとなっています。

　例として、60歳到達時の賃金が30万円でその後18万円になった場合で計算してみます。両者を比較すると、低下率は6割です。基本給付金の額は、18万円に15％を乗じた2万7000円になります。何％を乗じるかは、賃金の低下率によって変動しますが、欠勤控除による減額をなかったものとみなす仕組みがあります（法61条1項）。

　休業により賃金が低下した理由の中に、「事業所の休業」が含まれています（雇保則101条の3）。雨天休業ですが、これも事業所の休業に該当すると解されています（雇用保険事務手続きの手引き）。休業は、事業主の責めに帰すべき理由以外の理由による場合のほか、労基法の規定により休業手当が支払われるような事業主の責めに帰すべき理由による場合も、賃金が減額されている限り、算定の対象です（雇用保険業務取扱要領）。なお、雨天で休業した日と休日を入れ替える仕組みを可能とした労基法の行政解釈が示されています（昭

23・4・26 基発 651 号、昭 33・2・13 基発 90 号）。仮に、休日振替で対応して賃金控除した場合はみなし不要です。

　留意が必要なのは、支払われたものとみなすのは「低下率」を決定する場合であり、支給額を決定する場合ではありません。前述の例でいえば、本来 18 万円の賃金が 15 万円になったときでも、6 割減（15％支給）は変わらないということです。実際の給付額は、支払われた 15 万円をベースに計算します。

 出生時育休で７割補償？　役職者が休業する予定

　　出生時育休を取得する予定の男性から、雇用保険給付の額を聞かれました。役職に就いていて当社の中では比較的高収入です。賃金の 67％が支給されればそれなりの保障にはなりそうですが、この理解で間違いないでしょうか。【群馬・N社】

## A. 支給限度額に注意必要　30 歳以上の日額用いる

　育介法は、本人や配偶者が妊娠出産等したことを申し出たときに、労働者へ制度の周知や意向確認の義務があります（法 21 条）。制度には育児休業給付に関すること、社会保険料の取扱いなどが含まれています（則 69 条の 3）。

　出生時育休の給付金ですが、休業開始時賃金日額×休業期間の日数（28 日上限）× 67％です。

　休業開始時賃金日額には上限があります。休業開始時賃金日額が算定対象休業を開始した日の前日に離職して基本手当の受給資格者となったものとみなしたときに算定されることとなる 30 歳以上 45 歳未満の者（雇保法 17 条 4 項 2 号ハ）に係る賃金日額の上限額を超えるときは、当該上限額を休業開始時賃金日額の上限として、賃金日額の下限額を下回るときは、当該下限額を休業開始時賃金日額の

下限として、支給額を定めるとしています（法 61 条の 8 第 4 項）。すなわち、1 日単位でみると、1 万 5430 円の 67％が上限となっています。賃金額が高いと上限に引っかかるおそれがあります。

　原則 1 歳までとなる通常の育児休業給付の支給限度額はまた別に定められています。

　**下表**のとおり、育児休業開始日から 180 日まで（支給率 67％）は 31 万 143 円、以降 50％のときは 23 万 1450 円です（支給率に関しては、法 61 条の 7 第 6 項）。支給単位期間をまるまる休んだときの支給日数は、通常 30 日で計算します（雇用保険業務取扱要領）。

表

| 出生時育児休業給付 | | | |
|---|---|---|---|
| ●支給限度額　上限額（支給率 67％） | | | 289,466 円 |
| 育児休業給付 | | | |
| ●支給限度額　上限額（支給率 67％） | 305,319 円 | → | 310,143 円 |
| 　　　　　　　上限額（支給率 50％） | 227,850 円 | → | 231,450 円 |

## Q18　育休給付影響あるか　妊娠中に欠勤したら

　妊娠中に体調が優れず、まとまった期間ではないのですが、ときどきお休みする従業員がいます。年次有給休暇があれば取得しますが、使い切るなど無給となったとき、育児休業中の給付も減るのでしょうか。【新潟・Z 社】

## A.　11 日以上ならカウント対象

　前提として、育児休業給付の受給資格を満たすには、休業開始日前 2 年間に、賃金支払基礎日数が 11 日以上ある月または就業した時間数が 80 時間以上の月が 12 カ月以上必要です。いわゆる完全な賃

金月のみをカウントしていきます。したがって、一部欠勤があっても、賃金支払基礎日数が 11 日以上あればその月は算定の対象となってしまいます。

　育児休業給付金のベースになるのは、休業開始時賃金日額です（雇保法 61 条の 7 第 6 項）。休業開始のタイミングを離職したものとみなして、賃金日額を計算します。原則として、休業開始時点から遡って直近の 6 カ月間に支払われた賃金を 180 で除した額になります（法 17 条）。休業開始時賃金日額の算定は、基本手当の賃金日額の算定と同様です（雇用保険業務取扱要領）。なお、実際に減額となるかは所轄のハローワークの判断になります。

## Q19 休日出勤続き離職したら　失業給付の取扱い「自己都合」で処理か

　時間外労働のほか休日労働が増えてきて、最近では、毎週のように土曜日に出勤しています。週 6 日勤務が続くと考えるとこのまま勤務し続けられるのか不安もあります。やむを得ず退職を選択しても自己都合扱いになるのでしょうか。会社にも責任があるように思いますが…。【千葉・T生】

## A. 特定受給資格者に該当も

　雇保法 33 条では、「正当な理由がなく自己の都合によって退職した場合には、1～3 カ月の間、基本手当を支給しない」と定めています。自己都合全般に給付制限（通常は 2 カ月）が課されるのではなく、「正当な理由がない」場合に限られます。給付制限が 3 カ月となるのは、一定期間に離職を繰り返している場合です。

　離職理由によっては特定受給資格者となり、失業給付の受給に必要な被保険者期間が直近 2 年のうち 12 カ月求められるところ、1 年間のうち 6 カ月で足り、所定給付日数の上乗せもあります（雇保法

23条)。対象として、解雇その他の厚生労働省令で定める理由により離職した者等が定められています。雇保則36条5号では、時間外・休日労働を理由に離職した場合もなり得るとしています。たとえば、離職前6カ月のうち連続3カ月以上の期間、労基法36条3項の時間を超えて残業した場合があります（同号イ）。具体的な時間数は、月45時間および年360時間（1年単位変形制を除く）です。なお、小学校就学前の子を養育する労働者や要介護状態にある対象家族を介護する労働者の請求に基づき「時間外労働の制限」が適用されている場合には、月24時間、年150時間に数字を読み替えます。

　離職証明書の離職理由欄には、「職場における事情による離職」があります。労働条件に係る問題があったと労働者が判断したため離職した場合にチェックを入れるものですが、ここに会社がチェックを入れるのは期待薄かもしれません。離職者本人の判断として、離職理由に異議ありとすることはできます。雇保則19条では、離職票および離職の理由を証明することができる書類を提出するよう求めています。離職者の申立も十分に参考として離職理由の認定を行うとしています（雇用保険業務取扱要領）。

# 第4章
## 徴収法編

**メリット制の仕組みは？　不服申立てで影響心配**

当社は製造業ですが、労災保険のメリット制とはどのような仕組みなのでしょうか。保険料が増えた事業主が、不服を申し立てることができるようになるといいますが、認められると労災保険給付はどうなってしまうのでしょうか。【和歌山・Ｓ社】

## A. 労災保険率が約４割変動　給付自体取り消さない

労災保険率は、徴収則別表に定められています。製造業といっても食料品もあれば金属関係もあるなど「事業の種類」によって細分化されています。各社の個々の事業場の災害率には当然差があります。事業主の負担の公平を図るとともに、事業主の災害防止努力を促進することを目的として、労災保険率あるいは保険料額を増減する制度を設けています。これがメリット制です（徴収法 12 条３項）。

メリット制は、事業の期間が予定されている・いない等で仕組みが異なります。事業の期間が予定されていない継続事業ですが、規模的な要件があります。100 人以上ないし事業の種類に応じて 20 人以上 100 人未満の労働者を使用する場合が対象です。連続する３保険年度の間における個々の事業主の災害率に応じて、労災保険率を一定の範囲内で増減させたメリット労災保険率を当該３保険年度の最後の年度の次の次の保険年度の労災保険率とするものです。継続事業は、最大で 40％の割引きを受ける形となります（「特例メリット制」の対象となる事業は 45％減）。厚生労働省「労災保険のメリット制について」も参考にしてみてください。

労災保険料が減る可能性もあれば、逆に増える可能性もあるのがメリット制です。不利益を受ける事業主が、労災保険給付の支給処分は労災法に従った決定ではない（支給要件に当たらない）などと主張することができるとする厚生労働省の検討会報告書があります

（令４・12「労働保険徴収法第 12 条第３項の適用事業主の不服の取扱いに関する検討会報告書）。同報告書には労災保険給付を取り消すことはしないとしています。訴訟判決確定後に関する通達（令５・１・31 基発 0131 第２号）ですが、同様に規定されています。

 帰省旅費は賃金か　年度更新で心配に

　当社では単身赴任者に対し、帰省旅費として年数回を限度に往復の交通費を実費で支給しています。労働保険の年度更新の時季が近づいてきましたが、賃金には該当しないと考えて良いのでしょうか。【岡山・Ｗ社】

## A. 実費弁償的なら含まず

　徴収法２条２項で賃金に該当するのは、賃金、給料、手当、賞与その他名称のいかんを問わず、労働の対償として事業主が労働者に支払うものとしています。労働の対償ですから、実費弁償的なものや恩恵的ないし福利厚生的なものは、労働者に支払われるものであっても賃金とはいえません（労働保険適用関係事務処理手引）。令和５年度年度更新に関する労働局の資料で示されている実費弁償と考えられるものの例には、出張旅費、宿泊費と並んで赴任手当が含まれています。

　労働保険審査会の裁決事案（平 29 雇第 20 号）ですが、会社の旅費規定上の「帰省旅費」について判断したものがあります。会社が労働者から労務の提供を受けるために必要経費を実費弁償するものであると解されることから、労働の対償とはいえず、賃金には該当しないとしています。

**メリット制に影響か　海外派遣で労災あったら**

　海外に支店を設置することが決まり、ようやく今年度から、海外派遣として従業員数人が実際に働き始めました。それに伴い、同従業員の労災保険は第3種特別加入となっています。海外で細かいところまで目が届かず、仮に業務上災害が発生した場合ですが、メリット制の適用に影響があるのでしょうか。【静岡・Ｉ社】

## A. 収支率は除外して計算する

　労災保険給付の多寡に応じ、労災保険率などを上下させる仕組みがメリット制です（徴収法12条3項）。継続事業の場合、「収支率」という、連続する3保険年度の保険料の額に対する保険給付の額の割合を算出し、これが75％以下なら値が小さいほど労災保険率が低くなり、85％以上なら逆に大きくなります。

　収支率は、より細かくいうと、①業務災害として支給した保険給付および特別支給金の総額を、②一般保険料と第1種特別加入保険料の合計額（非業務災害率に関する額などは除く）に係数（第1種調整率）を掛けた値で割って求めます。①の総額からは、第3種特別加入者に関する保険給付などを除くとされており、②の値についても、第3種特別加入保険料は含まないとしています。よって、メリット制では、第3種特別加入分は除いて考えるといえます。

# 第5章
# 健康保険法編

総則関係

保険給付関係

# 総則関係

 **保険料負担割合を変更？　求人でアピールしたい**

　パート・アルバイトの募集をかけても人が集まりません。労働条件はフルタイムの形で社会保険が適用されます。保険料の負担を軽減できれば求人のアピールにつながるかもしれないと思いつつ、折半負担の関係はどのように考えればいいのでしょうか。【茨城・Y社】

## A. 手当支払い軽減する形も　報酬該当性など問題あり

　被保険者の毎月の保険料は、翌月末日までに、納付しなければなりません（健保法164条）。会社は、被保険者が負担する部分もまとめて納付します。仮に私傷病で休職中の被保険者がいて、保険料を本人から徴収できないときでも会社は立て替えざるを得ません。事業主は、その使用する被保険者および自己の負担する保険料を納付する義務を負います。

　会社は被保険者に報酬を支払ううえで、被保険者が負担すべき保険料を報酬から控除することができます（法167条）。保険料として控除できるのは、保険料額の2分の1となっています（法161条）。なお、健保組合に関しては、法162条で事業主の負担すべき割合を増加することができると規定しています。

　納付すべき保険料は決まっていますから、その中でどうやって労働者の負担を減らすかですが、別途に手当や補助金を支給し、実質的に労働者負担を軽減させるといった方法はあります。ただ、こうした手当等がそもそも報酬等に当たるという可能性は否定できません。

その他、パート・有期雇用労働法の観点からも検討すべき事項がありそうです。会社が保険料を一部肩代わりすることによって、フルタイムのパート・アルバイトを優遇する形ですが、いわゆる「有期（短時間）プレミアム」を支給すること自体合理的な場合があると解されていることからこれに当てはめることはできたとしても、被扶養者や国民健康保険に加入して働くパートらがいたときに均衡を欠く形です（労働契約法3条2項）。同条は理念規定であり直接に権利義務を発生させたりする法的効果はないとされていますが、こうしたことを検討してなお実施する必要性があるかどうか判断が必要でしょう。

 **扶養の扱い知りたい　年金が受給できるとき**

　まもなく定年を迎える従業員がおり、話をしていた際に、年上の妻が誕生日を迎えもうすぐ年金を受給できるようになるということを聞きました。そこで、現在は健康保険の被扶養者となっているが、年金が支給されるようになった場合に扶養から外れてしまうのではないかとの質問を受けましたのですが、どうなのでしょうか。【新潟・S社】

## A. 年間収入に含み超過で

　健康保険の被扶養者は、被保険者に生計を維持されていることなどが必要です（健保法3条7項）。生計維持の要件は、原則、被保険者と同一世帯に属している場合、認定対象者につき、①年間収入が130万円未満（60歳以上などは180万円未満）、かつ②被保険者の年間収入の2分の1未満であることです。同一世帯に属していないときは、①は同じで、②が被保険者からの援助による収入額より少ない場合となります（昭52・4・6保発9号・庁保発9号）。

年間収入は、被扶養者となった時点における恒常的な収入の状況で判断されます。恒常的な収入には、恩給、年金、給与所得、傷病手当金、失業給付金、資産所得等の収入で、継続して入るもの（予定含む）がすべて該当します（昭61・4・1庁保険発18号）。よって、年金やその他の収入で年180万円以上となれば外れるといえます。

## Q3 4月復帰で定時決定は　休職明けは報酬低減

　4月に休職から復帰する予定の従業員がいます。復帰後1カ月は業務内容を軽減し賃金も見直します。この月は定時決定でどのように処理するのでしょうか。【山形・S社】

## A. 7月月変で等級変更も

　算定基礎届に記入する報酬は、4月、5月、6月の各月に実際に支払われた報酬です。報酬が低額となる場合の考え方は複数ありますが、要は保険者算定（昭36・1・26保発4号、保険発7号）の対象になるかどうかがポイントになり、保険者算定の対象ならその月を除外することになります。

　復帰プログラムとして通常とは異なる軽微な業務への変更があり、その業務に対して就業規則等によりあらかじめ定められた報酬を支給していたという前提ですが、関連する日本年金機構疑義照会があります。つまり、4月は固定的賃金の変動後の通常の報酬が支給されているため、定時決定で同月を除外する理由はないとしています。原則17日以上の出勤があれば定時決定の算定対象月に含みます。なお、4月を固定的賃金の変動月と取り扱うとしていて、7月に月額変更するとき算定基礎届の対象からは外れます。

賃金支払いが影響？　育休中の保険料免除

育児休業に関して、法定のものとは別に賃金をフルに補償する休暇制度を設けているといった事例を見聞きします。社会保険料の免除への影響はないのでしょうか。【山梨・B社】

## A. 「有給無給」は問わない

出生時育休の導入や取得率公表を契機に育休制度を見直した会社もあるかもしれません。

育休等をしている際の保険料の免除（健保法 159 条）は、育休等を開始した年月日等を明らかにしたうえで申し出ることが必要です（健保則 135 条）。申出書の様式では、育児休業等開始年月日から育児休業等終了後 1 カ月以内の間に提出する必要があるとしています。

育休等には、育介法 2 条 1 号に規定する最長 2 歳までの育休、同法 23 条 2 項の 3 歳までの育休に関する制度に準ずる措置等を含みます。日本年金機構は、育休中に関して有給無給は問わないとしていますが、育介法に基づく育休等を取得していることが必要としています。なお、産前産後休業取得者申出書・変更（終了）届の方は日本年金機構のホームページの「詳細説明」で、給与が有給無給かは問わないと記載があります。

## Q5　3歳以降の休業不利か　デメリットを教えて

育児休業を長く取得できるようにしてほしいという要望が従業員からありましたが、現実的には難しそうです。ところで、法的に考えられる本人のデメリットですが、3 歳以降は保険料の免除が受けられないほかに、どういったことがあるでしょうか。【宮崎・S社】

## A. 他社就労で資格喪失も

　令和３年度の厚労省「雇用均等基本調査」（事業所調査）は、育児休業制度の内容として、子が何歳になるまで取得できるかをまとめています。法定どおり２歳とする事業所が約60％なのに対し、２歳を超え３歳未満は約８％、３歳以上は約３％です。

　保険給付や保険料免除は、雇用保険給付は２歳まで、育休等をしている被保険者の保険料免除（健保法159条、厚年法81条の２）は、３歳までが対象となっています。

　３歳以降の休業ですが、休業期間中はほかで就労しないことを前提としている等、使用関係が継続すると認められるときは、被保険者資格は存続するとしています（令４・８・９保保発0809第２号）。関連する平成17年事務取扱通知は廃止されていますが、この点は変更ありません。３歳以降は、育児休業等を終了した際の標準報酬月額の改定の契機ともならないとしています。

 **産前産後の保険料は？　国民健康保険へ加入**

　令和６年の法律の改正事項で、産前産後期間の国民健康保険料（税）が減免されていることに気付きました。正社員の社会保険料は、産前産後休業中免除されますが、期間等は同じでしょうか。
【埼玉・Ｂ社】

## A. 施行前に出産でも減免対象

　協会けんぽの被保険者である正社員が、産前産後休業を取得したときに保険料免除の対象となる期間は、「産前産後休業を開始した日の属する月からその産前産後休業が終了する日の翌日が属する月の前月までの期間」です（健保法159条の３）。期間は、原則として、出産（予定）日以前42日から出産日後56日までとなっています（法

43条の3）。

　会社の中には副業・兼業やフリーランスとして、国民健康保険に加入している人がいる場合もあります。令和6年1月から、原則として、出産予定日の属する月の前月から出産予定月の翌々月までの国民健康保険料を減免する仕組みが始まりました（法施行令29条の7第5項9号）。施行は令和6年1月ですが、出産予定月の翌々月まで対象となることから、令和5年11月以降の出産の予定日（出産の日）があれば減免の対象となり得ます。詳細は市区町村のホームページ等をご確認ください。

 **役員の業務災害に給付？　労災は特別加入せず**

　当社はいわゆる家族経営で、配偶者が役員を務めています。業務上災害は労災保険、それ以外は健康保険という理解ですが、業務上災害に関して特別加入はしていません。この場合、救済はないでしょうか。【神奈川・N社】

## A. 被保険者5人未満で特例　傷病手当金も支給対象

　労働者でない役員の業務上災害ですが、まず、中小事業主等は労災保険に特別加入することによって、労災保険の給付を受けられる場合があります。対象となるのは、以下に定める数の労働者を常時使用する法人の代表者および役員などです。
・金融業、保険業、不動産業、小売業：50人以下
・卸売業、サービス業：100人以下
・その他の業種：300人以下
　労災法等から相当する給付を受けることができるときには、健康保険から給付は行われません（健保法55条）。
　健康保険給付は、労働者または被扶養者の業務災害以外の事由に

よる傷病に関して給付を行うと規定しています（健保法１条）。労災保険から給付が受けられない場合は、健康保険から給付を受けられるのが原則ですが、法人の役員について「その法人の役員としての業務に起因する負傷等」は、健康保険から給付を行うことは適当ではないといえます（平25・8・14事務連絡）。ここで法人の役員には被保険者だけでなく被扶養者も含みます。結果的に、法人の役員等は健康保険および労災保険のどちらの公的保険からも給付を受けることができず、原則、医療費は全額（10割負担）となります。

　一部例外として、以下の①および②の条件を満たした場合のみ、健康保険で保険給付を行います（健保法53条の２、則52条の２、平25・8・14事務連絡）。

　①　被保険者数が５人未満の適用事業所の法人役員であること
　②　一般従業員と同等の業務を遂行中に生じた傷病であること
　傷病に関する保険給付として、傷病手当金も対象になり得ます。

## Q8　任意加入まで空白か　新店舗へ異動命じる

　当社は個人事業主で、社会保険は任意加入しています。店舗を増やす計画がありますが、新たに任意加入の手続きが必要になると考えて良いのでしょうか。既存の店舗から異動を命じる従業員がいる場合ですが、認可されるまで被保険者資格の空白が生じてしまわないようにするにはどうしたら良いですか。【徳島・Ｗ社】

## A.　使用予定者含め同意可

　株式会社などの法人は当然に社会保険の適用がありますが、個人事業主は強制適用と任意適用の２つに分かれます。たとえばサービス業や接客娯楽業は、事業所の人数にかかわらず任意適用の対象です。社会保険に加入するためには、従業員の半数以上の同意を得て、

厚生労働大臣の認可を受ける必要があります（健保法 31 条）。任意適用の認定には、被保険者となるべき者との使用関係が明確、かつ、安定していること、保険料滞納のおそれがないこと（昭 38・7・25 保発 23 号）などが求められます。

被保険者資格の取得時期については、認可指令の日付の日（健康保険法の解釈と運用）と解されています。任意加入の認可を受ける事業所に使用される者ですが、現にその事業所に使用されている者のほか、認可を受けた後にその事業所に使用される者も含む（前掲書）という解釈が示されています。

 **支店所在地で計算するか　住宅など現物給与の価額**

> 当社は全国各地に支店等があります。小規模ということもあって、本社でまとめて事務手続きをしてきました。食事や寮などの現物給与は現在支給していませんが、今後支給した場合は本社所在地の価額でまとめて計算することができるのでしょうか。【静岡・Ｉ社】

## A. 本社一括しても変わらず　各都道府県で金額異なる

報酬や賞与の全部または一部が、通貨以外のもので支払われる場合には、その価額は、その地方の時価によって厚生労働大臣が定める仕組みです（健保法 46 条）。健保組合は規約で定めることができます。

令和 6 年度の価額（令 6・3・1 厚生労働省告示 50 号）が示され、食事代が一部変動しました。基本的な考え方としては、勤務地がＡ県、例えば社宅がＢ件にある場合、「被保険者の人事、労務および給与の管理がされている事業所が所在する地域の価額で算定」することになります（日本年金機構「算定基礎届の記入・提出ガイドブック」）。

A県の価額で計算する必要があります。これは各事業所で人事労務管理がされているという前提となっています。適用事業所は、法人の事業所ないし常時5人以上の従業員を使用する一定の事業所をいいます（法3条）。強制適用を受ける事業所は、事業所の形態、事業の種類および事業所に使用される者の人数などの一定条件を満たす必要があります。

2以上の適用事業所の事業主が同一である場合、厚生労働大臣の承認を受けて「一の適用事業所」とすることができます（法34条、則23条）。様式は健保則に示されていませんが、年金機構のホームページには、様式および記入例が示されています。提出先は、みなされる一の適用事業所（例えば、本社）の所在地を管轄する年金事務所です。あくまで承認を受けることが前提で当然にひとまとめにできるわけではない点留意が必要です。

本社でまとめたときですが、生活実態に即した価額になることが望ましいことから、引き続き「本社・支社等それぞれが所在する地域の価額により計算してください」（前掲ガイドブック）としています。

##  4回以上で報酬に換算？　インフレ手当など一時金

当社では、昨年から今年にかけてインフレ手当などの名目で一時金を支給してきました。賞与支払届はその都度出しています。社会保険関係では、賞与を年4回以上支払うと「報酬」として計上するのが正しいのでしょうか。【岡山・H社】

## A. 当年限りのものは除く　原則は性質ごとに判別

社会保険関係で保険料計算のベースになるのは、月々の報酬のほかに賞与があります。

賞与とは、名称にかかわらず労働者が労働の対償として受けるす

べてのもので、報酬「以外」のものをいい、３カ月を超える期間ご
とに受けるものをいいます（健保法３条６項）。３カ月ごと（年４回）
支給するようなもので賞与に該当しないと判断されてしまうとどう
なってしまうのかといいますと、７月１日前の１年間に受けた賞与
の額を 12 で除して、通常の報酬に上乗せして、次の算定基礎届等で
届け出ることになります。あらかじめ年４回支給するとしているな
らともかく、夏・冬の賞与のほかに何らか手当等を支払うときに問
題になることがあります。例として示されているものとしては、寒
冷地手当、石炭手当、薪炭手当などの名称で、冬の暖房のため季節
性をもって支給される場合（昭 52・12・16 保険発 113 号）等があ
ります。

　報酬となるのは、賞与と表裏のイメージです。その支給が給与規定、
賃金協約等によって客観的に定められているかまたは１年以上にわ
たって行われており、年間を通じて４回以上支給される報酬、となっ
ています。

　４回の回数カウントは、同一の性質を有すると認められるものご
とに判別します（平 30・７・30 保保発 0730 第１号、平 30・７・
30 事務連絡）。給与規程や賃金台帳等から客観的に区別がつくかが
判断のポイントになります。上記の寒冷地手当と業績賞与のように、
その性質に同一性が認められないものは回数を通算しません。

　なお、当該年に限り支給されたことが明らかな賞与も支給回数に
算入しない、としています。これは、過去数年にわたって支給され
たことがなく、諸規定または慣例から判断して、当該年に限り特別
に支給された賞与をいいます。

健康保険法

 定時決定で対象月は　6月に正社員へ転換なら

　　アルバイトの従業員を6月にフルタイムの正社員へ転換します。4月より前からすでに健康保険等の被保険者で、定時決定の対象となる予定です。4〜6月に雇用区分の変更があった場合、報酬の月平均はどう算定するのでしょうか。また、5月の出勤日数は15日程度となりそうですが、7月に正社員でも、17日未満のこの月はカウント対象でしょうか。【奈良・T社】

## A. 末日の被保険者区分で判断する

　標準報酬月額は保険料の算定などに使用し、原則、7月1日に在籍中の被保険者を対象として毎年見直します。4〜6月に受けた報酬の月平均額を等級表に当てはめ決定します。これが定時決定です（健保法41条）。

　4〜6月のうち計算の対象となるのは、正社員など通常の労働者の場合、報酬支払基礎日数が17日以上の月です。パートなど短時間労働者として被保険者になる者は、11日以上の月です。

　4〜6月の間に正社員に転換されたなど雇用区分が変更されたとき、カウント対象の月かどうかは、報酬の給与計算期間の末日における被保険者区分で判断します（日本年金機構「算定基礎届の記入・提出ガイドブック」）。ご質問のケースは、4、5月は短時間労働者として11日以上なら対象で、6月は17日以上かどうかでみます。そのうえで、雇用区分にかかわらずカウントした月で報酬の月平均を算定します。

 **資格取得日に影響あるか　入社月の報酬計算方法**

　正社員として採用する従業員について、被保険者資格の取得日は勤務開始日としてきました。月給制で入社月の賃金を日割り計算する、しないといった計算の方法は、資格取得日に影響があるのでしょうか。【長崎・Ｔ社】

## A. 日給月給制は勤務開始日　完全月給だと扱い異なる

　被保険者資格を取得した際の標準報酬月額の決定に関する条文（健保法42条）は、報酬の定め方に関して規定したものになります。月給であれば、その期間の総日数で除して得た額の30倍としていますが（1項1号）、月給として定められた額をそのまま報酬月額として差し支えないと解されています。

　被保険者資格をいつ取得するかは、法35条に規定があります。

　被保険者（略）は、適用事業所に使用されるに至った日もしくはその使用される事業所が適用事業所となった日または3条1項ただし書（適用除外）の規定に該当しなくなった日から、被保険者の資格を取得するとしています。

　3種類ある取得日のうち本件で関係があるのは、「強制適用事業所等に使用されるに至った日」の解釈です。

　月給制の場合、辞令を発せられた日が4月1日、現実に勤務し始めた日が4月5日であって、俸給は1月分を、手当は26日分を支給されているようなときには、4月1日を取得の日とし、もし、俸給も26日分支給されていれば4月5日を取得の日として取り扱うべき、という解釈が示されています（健康保険法の解釈と運用）。ケースとして例えば、中途採用することは決定したものの、遠隔地に赴任してもらうため、実際の勤務まで日数があるような場合などが考えられるでしょうか。

被保険者資格の取得日に関して、完全月給制のほかいわゆる月給日給制を入社日に取得するとしているのに対し、日給月給制を勤務開始日としている点で相違があります。

# Q13　年休取得日どう扱う　パートらの定時決定

　定時決定する際の報酬支払基礎日数ですが、年休取得日の扱いは気にしてきませんでした。正社員は、原則、暦日数になるはずです。パート・アルバイトは実際に働いた日をカウントすれば足りるでしょうか。【千葉・K社】

## A.　報酬支払基礎日数に含めて

　欠勤控除がある月給制は、就業規則や給与規程等の欠勤減額の規定に基づき、事業所が定めた日数から欠勤日数を差し引いた日数を報酬支払基礎日数とします（算定基礎届の記入・提出ガイドブック）。欠勤1日につき22分の1を差し引くとき、22日が支払基礎日数のベースになります。年休を取得しても変動することはありません。

　時給制や日給制で働くパート・アルバイトは、あらかじめ休日や所定労働日をきちんと決めずに働くことも少なくありません。いわゆるシフト制により就業する場合です。時給制等の支払基礎日数ですが、実際の出勤（稼働）日数がベースになります。年休を取得した日数も含める必要があります。支払基礎日数が、17日以上（4分の3未満の短時間労働者は11日以上、健保則24条の2）あるかどうかで定時決定の方法が変わってきます（法41条）。

　従業員から、転職が決定したということで、退職の申出があり
ました。引継ぎの都合もあるので、退職日を7月末にしようと話
を進めています。社会保険の定時決定の時期が近付いていますが、
7月に退職となって改定後の標準報酬月額を適用しない場合にお
いても、手続きは必要になるのでしょうか。【愛媛・O社】

## A. 対象外の事由該当せず必要

　定時決定は、4～6月の報酬の月平均で標準報酬月額を見直すも
のです（健保法41条）。見直し後の標準報酬月額は、随時改定など
がなければ9月～翌年8月まで適用されます。

　対象者は、原則、7月1日に適用事業所において使用されている
すべての被保険者です。対象外となるのは、6月1日～7月1日に
被保険者資格を取得した者と、7～9月に随時改定や育児休業等終
了時改定、産前産後休業終了時改定が予定される者です（同条3項）。
後者については、7～9月に随時改定などがあると、改定後の標準
報酬月額を翌年8月まで適用するため、定時決定との競合を避け、
その年の定時決定をなかったものとする扱いとしたとしています（健
康保険法の解釈と運用）。

　ご質問の場合は、この対象外の事由に含まれないことから、定時
決定を行うことになります。

健康保険法

 扶養できる子の範囲は？　実子に限るか不明で

健康保険で被扶養者となるのは、実子に限られるのでしょうか。法律の条文をみると三親等内等と規定していますが、養子の場合には、申請しても認められないのでしょうか。【和歌山・M社】

## A. 養子は生計維持あれば可　連れ子なら同一世帯要件

　健保法では、被扶養者となり得る親族等を次の4種類に分けています（3条7項）。

① 被保険者の直系尊属、配偶者（事実婚含む）、子、孫、兄弟姉妹
② 被保険者の三親等内の親族で①に掲げる者以外のもの
③ 被保険者の配偶者であって事実上婚姻関係と同様の事情にある者の父母および子
④ 事実上婚姻関係と同様の事情にある配偶者の死亡後におけるその父母および子

　①の親族等は被保険者と生計維持関係にある場合、②〜④の親族等は被保険者と同一世帯に属し、かつ生計維持関係にある場合、被扶養者となります。

　1号の「子」は、民法上の実子および養子をいいます。民法上、親子関係が認められている者です。したがって、いわゆる継子は入りません（昭32・9・2保険発第123号）。継子は、姻族一親等であり、したがって、三親等内の親族としての取扱いとなります。すなわち、被扶養者としては、2号に該当するものとなっています（健康保険法の解釈と運用）。

　実際に血統が連結していなくても、法律上血統が連結したものとみなされるものとして養子が含まれています。

　3号および4号の「子」は、内縁関係の配偶者の子です。親族関係はないが、健保法によって被扶養者と認められるということにな

ります。

　被保険者の子であれば生計維持の要件を満たせば足りますが、配偶者の子に関しては同一世帯に属することも必須要件とされています。

## Q16　改定の手続き不要？　算定届に変更予定欄

　総務部門に配属されてまだ日が浅いのですが、算定基礎届を提出するときに、随時改定の予定者はどのように処理すれば良いのでしょうか。様式の備考欄に月額変更予定の項目がありますが、ここに丸をすれば月額変更届の提出は不要でしょうか。【徳島・U社】

## A.　提出自体は省略できず

　定時決定（算定基礎）は、7月1日現在の被保険者について、その年の9月から翌年8月までの標準報酬月額を決定するために行うものです（健保法41条）。ただし、除外される者もいて、その中に7月から9月までのいずれかの月から標準報酬月額を改定され、または改定されるべき被保険者がいます。

　解釈としては改定が行われたときはもちろんとして、定時決定実施前に改定すべきことが判明していれば、定時決定は行わないとしています（健康保険法の解釈と運用）。随時改定が優先される形です。

　算定基礎届に改定の予定欄が設けられています。日本年金機構「算定基礎届の記入・提出ガイドブック」によれば、月額変更予定を丸で囲んだときは報酬月額欄等は空欄（未記入）で提出してくださいとしていますが、月額変更届の提出が省略できるわけではありません。

 任意でも賞与に該当か？　講座受講費用を一部補助

従業員のスキルアップを目的として、外部の講座を受講したときなどに費用の一部を支給する自己啓発手当のようなものを考えています。利用は任意で、ある程度広く支給対象としようと検討中です。社会保険において、賞与などに該当するのでしょうか。【神奈川・K社】

## A. 疑義照会で当たると判断　会社命令によらない場合

　健康保険法では、報酬・賞与について、賃金、給料、俸給、手当、賞与その他いかなる名称であるかを問わず、労働者が、労働の対償として受けるすべてのもののうち、臨時に受けるものを除いて、3カ月以内の期間で受けるものを報酬、3カ月を超える期間ごとに受けるものを賞与としています（法3条5、6項）。通勤定期券、食事、住宅などの現物支給も含みます。

　労働の対償なので、これに当たらない傷病手当金や、事業主が恩恵的に支給する見舞金などは、報酬などに該当しません。また、出張旅費など、事業主が負担すべきものを被保険者が立替え、その実費弁償を受ける場合も対象外です。

　臨時に受けるものとは、被保険者が常態として受ける報酬以外のものを指し、賞与との違いは、支給事由の発生、支給条件等が不確定のものであることとしています（健康保険法の解釈と運用）。具体的には業績達成などに連動しない大入袋が該当するとされていますが、この取扱いは極めて狭義に解すること（昭23・7・12保発1号）とされています。

　ご質問のような費用の補助については、賞与と扱われる可能性があります。日本年金機構における年金事務所等と機構本部との間のやり取りの記録である疑義照会をみますと、被保険者が任意で講座

を受講した後、要した費用の一部を会社が支払っている場合のその費用について、「任意での受講であり、会社の命令によるものでもないことから、『賞与』と取扱うことが適当である」としています。

## Q18 ５割増で随時改定？　割増賃金率の引上げ

中小企業の月60時間超の時間外労働に対する割増率が引き上げられました。随時改定の契機になるはずですが、実際に５割増の賃金が支給されていなければ関係はないのでしょうか。【福岡・Ｓ社】

## A. 支給実績も改定に必要

随時改定（健保法43条）とは、報酬月額が著しく高低した場合に、保険料や保険給付のベースとなる標準報酬月額を見直すものです。保険者が必要と認めるときに行われるものですが、通知（昭36・1・26保発4号）で2等級以上の標準報酬月額の変動があった場合などと規定しています。

事務連絡（令5・6・27）では、超過勤務手当について、支給単価（支給割合）が変更となった場合には随時改定の対象になるとしています。

随時改定を行うか否かは、変動月からの3カ月間に支給された報酬（残業代含む）を確認する必要もあります。変動月ですが、昇降給等した場合に則って、5割増の割増賃金の支払いの有無にかかわらず、労基法改正による割増賃金率の適用された残業手当の支給開始月が起算月となる（日本年金機構）と解されています。ただし、実際に改定が必要となるのは、当該非固定的賃金（5割増の割増賃金）の支給実績が生じたときです。

 **海外留学でも被扶養者？　国内居住要件の考え方**

　子どもが海外留学する従業員がいます。引き続き被扶養者であり、海外で病気になれば療養費という認識でいます。気になるのは、以前に国内居住の要件の関係が見直されたことで、現在はどのようになっているのでしょうか。家族が同行する場合はどうなりますか。【佐賀・Ｔ社】

## A. 同行する家族も対象に　一時的な渡航か判断

　被扶養者となるのは、原則として、日本国内に住所（住民票）を有しており、被保険者により主として生計を維持されているか同一世帯の条件を満たした場合です（健保法３条７項、健保則37条の２、３）。子であれば生計維持要件が必要になっています。

　日本国内に住所を有しない海外在住の方でも特例的に被扶養者として認定される場合があります。

　留学生や海外赴任に同行する家族等の日本国内に生活の基礎があると認められるものについては国内居住要件の例外（海外特例要件）として、被扶養者（異動）届または第３号被保険者関係届を届け出ることで、被扶養者の認定が可能となっています。

　外国に留学する学生は本則のほか、健保則37条の２第１号に規定があります。これに同行する家族ですが、「留学への同行」という渡航目的に照らし、国内居住要件の例外として認める（健保則37条の２第３号に該当）という解釈（令元・11・13保保発1113第１号、令５・６・19保保発0619第１号）が示されています。その他就労以外の目的で一時的に海外に渡航する者といえるかどうかは、ビザの有効期限を確認するなどとしています（前掲令５通知）。

　被保険者（法87条）や被扶養者（法110条で法87条を準用）であれば療養費の対象です。海外旅行中や海外赴任中に急な病気やケ

ガなどによりやむを得ず現地の医療機関で診療等を受けた場合、申請により一部医療費の払戻しを受けられる制度があります。医療費の対象となるのは、日本国内で保険診療として認められている医療行為に限られます。

 永年勤続表彰どう扱うか　賞与か否か基準教えて

当社では表彰制度を設けていて、勤続年数も表彰の対象です。中途採用者の増加やいわゆる同一労働同一賃金の関係などから今後も維持していくべきなのか、検討課題の１つとなっています。社会保険関係の取扱いはこれまであまり気にしてきませんでしたが、これは報酬（賞与）に当たるのでしょうか。【神奈川・Ｕ社】

**A.** 恩恵的給付の可能性あり　「３要素」満たすかカギ

健康保険や厚生年金では、報酬等を次の３つに分類しています。「通常の報酬」「賞与」「賞与に係る報酬」です。

健保法３条５項は、賃金、給料、俸給、手当、賞与その他いかなる名称であるかを問わず、労働者が、労働の対償として受けるすべてのものを「報酬」と定義しています。ただし、報酬のうち３月を超える期間ごとに受けるものは、「賞与」に該当します（同条６項）。残った「賞与に係る報酬」は、法律の条文ではなく通知（昭53・6・20保発47号など）で定義が示されています。

基準となるのは「労働の対償」として受けるかどうかです。労働の対償でなければ、報酬等に該当しません。例えば、病気やケガをしたときの傷病手当金などは報酬等に含まれません。その他、事業主が恩恵的に支給するものも労働の対償とはいえないと解されています（令5・6・27事務連絡「標準報酬月額の定時決定及び随時改定の事務取扱いに関する事例集」）。事例集は恩恵的なものを示して

いますが例であり、恩恵的に支給するものであっても、経常的（定期的）に支払われる見舞金（傷病手当金と給与の差額補填を目的としたもの）を「報酬等」としていて、その判断は容易ではなさそうです。

報酬等に該当するかどうかは個別判断になり、過去に永年勤続表彰に関して示していたものとして、平成17年の社会保険審査会の採決事例がありました。当該事案では、表彰金が勤続年数10年ごとを区切って与えられるものであることを勘案して、結論として賞与に該当しないと判断したものです。ただ、過去の日本年金機構疑義照会では、採決を参考とし判断するとしているに留まっていました。

前掲事例集において、永年勤続表彰の扱いが示されました。企業によりさまざまな形態で支給されるとして、3つの判断基準をすべて満たす場合、報酬等に該当しないとしています。このうちの1つに、「支給の形態」があり、ここで「表彰の間隔がおおむね5年以上のもの」を挙げています。5年以上に支給するからといってすべて報酬等に該当しないわけではありません。社会通念上いわゆるお祝い金の範囲を超えていないことも求められます。その他、「表彰の目的や基準」の確認も必要です。

 育休分割で保険料影響か　会社休暇が間に挟まる

当社は9月の祝日がある週にまとまった休暇を設けています。妻が出産する予定の男性従業員から、育休の申出がありました。育休は、2回に分けて申出が可能です。休暇の前後で分ける必要性はないと考えていますが、休日や休暇を挟んだ場合の社会保険料の影響について教えてください。【鹿児島・T社】

# A. 期間まとめて 14 日計算も　休日等を含めてカウント

　産後 8 週間までの出生時育休と原則 1 歳までの通常の育休は、それぞれ原則 2 回まで申出が可能です（育介法 5 条、法 9 条の 2）。

　育児休業の期間は、労働日ではない日（計画的に付与された年次有給休暇、所定休日等）も含め連続したひとまとまりの期間と解されています。育休期間には公休日を含むとあり、休暇の前後で区切る必要性は原則としてはないでしょう。なお、申出に係る全日が労働日でない場合は、育児休業を申し出る余地はありません（平 28・8・2 雇児発 0802 第 3 号、改正令 5・4・28 雇均発 0428 第 3 号）。

　出生時育休と通常の育休の間に長期休暇が挟まるということはあり得るかもしれません。この場合の社会保険料の免除について考えてみましょう。月額保険料に関しては、暦日末日を含む育休に加えて、同月内に終了した 14 日以上の育休も免除対象です（健保法 159 条、厚年法 81 条の 2）。

　育児休業等中の保険料の免除要件の見直しに関する Q & A（令 4・3・31 事務連絡）では、休日を挟んで複数回の育児休業等を取得していた場合は、連続する育児休業等に該当するか、という問いに対して、土日等の休日や有給休暇等の労務に服さない日を挟んで複数回の育児休業等を取得していた場合は、実質的に連続して育児休業等を取得しているため、1 つの育児休業等とみなす、としています。

　社会保険関係においても、被保険者が連続する 2 以上の育児休業等をしている場合や、これに準ずる場合として一の育児休業等を終了した日とその次の育児休業等を開始した日との間に就業した日がないとき、その全部を一の育児休業等とみなすとしています（健保法 159 条 2 項）。

## Q22 定年と資格喪失の関係は　退職日翌日で処理 60歳以降継続希望せず

　当社では定年年齢を60歳としています。継続雇用制度でその
まま働き続ける人がいる一方で、退職を選択する従業員もいます。
そもそも定年退職日はどのような決め方があるでしょうか。実際、
退職日にはほとんどやることがないというときでも、資格喪失日
は退職日の翌日で良いのでしょうか。【埼玉・M社】

# A. 社会保険料に影響あり

　定年退職日はどのように定めているのが一般的でしょうか。たと
えば、誕生日の属する月の末日、60歳を迎えた月の属する年度末、
60歳の誕生日などがありますが、就業規則等で定めるところにより
ます。退職に関する事項として規定が必要です。60歳の誕生日と定
めているケースでは、まずは60歳に達した日を特定する必要があり
ます。年齢計算に関する法律によれば、誕生日の前日になります。

　健康保険の被保険者資格に関して、法で定めている資格喪失の時
期は4つあります（法36条）。そのうち、定年に関係があるのは、
2号の「その事業所に使用されなくなったとき」です。使用されな
くなった日の意味は、「事実上使用関係が消滅した日」と解されてい
ます（健康保険法の解釈と運用）。使用されなくなった日には、退職
のほか転勤等も含みます。もっとも、転勤に関しては、2以上の適
用事業所の一括の関係でまとめて一の適用事業とできることがあり
ます（健保法34条）。

　「使用されなくなった」といえるかどうか、賃金の支払いに着目し
た過去の通知（昭26・3・9保文発619号、昭27・1・25保文発
420号など）がありますが、退職日にほとんどやることがないとし
ても賃金は支払い、勤務を免除しているということもあり得ます。

　仮に、誕生日が9月1日の人がいて、8月31日が定年退職日で

あれば、9月1日（誕生日）に資格喪失したという形で処理することになります。このときの保険料は、前月から引き続き被保険者である者がその資格を喪失した場合においては、その月分の保険料は、算定しない（健保法156条3項）ことになっているため、9月の保険料は発生しませんが、資格喪失日の前月である8月分の社会保険料を納付する必要があります。

 **2カ月契約で加入か　雇用見込み判断する際**

　社会保険の適用拡大に関するリーフレットなどをみると、被保険者となる要件の1つに2カ月を超える雇用の見込みがある者とあります。見込みというのは具体的にどう判断すれば良いのでしょうか。【兵庫・Ｈ社】

## A. 更新ありは原則対象に

　健保法3条1項は被保険者となることができないものを規定しています。適用拡大の関係では、週の所定労働時間が20時間未満、標準報酬月額が8万8000円未満などとしています。

　2カ月以内の臨時に使用される場合の適用除外の要件は、健保法3条1項2号に規定があり、企業規模にかかわらず適用があります。被保険者となり得る「2月以内の雇用契約が更新されることが見込まれる」といえるのは、次のいずれかに該当する場合です（令4・9・9保保発0909第1号）。

　①就業規則や雇用契約書その他の書面において、「更新される旨」または「更新される場合がある旨」が明示されている

　②同一の事業所において、同様の雇用契約に基づき使用されている者が、契約更新等により最初の雇用契約の期間を超えて使用された実績がある

健康保険法

なお、更新しない旨労使で合意している場合にはこの限りでない
としています（前掲通知）。

## Q24　在宅勤務の手当で月変か　内訳に実費弁償部分含む

　在宅勤務手当を支給するときに、実費弁償部分とそれ以外の部
分で構成したとします。例えば、事務用品の購入代金に充てる部
分とそれ以外のイメージです。月々の実費弁償部分が変動すれば、
自動的にそれ以外の部分も変動することになります。これは固定
的賃金の変動に当たり、随時改定が必要になるのでしょうか。【新
潟・O社】

## A.　随時改定対象とならず　固定的部分のみ報酬

　在宅勤務手当といっても、手当の内容は事業所ごとに異なり、その
支給要件や、支給実態などを踏まえて個別に報酬等に該当するか判
断する必要があります。例えば、内訳をとくに決めないで毎月5000
円の手当を支給するとします。いわゆる渡し切り（返還を求めない）
のものであれば、まとめて社会保険料の算定の基礎に含むと解され
ています（令5・6・27事務連絡）。

　報酬に当たるかどうか判断するうえで、実費弁償部分については、
労働の対償とは認められないため報酬等には該当しないとしていま
す。事業主が負担すべきものを立て替える出張旅費や赴任旅費など
が例として挙げられています。

　在宅勤務手当に関して、実費弁償部分が事務用品なのかそれとも
通信費や電気代なのかで細かい考え方は異なりますが、前者で考え
てみましょう。

　会社が、在宅勤務に通常必要な費用として金銭を仮払いした後、
労働者が業務のために使用する事務用品等を購入し、その領収証等

を企業に提出してその購入費用を精算するとします。仮払いした金額の内訳として、一定額までは事務用品の代金に充てる形です。

　一つの手当において、実費弁償分であることが明確にされている部分とそれ以外の部分がある場合には、実費弁償でない部分は「報酬等」に含まれ、実費弁償分については「報酬等」に含める必要がないのは前述のとおりです。この場合に、「月々の実費弁償分の算定に伴い実費弁償以外の部分の金額に変動があったとしても、固定的賃金の変動に該当しないことから、随時改定の対象とはならない」としています（前掲事務連絡）。

 被扶養者になれるか　傷手金の継続給付でも

　現在、休職中の従業員がいます。まもなく期間満了で退職となる予定で、本人も同意しています。「退職後は配偶者の被扶養者になれたら」といわれたのですが、一方で、傷病手当金をまだ1年半受給し切っていないため、継続給付の対象となると思われます。継続給付を受けながら、被扶養者になることもできるのでしょうか。【富山・Ｍ社】

## A. 年収要件を満たせれば

　退職などで被保険者資格を喪失するときでも、傷病手当金を引き続き受給できる継続給付の制度があります（健保法104条）。要件は、①被保険者期間が資格喪失日の前日までに継続して1年以上あり、②喪失時に傷病手当金の支給を受けているか、受けられる状態であったことです。①には、任意継続被保険者などの期間は含まれません。②の受けられる状態には、事業主から報酬が支払われ、法108条の規定により支給が停止されている状態などを指します。

　配偶者の被扶養者となるためには、生計維持関係として被扶養者

自身の年間収入が問われます。年収には、給与所得のほか、傷病手当金も含まれます（昭61・4・1庁保険発18号）。傷病手当金の日額が3612円（60歳以上は5000円）以上だと、年収が130万円（同180万円）を超えるとして、被扶養者になれないといえます。

## Q26 手当の支給月から起算？　随時改定するタイミング

賃金規程を見直して、手当を新たに支給することにしたときに随時改定を行うのがいつになるのかよく分からなくなりました。起算月となるのは手当を設けたタイミングなのか、それとも実際に支給したタイミングなのか等、どのように考えればいいのか教えてください。【岩手・F社】

## A. 「非固定的」は新設月以降　賃金体系変更も対象に

随時改定（健保法43条）は、一般的に固定的賃金の変動等を契機として、継続した3カ月間に受けた報酬の平均額と現在の報酬月額を比較して、標準報酬月額等級に2等級以上の差が生じるなどの要件を満たしたときに行われるものです。

随時改定を行うのは、固定賃金が変動した場合に限られません。非固定賃金の新設も、「賃金体系の変更」として、随時改定の対象となります（令5・6・27事務連絡）。廃止した場合も同様と解されています（日本年金機構疑義照会）。非固定的賃金の「変動のみ」では随時改定は行いませんが、新設は対象になり得ることに留意が必要です。

非固定賃金とは、稼働実績などによって支給されるものが該当すると解されています（算定基礎届・月額変更届の手引き）。例えば、精勤手当であれば、一定程度出勤したという条件を満たしたときに支給されるのが一般的でしょう。精勤手当が新設された月に出勤率

が低かったため、手当の支給条件を達成できず、初回の支払いが０円となったとします。翌月以降は、きちんと出勤して実際に支払いが生じたときに、随時改定の起算月はどのようになるでしょうか。

　新たに非固定的賃金の新設がなされたことによる賃金体系の変更を随時改定の契機とする際は、「その非固定的賃金の支払いの有無にかかわらず」、非固定的賃金が新設された月を起算月とし、以後の継続した３カ月間のいずれかの月において、当該非固定的賃金の支給実績が生じていれば、随時改定の対象となります（前掲事務連絡）。３カ月間に支給実績があることがポイントで、手当の新設から３カ月以降に初めて支給要件を満たしたとしても、随時改定の対象とはなりません（その他、固定的賃金の変動等がある場合を除く）。

　この場合には、その後支給要件を満たして当該非固定的賃金の支給実績が生じた月を起算月とすることにもならないとしています。支給月以降の３カ月をみる必要もありません。

## 合算して 20 時間満たす？　副業兼業の社会保険加入

　副業・兼業で働く従業員ですが、週 20 時間以上等の要件を満たして社会保険の被保険者資格を取得するか否かは、各事業所において判断するはずです。法律が異なるとはいえ労基法には時間を通算する規定があるなかで、労働時間を合算する可能性はないのでしょうか。【福岡・Ｓ社】

## A. 2社へ派遣は可能性あり　事業所ごとに判断が原則

　健康保険の被保険者資格を取得するかどうかは、いわゆる「４分の３要件」や一定規模以上であれば週 20 時間以上といった条件を満たすかどうかで判断します（健保法３条）。労基法における実労働時間を通算する仕組みとは異なり、社会保険の加入有無を判断するに

当たっては適用事業所ごとにみるということになります。２つ以上の会社で勤務するパターンは副業・兼業に限りません。出向や派遣といった形態も考えられます。後者の派遣について考えてみましょう。

派遣の場合は派遣元の事業でのみ被保険者となります（派遣元指針）。厚生労働省のＱ＆Ａは、派遣元からＡ社とＢ社の２社へ派遣された場合の考え方を示しています。派遣期間がＡ社、Ｂ社ともに２カ月でそれぞれ10時間ずつ働き、いずれも契約を更新することがあるという設定です。この場合には、２社の所定労働時間を合算して判断するとしています。これは、４分の３要件を判断する場合も同様としています。

このＱ＆Ａ自体は、令和４年10月からの被保険者資格の勤務期間要件の見直しに関するものです。２カ月以内の期間を定めて使用される者（健保法３条１項２号ロ）であっても、契約の更新等により実際には最初の雇用契約の期間を超えて継続して使用されることが見込まれる場合、当初から被保険者資格を取得するというものです。

派遣ではなく単に複数の事業所に使用されている者（２以上勤務者）は、個々の事業所における雇用契約に基づき適用除外要件に該当するか判断します。

## Q28 最賃引上げで月変か 「発効日」が基準に？

最低賃金の引上げに合わせて賃金がアップする従業員がいます。固定的賃金の変動は随時改定の契機になりますが、どこから３カ月をみれば良いのでしょうか。当社の賃金計算期間は、20日締めの翌月10日払いです。【岐阜・Ａ社】

## A. １カ月確保した月起算

岐阜県の令和５年度の地域別最低賃金の発効年月日は、令和５年

10月1日です。都道府県によってはこれと異なる日付もあります。

　随時改定を行うのは、固定的な賃金が変動した場合です。固定的賃金には、時給などの基礎単価の変動も含みます。時給のみのアップでは標準報酬月額等級に2等級以上の差がない場合でも、残業代などを含めて2等級以上の差になれば月額変更届の対象になります。

　次に変動月からの3カ月間の報酬を確認する必要があります。仮に、10月1日に賃金を引き上げると本件では給与計算期間の途中になります。この場合、昇給・降給した給与が実績として1カ月分確保された月を固定的賃金変動が報酬に反映された月として扱う（令5・6・27事務連絡）という解釈が示されています。12月を3カ月の起算点として判断することになるでしょう。

 標準月額調整の仕組みは　秋ごろ繁忙で随時改定に

　当社は正月時期の商品の製造で、例年秋が忙しく、今年はとくに繁忙でした。ただ、10月に昇給を伴う異動をしてきた者がいて、随時改定の対象になりそうです。標準報酬月額が他の時期と比べかなり高くなりますが、調整する仕組みはないのでしょうか。【山口・W社】

## A. 年間平均を使う仕組みが　例年発生すること要件

　随時改定が行われるのは、固定的賃金に変動があり、かつ変動月を含む3カ月間における各月の報酬支払基礎日数がすべて17日（短時間労働者は11日）以上で、同期間の報酬の月平均額（残業手当などの非固定的賃金を含む）に基づく標準報酬月額の等級と現時点を比較し2等級以上差が生じているときです（健保法43条）。原則、固定的賃金の変動が契機です。例えば、時間外労働が増え、残業手当である非固定的賃金が変動したというだけでは対象外です。

昇給による手当の増額と残業手当の増加が重なると、対象になり得るといえます。等級が上がると傷病手当金の支給額等は増える一方、社会保険料も高くなります。

　繁忙期以外の報酬に見合った等級にする仕組みとして、報酬の年間平均を使用する仕組みがあります。適用されるのは、①通常どおり変動月以降３カ月間の固定的・非固定的賃金の月平均額で算定した等級と、②変動月以後３カ月間の固定的賃金の月平均額＋変動月前９カ月間と変動月以後３カ月間における非固定的賃金の月平均額から算出した等級という①と②の間に２等級以上の差があり、この差が業務の性質上例年発生することが見込まれる場合で、②と現在の等級を比較し１等級以上差があるときです。例えば10月に変動があったなら、①は10～12月の報酬全体の平均で、②は10～12月の固定的賃金の平均と、１～12月の非固定的賃金の平均の合計です。

　業務の性質上例年発生するとは、具体的には、取り扱う魚種の漁期により加工作業が生じる水産加工業等の業種や、夏・冬季に繁忙期を迎えるホテル等の業種、人事異動や決算等特定の時期が繁忙期となり残業代が増加する総務、会計等の部署等さまざまなケースが考えられるとしています（平30・3・1事務連絡）。

# 保険給付関係

## Q30 転籍して傷手金は？ 資格喪失する影響心配

当社のグループ再編に伴い、転籍する従業員が一部います。た だ、その中に休職中の従業員がいて傷病手当金を受給しています。 被保険者資格を喪失する場合でも、傷病手当金の受給に影響はな いと説明したいのですがどうでしょうか。【京都・U社】

## A. 継続給付で受給可能

傷病手当金は、原則として被保険者に対して支給します（健保法 99条）。退職後の継続給付（法104条）の制度もあります。被保険 者資格を喪失後も給付を受けるためには、①退職まで被保険者資格 が継続して1年以上、②退職日に傷病手当金の支給を受けている、 または支給される条件を満たしている、③退職日に傷病手当金の支 給を受けていた傷病で引き続き労務不能、という条件をすべて満た す必要があると解されています。

退職後に任意継続被保険者となった場合については、新たに被保 険者資格を取得する形になりますが、傷病手当金の継続給付の条件 と直接関係はありません。

継続給付として受給する協会けんぽの傷病手当金ですが、支給金 額は支給を始めた日以前の支給金額の計算に使用した標準報酬月額 を使用するため変更はありません。なお、転籍後の保険者が異なる 場合は保険者へ確認することが必要になります。

# 申請書の変更点知りたい　傷病手当金は代理欄廃止

　令和5年協会けんぽの申請書の様式が一部変更になりました。傷病手当金ですが、代理受領の欄のほか、どのような変更点があるのでしょうか。従前は公休日や欠勤、年次有給休暇のときを細かく書いていましたが、どのように記載すればいいのでしょうか。【埼玉・D社】

## A. 勤怠と賃金証明を簡素化　原則新様式で提出求める

　令和5年1月に協会けんぽの各種申請書（届出書）の様式が変更になりました。傷病手当金の様式は大きく変わりました。

　勤務状況の欄は事業主が証明することになります。旧様式は、出勤は「○」、有給休暇は「△」、公休は「公」、欠勤は「／」でそれぞれ表示する必要がありました。新様式では、出勤日を「○」で囲うことに変更はありませんが、公休や欠勤、有給は記載せず、早退した日は「早」と記載するよう求めています。

（勤務状況の様式図）

賃金証明欄も大きく変更がありました。旧様式では、賃金計算期間の賃金支給状況を記載する必要があり、基本給や通勤手当など各区分について記載欄が設けられていました。当該欄は手当の区分がなくなり、出勤していない日に対する報酬等（基本給および各種手当等）がある場合は、支給した日（期間）と金額をまとめて記入する形になりました。その他、氏名（カタカナ）の記載欄がマス目化されたり、口座情報の預金種別欄が「普通預金」のみになっています。

 **年収が問われるか　埋葬料の生計維持要件**

> まだ定年前なのに、長年当社に尽くしてくれた労働者が、私病で亡くなりました。遺族と連絡を取り、その際に年金など公的保険の説明もしようと準備する途中、埋葬料で疑問が生じました。条文に生計を維持とありますが、遺族厚生年金と同じく、年収要件が問われるのでしょうか。【山梨・M社】

## A. 一部でも事実あれば受給可

被保険者が死亡したときの給付には、その者が生計を維持していた者であって、埋葬を行うものへ支給する埋葬料と、生計維持関係にない埋葬を行った者に対する埋葬費があります（健保法100条）。さらに、被扶養者が死亡した際に被保険者へ支給する家族埋葬料もあります（法113条）。金額は、埋葬料・家族埋葬料は5万円で、埋葬費は同額以内で実際に要した費用です。

埋葬料の生計維持関係は、死亡当時に死亡者の収入で一部でも生計を維持した事実があれば足り、同一世帯だったかも問わないとしています（昭7・4・25保規129号、昭8・8・7保発502号）。つまり、たとえば死亡した被保険者などによって生計を維持した遺族に支給する遺族厚生年金などと違い、年収850万円未満のような

収入要件は問われないといえます。また、「"主として"その被保険者により生計を維持する」として年収130万円未満などの基準を設けている被扶養者の生計維持関係とも異なります。

 薬の郵送も対象？　保険給付どこまで含む

　先日病院へ行って調剤薬局を利用したとき、他の患者が薬を自宅に郵送するかどうかの話をしていました。聞いたことのない仕組みでしたが、こうしたサービスも保険給付の範囲内なのでしょうか。【岐阜・K生】

## A. 適用されず費用徴収も

　療養の給付（健保法63条）の範囲には、診察、薬剤または治療材料の支給等が含まれます。協会けんぽでは治療に必要な薬は、医療保険の対象となる医薬品の基準価格に掲載されているものに限り支給されます、としています。

　保険医療機関や保険薬局から療養の給付を受ける者は、その給付を受ける際、一部負担する必要があります（健保法74条）。70歳に達する日の属する月以前である場合は、原則3割です。

　厚生労働省は、「療養の給付と直接関係ないサービスなどの取扱い」に関する通知を発出しています（令2・3・23保医発0323第1号など）。サービス等の具体例として、保険薬局における患家等への調剤した医薬品の持参料および郵送代を挙げています。患者からの費用徴収が必要となる場合については、同意を確認のうえ徴収するとしています。

# 新たにケガした影響は？　傷病手当金を受給中

傷病手当金を受給して休職中の従業員が、支給請求書を持って
きました。これまでの傷病とは別に新たにケガをしたとして別の
診断書も持ってきました。こうした申請は今までなかったことで
困惑していますが、傷病手当金の給付額等に影響はあるのでしょ
うか。【佐賀・Ｙ社】

## A. 二重には受けられない　いずれか多い額支給

　傷病手当金は、被保険者が病気やケガのために働くことができず、
会社を休んだ日が連続して３日間あったうえで、４日目以降、休ん
だ日に対して支給されます。傷病手当金を受給中に新たにケガをした
からといって、傷病手当金が二重に受けられるわけではありません。

　事務連絡（平27・12・18）において、１つの傷病について傷病手
当金の支給を受けている期間中に、別の傷病についても傷病手当金
の支給要件を満たしている場合の考え方が示されています。傷病手
当金の額は、支給を始める日の属する月以前の継続した１年間の標
準報酬月額をベースに計算します（健保法99条）。前掲事務連絡に
よれば、「後の傷病」についても、傷病手当金の額を割り出す必要が
あるとしています。現に休んでいて、報酬の支払いはないときでも
被保険者資格は継続し、標準報酬月額は先に受給している傷病手当
金のベースとなった額と変わらないということはあり得ます。ただ、
起算日がずれる関係で、標準報酬月額が異なる可能性はあり、この
場合「いずれか多い額を支給する」としています。

　金額のほかに支給期間を考える必要もあります。法99条４項は、
傷病手当金の支給期間は、同一の疾病または負傷およびこれにより
発した疾病に関しては、その支給を始めた日から通算して１年６カ
月間としています。ただし、２つの傷病等が重なった期間はそれぞ

れ支給したものと扱い、日数分の支給期間が減少する形です。重複する部分だけ受給期間が先に延びるわけではないと解されています（令3・12・27事務連絡）。

#  高額療養費は現物給付？　保険証のみで足りるか

　入院して手術する予定の従業員がいて、高額療養費の対象とな可能性があります。高額療養費がいわゆる「現物給付」であれば、保険証のみで対応可能でしょうか。現物給付の仕組みで教えてください。【岡山・O社】

## A. 限度額適用認定を申請　代理人でも手続き可能

　高額療養費は、いわゆる自己負担の額が著しく高額なときに支給されるものです（健保法115条）。支給要件や支給額は、健保令41条以降に規定があります。

　「高額療養費の現物給付化」とは、「医療機関の窓口での支払いを自己負担限度額までにとどめることができる仕組み」を指します。平成18年に、70歳未満の被保険者が保険医療機関等から入院療養等を受けた場合の高額療養費の支給については、あらかじめ保険者の認定を受けた被保険者の所得区分に応じ、保険者から保険医療機関等に支払うことが可能になりました（平18・12・20保発1220002号）。改正法は平成19年4月施行で、保険医療機関等が被保険者の所得区分を把握するため、健康保険限度額適用認定証も新設されています（平19・3・7保保発0307008号）。

　その後、入院療養に加え、外来療養についても、同一医療機関での同一月の窓口負担が自己負担限度額を超える場合は、患者が高額療養費を事後に申請して受給する手続きに代えて、保険者から医療機関に支給することで、窓口での支払いを自己負担限度額までにと

どめる取扱いが導入されました（平 23・10・21 保発 1021 第 1 号）。

　健保則 103 条の 2 に「限度額適用認定証」に関する規定があります。現物給付化して、窓口での負担を抑えるためには、事前に全国健康保険協会の各都道府県支部に「健康保険限度額適用認定申請書」を提出し、「健康保険限度額適用認定証」の交付を受ける必要があります。被保険者が入院中などの場合は代行申請も可能です。

　なお、70 歳以上で、所得区分によっては健康保険証、高齢受給者証を医療機関窓口に提示することで自己負担限度額までの支払いとなることがあり、この場合には、限度額適用認定証の手続きは原則不要です。

# 第6章
# 厚生年金保険法編

総則関係

保険給付関係

# 総則関係

 **免除で年金額どうなるか　失業時の手続き教えて**

退職する従業員がいて、失業時に国民年金の保険料が免除になる可能性があるという話をするつもりです。免除を受けるための要件や年金額計算の仕組みをあらかじめ理解しておきたいと思いますが、ご教示ください。【佐賀・I社】

## A. 一部納付済とする仕組み　離職票は再添付不要に

離職するとこれまでの国民年金の第2号被保険者（厚生年金の被保険者）から、第1号被保険者となることがあります（国民年金法7条）。厚生年金の被保険者は、保険料を源泉控除されていましたが（厚年法84条）、第1号被保険者は自ら保険料を納付する義務を負います。しかし、所得が少ないなど保険料を納めることが困難な場合には、未納のままにせず、「国民年金保険料免除・納付猶予制度」の手続きがあります。ただし、国年法88条2号は世帯主、3号は配偶者に対して連帯して保険料を納付する義務を課しています。したがって、世帯主等に一定額以上の所得があるときは国民年金の保険料免除が認められない場合があります。

失業等を理由とする国民年金保険料の一部免除等の申請については、国年則77条2項4号ロ等の規定に基づき、離職票など失業等を確認することができる書類の添付を申請の都度求めています。

全額免除や一部免除の承認期間は7月から翌年6月までの期間で、原則として毎年度申請手続きが必要となっています（則77条1項は、77条の3第1項等において同じとする）。国年則が改正され、申請

者の負担軽減を図る観点から、過去に同一の離職票等を添付し免除等を申請したことがある場合は、当該離職票等の添付を不要とする改正が行われました（令5・3・6厚生労働省令18号）。

　なお、保険料を免除された期間は、年金の受給資格期間に算入されます。ただし、将来の年金額を計算するときは、例えば全額免除の期間は、年金額が2分の1保障されます。その他免除期間について保険料への反映額は**下表**をご覧ください。

　その他にも50歳未満対象の納付猶予制度等がありまして、詳細は住所地等の国民年金窓口に確認してみてください。

| 免除区分 | 免除期間分の老齢基礎年金の年金額 |
|---|---|
| 4分の1免除 | 納付した月の8分の7（平成21年3月までは6分の5） |
| 半額免除 | 納付した月の4分の3（平成21年3月までは3分の2） |
| 4分の3免除 | 納付した月の8分の5（平成21年3月までは2分の1） |
| 全額免除 | 納付した月の2分の1（平成21年3月までは3分の1） |

 **Q2** 単身赴任で影響が？　従前標準報酬月額みなし

　春の人事異動に向け準備を進めています。生産が軌道に乗らない工場があり、現在2歳になる子がいることから本当は避けたい思いがありつつも、過去に同じトラブルに対応した従業員を異動させたいと考えています。工場が遠方にあるため異動の場合は単身赴任となりそうですが、従前報酬月額みなし措置には影響がありますか。【新潟・O社】

## A. 同居から外れて養育に該当せず

　育児のために短時間勤務制度を使うなど標準報酬月額が下がった場合、子が3歳になるまでは、養育期間の従前標準報酬月額のみなし措置が受けられます（厚年法26条）。年金額の計算では、下がっ

た月について、子を養育する前のより高い標準報酬月額を使います。なお、保険料は、現行の標準報酬月額で計算します。

　遠方への転勤のため単身赴任となった際は、同みなし措置は受けられないとしています（日本年金機構疑義照会）。家族を残して本人だけが任地へ赴き、子と離れて暮らすことになるので、同居とは認められず、「養育」には該当しないためです。また、同みなし措置は育介法などで規定する子の養育が対象ですが、この養育に関して同法では、同居し、子の面倒をみているという意味合いで使用しており、原則、同居が関係するものとなっています（令3・11・30雇均発1130第1号）。

 将来の年金へ反映？　退職月に支払った賞与

　当社は賞与の支給が8月上旬です。今回、直後の同月中旬に退職する労働者がいます。月途中退職の場合は社会保険料が徴収されませんが、将来の老齢厚生年金の額にも反映されないとの理解で良いのでしょうか。健保法では、1年度間における標準賞与額のカウントに573万円の上限があり、被保険者期間でない退職月の分も含めると聞いたのですが。【山口・S社】

## A. 保険料引かれず含めない扱いで

　厚生年金保険料は、被保険者期間の計算の基礎となる各月につき、徴収するとなっています（厚年法81条）。被保険者期間は、被保険者資格を取得した月～喪失した月の前月ですが、資格の喪失時期は、退職の場合、退職日の翌日となります。月途中で退職した場合、その月は被保険者でないため、同月に支払われた賞与については保険料を徴収されません。なお、支払いが退職日より前の場合は、賞与支払届を日本年金機構へ提出します。

老齢厚生年金の支給額は、被保険者期間の計算の基礎となる各月の標準報酬月額と標準賞与額にそれぞれ再評価率を掛け、その総額を被保険者期間の月数で割って求めた額がベースとなります（法43条）。ご質問の場合、退職月は被保険者期間の計算の基礎となる月には該当せず、同月の賞与は保険料も引かれていないため、将来の年金額にも反映されないといえるでしょう。

## 学生特例適用ある？　退職し大学へ進学なら

　大学へ進学するとして退職する従業員がいます。学生ということで国民年金保険料の免除の仕組みに学生納付特例の制度がありますが、所得要件があったと記憶しています。適用は受けられないのでしょうか。【埼玉・Ｓ社】

## A. 失業で前年所得みない可能性が

　国民年金の第1号被保険者については、保険料の納付が困難な場合には、免除や猶予が受けられます。

　その1つが、大学生などを対象とする学生納付特例です（国年法90条の3）。適用を受けるには、要件として、同条1項1〜3号のいずれかに該当する必要があります。1号は、免除を受ける年度の前年の所得が128万円＋扶養者の数×38万円以下というものです（国年令6条の9）。

　ここをみるとご質問の場合は受けられなさそうですが、法90条の3第1項3号は、保険料納付が著しく困難である場合として天災その他の省令で定める事由があるときとしています。具体的には、国年則77条の7第2号で、失業等により保険料を納付することが困難と認められるときとなっています。適用の申請に当たり、前年の所得が128万円以上のときは離職票などを添付するとされていること

からも（則77条の4第2項5号）、いわゆる失業等による特例免除として適用を受けられる可能があります。

 **個人の加入が可能？　非適用業種で個人経営**

　個人で事業を営んでおり、厚生年金保険の非適用業種です。前に任意適用事業場となりたいか従業員に意見を聞いたときは、半分以上から反対があり、対象とはなりませんでした。個人で加入できる仕組みがあると聞きましたが、どのような制度でしょうか。【大分・T生】

## A. 事業主から同意得て被保険者に

　厚生年金保険が法律上当然に適用される事業所は、常時従業員を使用する法人と、個人経営で常時5人以上の従業員を使用する適用業種の事業所です。非適用業種には、たとえば農林水産業や、旅館、理美容といった一部のサービス業があります。

　適用事業所以外でも、任意適用事業所として適用を受けられます。従業員の2分の1以上の同意を得て事業主が申請し、厚生労働大臣から認可を受けた場合です（厚年法6条3、4項）。従業員には、所在地が一定しない事業所に使用されるなど法12条の適用除外となる者は含めません。認可後は、要件を満たす全員が被保険者となります。

　適用事業所以外で、70歳未満の個人が被保険者となれるものとして、任意単独被保険者の制度があります（法10条）。事業主が保険料を半額負担し、納付や各種届出の義務も負うため、事業主の同意を得ることが必要です（法82条）。本人が申請し、厚労大臣の認可を受けると、被保険者となることができます。

**納付リミットいつか　学生特例で免除の期間**

　労務管理を行う部署に異動したばかりですが、入社前の時期の年金について相談を受けました。国民年金保険料を支払っていなかった時期について、いつまでなら納付可能かというものです。隣で話を聞いていた同僚は「以前に納付したときは10年と聞いた」といいます。リミットは同じという理解で良いのでしょうか。【群馬・T社】

## A. 承認受けた月前10年が対象

　国民年金の第1号被保険者は、所得が低い場合などに保険料の免除などを受けられ、その1つに学生納付特例があります。

　同期間は、老齢基礎年金の支給要件における受給資格期間（10年）には算入されますが、年金額には反映されません。額を増やすには、保険料をさかのぼって納付する追納を行う必要があります（国年法94条）。追納は、承認を受けた月の前10年以内について可能です。ただし、免除を受けた期間の翌年度から起算して3年度目以降に行う場合は、経過期間に応じた加算額が上乗せされます。

　追納は、免除などを受けた期間に関するものです。受けていない期間に保険料を払わないと未納という扱いで、納付期限から2年経つと時効で納付できなくなります。前は後納という制度があり、2年より前の未納分を納付できた時期もありましたが、平成30年9月末で終了しています。

厚生年金法

# 保険給付関係

 **退職後に病気で保障は？　障害年金の条件教えて**

当社の定年年齢は 60 歳です。継続雇用を希望するか迷っている従業員がいて、話を聞く機会がありました。当人は健康状態など体力的な問題を懸念していましたが、ただ病院にかかっているわけではなさそうです。退職後に病気が判明して障害年金ということになったとき、これまでの被保険者期間は反映されるということでいいのでしょうか。【京都・Ｔ社】

## A. 初診日要件満たす必要が　被保険者である間病院へ

障害厚生年金を請求する時期は、大きく２つあります。

１つは、障害認定日に法令に定める障害の状態にあるときです（厚年法 47 条）。もう１つは、障害認定日に法令に定める障害の状態に該当しなかったときでも、その後症状が悪化し、法令に定める障害の状態になったときです（法 47 条の２、３）。

いずれも障害認定日に一定の障害状態にある必要があり、障害の部位ごとに障害認定基準が定められています（**下表**）。

障害認定基準において、以下の 18 節の障害の部位ごとに基準を定めている。

| ・眼の障害 | ・肢体の障害 | ・肝疾患による障害 |
|---|---|---|
| ・聴覚の障害 | ・精神の障害 | ・血液・造血器疾患による障害 |
| ・鼻腔機能の障害 | ・神経系統の障害 | ・代謝疾患による障害 |
| ・平衡機能の障害 | ・呼吸器疾患による障害 | ・悪性新生物による障害 |
| ・そしゃく・嚥下機能の障害 | ・心疾患による障害 | ・高血圧症による障害 |
| ・音声又は言語機能の障害 | ・腎疾患による障害 | ・その他の疾患による障害 |

年金を受給するためには、その他にも必要な条件があります。保険料の関係では、初診日の前日に、初診日がある月の前々月までの被保険者期間で、国民年金の保険料納付済期間（厚生年金保険の被保険者期間等を含む）と保険料免除期間を合わせた期間が3分の2以上必要です。ただし、初診日が令和8年4月1日前にあるときは、初診日において65歳未満であれば、初診日の前日において、初診日がある月の前々月までの直近1年間に保険料の未納がないという条件を満たす必要があります（昭60法附則64条）。

　さらに「初診日要件」があり、厚生年金の被保険者である間に、障害の原因となった病気やけがの初診日がなければなりません。日本年金機構では「障害または死亡の原因となった病気やケガについて、初めて医師等の診療を受けた日をいい」、「同一の病気やけがで転医があった場合は、一番初めに医師等の診療を受けた日が初診日」としています。なお、令和7年に年金制度の改正が予定されていて、障害年金制度も議題に上がっています。

 **繰り上げてから再就職？　どのような不利益及ぶか**

> 　定年退職後は再雇用を希望せず退職する予定の従業員がいます。年金を繰り上げる予定といいますが、もしも働く気になったら求人に応募するかもしれないと話していました。働く気があるなら繰り上げるべきではなさそうとは思いつつ、繰り上げてから働くときどのような不利益が及ぶのでしょうか。【京都・T社】

## A. 65歳前は一部繰上げに　在職老齢年金の適用あり

　繰上げ請求した後に再就職して厚生年金の被保険者となった場合等も、賃金等に応じて年金の全部または一部が支給停止されます。支給停止された年金は退職後も支給されません。

年金を繰り上げると減額が生涯及びます。繰上げについては、2種類の規定が存在します。

　第1は、以下の年代に属する人の一部を対象とする仕組みです（厚年法附則13条の4）。

　・男性…昭和34年4月2日から昭和36年4月1日までの間に生まれた人

　・女性…昭和35年4月2日から昭和41年4月1日までの間に生まれた人

　第2は、次の年代に属する人を対象とする仕組みです（厚年法附則7条の3）。

　・男性…昭和36年4月2日以降に生まれた人

　・女性…昭和41年4月2日以降に生まれた人

　第1グループは、上記のうち60歳代前半の老齢厚生年金をこれから受け取れる人たちです。

　第2グループは、60歳代前半の老齢厚生年金の対象にならず、原則どおり、65歳から老齢厚生年金を受ける人たちです。

　70歳未満で再就職して厚生年金の被保険者となった場合や、70歳以上で適用事業所に再就職した場合には、年金の一部または全部が支給停止となる場合があります。いわゆる在職老齢年金です。

　支給停止に関して、厚年法46条は、老齢厚生年金の額（加給年金額および支給を繰り下げたときの加算額を除く）を12で除して得た額（基本月額）と、その者の標準報酬月額とその月以前の1年間の標準賞与額の総額を12で除して得た額とを合算して得た額を合計した額が、支給停止調整額（令和6年度は50万円）を超えるかどうか判断するとしています。

　なお、原則として老齢基礎年金と老齢厚生年金は同時に繰上げ請求をする必要があります。

　上記第1グループで、特別支給の老齢厚生年金の受給開始年齢到達前に繰上げ請求をした場合は、一部繰上げとなり年金額が計算さ

れます。繰り上げたときの減額率ですが、昭和 37 年 4 月 1 日以前生まれの方の減額率は、0.5％となり、以降の生まれは、0.4％となります。

 在職定時改定あるか　特別支給の老齢年金で

　60 歳台前半の女性のパート労働者を説得し、4 月から労働時間を増やしてもらうことになりました。社会保険の被保険者資格を取得するものの、現在、65 歳前における特別支給の老齢厚生年金を受給しています。在職定時改定などもできたと聞きますが、これからの被保険者期間については、いつ年金額に反映されるのでしょうか。【石川・Ｙ社】

## A. 65 歳以上から適用する対象

　厚生年金保険の適用事業所に使用される 70 歳未満の者は原則として被保険者となるため、老齢厚生年金を受給しながら働くこともあります。同年金の額は被保険者期間に比例して増加しますが、額の改定のタイミングがいくつかあり、その 1 つとして、令和 4 年 10 月から適用が始まった在職定時改定があります（法 43 条 2 項）。

　原則、基準日である毎年 9 月 1 日に被保険者で、さらに老齢厚生年金の受給者の場合、前年 9 月～当年 8 月までの被保険者期間を年金額に反映させ、基準日の属する月の翌月（毎年 10 月）分から額を改定します。対象となるのは 65 歳以上 70 歳未満に限られます。65 歳未満は、特別支給の場合のほか、繰上げ受給をしていても対象外です（法附則 9 条、15 条の 2）。

　ご質問のケースは、65 歳に到達し原則支給の老齢厚生年金を受給し始めるときに額が変わるといえます。

 加入期間で遺族年金得か 「300月みなし」あり

　夫婦で一方が亡くなったときのことを話していました。遺族年金の額ですが、厚生年金の被保険者期間が短い場合でも、「みなし」で加入月数が増える取扱いになっています。遺族年金に関しては加入期間の損得というのは考えなくてもいいのでしょうか。【香川・S子】

## A. 20年以上なら中高齢加算　請求書で高いほうを選択

　長期要件と呼ばれているのは、老齢厚生年金の受給権者または保険料納付済期間と免除期間を合算した期間が25年以上である者が死亡したとき、遺族厚生年金を支給するというものです（厚年法58条1項4号）。同項1号から3号は、被保険者が死亡したときなどは、遺族厚生年金の額の計算に当たって被保険者月数を300月で計算するとしています（300月に満たない場合、厚年法60条）。年金請求書（国民年金・厚生年金保険遺族給付）でどの要件に当てはまるか確認する欄が設けられています。被保険者で、かつ、25年以上というときには短期要件も長期要件も満たすということになります。

　短期と長期で相違する点として算式はそれとして、その他中高齢の加算などがあります。中高齢の加算は、夫の死亡当時、40歳以上65歳未満であって、遺族基礎年金を受けることができなかった妻（または遺族基礎年金をもらっていたが子がすでに18歳を過ぎたためもらえなくなった妻）を対象として支給されます（厚年法62条）。死亡した夫の厚生年金保険の被保険者期間が20年以上あることが要件となっています。金額は年61万2000円です（令和6年度価額）。金額の計算方法ですが、新規裁定者の遺族基礎年金額81万6000円に、4分の3をかけて得た額の100円未満を四捨五入した額となります。

請求書の様式では、年金額が高い方か指定する計算方法での決定を希望するか選択できるようになっています。

| (15) 遺族厚生年金を請求する方は、下の欄の質問にお答えください。いずれかを○で囲んでください。 | |
|---|---|
| ア 死亡した方は、死亡の当時、厚生年金保険の被保険者でしたか。 | 1. はい ・ 2. いいえ |
| イ 死亡した方が厚生年金保険（船員保険）の被保険者もしくは共済組合の組合員の資格を喪失した後に死亡したときであって、厚生年金保険（船員保険）の被保険者または共済組合の組合員であった間に発した傷病または負傷が原因で、その初診日から5年以内に死亡したものですか。 | 1. はい ・ 2. いいえ |
| ウ 死亡した方は、死亡の当時、障害厚生年金（2級以上）または旧厚生年金保険（旧船員保険）の障害年金（2級相当以上）もしくは共済組合の障害年金（2級相当）以上を受けていましたか。 | 1. はい ・ 2. いいえ |
| エ 死亡した方は平成29年7月までに老齢厚生年金または旧厚生年金保険（旧船員保険）の老齢年金・通算老齢年金もしくは共済組合の退職給付の年金の受給権者でしたか。 | 1. はい ・ 2. いいえ |
| オ 死亡した方は保険料納付済期間、保険料免除期間および合算対象期間（死亡した方が大正15年4月1日以前生まれの場合は通算対象期間）を合算した期間が25年以上ありましたか。 | 1. はい ・ 2. いいえ |

## Q11　遺族厚年の対象か　転職から半年後に死亡

　半年前に転職してきた40歳代前半の従業員が、業務外の交通事故で死亡しました。従業員の妻へ連絡をした際に遺族厚生年金について聞かれましたが、当社で半年しか勤務していなくても、また保険料を25年納めていなくても対象でしょうか。国民年金の被保険者だけの時期はあっても未納はないようです。【新潟・W社】

## A.　3分の2以上納付なら支給

　遺族厚生年金における死亡した者の要件は、①被保険者が死亡、②被保険者期間に初診日がある傷病で初診日から5年以内に死亡、③

障害等級1・2級の障害厚生年金の受給権者が死亡、④保険料納付済期間と保険料免除期間（以下「納付済期間等」）が25年以上の老齢厚生年金の受給権者または受給資格を満たした人が死亡——したときのいずれかに該当することです（厚年法58条）。

①、②は死亡月の前々月までの保険料納付要件も問われ、原則、国民年金の納付済期間等が3分の2以上必要です。特例として、令和8年4月1日前に死亡した場合、死亡月の前々月までの1年間に未納期間がなくても要件を満たすとしています（昭60附則64条2項）。特例は、死亡日に65歳以上の者には適用しません。

ご質問の場合は①に該当し、納付要件も満たして対象といえます。

## Q12 妻が遺族厚生年金受給か　婚外子いるときどうなる

　社会保険労務士の試験勉強をしていて、夫が亡くなった場合の遺族年金のところで疑問が出ました。いわゆる重婚的内縁関係にある場合には実態をみて判断ということかと思います。この場合で、婚外子（非嫡出子）がいるときですが、遺族厚生年金は妻、遺族基礎年金は子というふうにバラバラに支給されるのでしょうか。【埼玉・T生】

## A. 基礎部分子に支給で停止　生計同一要件が必要に

重婚的内縁関係にある場合ですが、厚年法3条2項は、この法律において、「配偶者」、「夫」および「妻」には、婚姻の届出をしていないが、事実上婚姻関係と同様の事情にある者を含むとしています。判断基準として、「生計維持関係等の認定基準及び認定の取扱いについて」（平23・3・23年発0323第1号）などがあります。

「届出による婚姻関係を優先すべきことは当然」とあり、原則としては内縁関係よりも妻が優先されます。

遺族の範囲にどういった者を含み、誰に何が支給され得るのかは、条文を1つずつ確認していきましょう。

　遺族基礎年金ですが、支給対象となるのは、配偶者または子です（国年法37条）。遺族厚生年金と同様に生計維持要件を満たす必要があります。遺族基礎年金が配偶者に支給されるためには、「次号に掲げる要件に該当する子と生計を同じくする」必要があるとしています（国年法37条の2第1項1号）。子と生計を同じくせず配偶者（妻）に支給されなければ、子が要件を満たすか判断します（認知によって生計を維持することが見込まれていたとしたものに、札幌地判令2・12・9）。設例の場合も、妻は対象にならない可能性があります。

　一方の遺族厚生年金は、被保険者等が死亡したときに遺族に支給されるものです。配偶者のほか、子らが含まれています（厚年法59条）。死亡の当時、その者（設例では夫）によって生計を維持されていた者が対象です。支給が停止する場合に関して、厚年法66条2項は、配偶者（妻）に対する遺族厚生年金は、当該被保険者（夫）…の死亡について、配偶者（妻）が国民年金法による遺族基礎年金の受給権を有しない場合であって子が当該遺族基礎年金の受給権を有するときは、その間、その支給を停止すると規定しています。前掲裁判例では、もともと妻に対して支給されていた遺族厚生年金の支給が停止され、認知されていた子へ支給されたことから処分の取消しを求めたものでしたが、請求を棄却しています。

　なお、子が亡くなった父に生計を維持されていたとしても、国年法41条2項では、生計を同じくするその子の父もしくは母がいるときには、その間、（子に対する遺族基礎年金の）支給を停止するとしています。

厚生年金法

# Q13 脱退一時金の制度教えて　退職後帰国して未受給

雇用した外国人が退職後そのまま帰国してしまい、脱退一時金の給付を代行するサービスがあるというニュースを目にしました。当社でも外国人を雇用していますが、脱退一時金とはそもそもどのような給付でしょうか。【愛知・O社】

## A. 5年を上限に支給額計算　納付した半額分戻る想定

日本国籍を有しない方が、国民年金、厚生年金保険の被保険者資格を喪失して日本を出国した場合、日本に住所を有しなくなった日から2年以内に脱退一時金を請求することができます。

特定技能1号の創設により期限付きの在留期間の最長期間が5年となったことや、近年、短期滞在の外国人の状況に変化が生じています。令和3年4月から、脱退一時金の支給額計算に用いる月数の上限の見直しが行われました。令和3年4月以降に年金の加入期間がある場合、月数の上限は60月（5年）に引き上げられています（それまでは3年）。

脱退一時金は国民年金と厚生年金にそれぞれありますが、国民年金の脱退一時金は、国民年金第1被保険者としての加入期間についてのみ支払われます。

厚生年金の脱退一時金の支給要件は、日本国籍を有さず、公的年金制度（厚生年金保険または国民年金）の被保険者でないことのほかに、次のような要件を満たす必要があります。

・厚生年金の加入期間が6カ月以上
・老齢年金の受給資格期間10年を満たしていない
・日本国内に住所を有していない
・被保険者資格を喪失した日から2年以上経過していない

国内に住所を有していないことが必要ですから、帰国等してしま

うとその後手続きをせずそのままということもあり得ます。なお、出国前に請求手続きを行うことは可能です（日本年金機構）。住まいの市区町村に住民票の転出届を提出したうえで、手続きするよう求めています。

　支給額は、被保険者であった期間の平均標準報酬額×支給率（保険料率×2分の1×支給率計算に用いる数）です。

　支給率計算に用いる数は、次の表を当てはめて計算します。

| 被保険者であった期間 | 支給率計算に用いる数 | 支給率 |
| --- | --- | --- |
| 6月以上12月未満 | 6 | 0.5 |
| 12月以上18月未満 | 12 | 1.1 |
| 18月以上24月未満 | 18 | 1.6 |
| 24月以上30月未満 | 24 | 2.2 |
| 30月以上36月未満 | 30 | 2.7 |
| 36月以上42月未満 | 36 | 3.3 |
| 42月以上48月未満 | 42 | 3.8 |
| 48月以上54月未満 | 48 | 4.4 |
| 54月以上60月未満 | 54 | 4.9 |
| 60月以上 | 60 | 5.5 |

 **子の加算どうなる　第一子が高校卒業**

　児童手当増額のニュースをみていて、気になることがありました。年金関係でも子どもに加算がつく仕組みがありますが、第三子がいる場合の加算はどうなっているのでしょうか。【山梨・Ｈ子】

## A. 対象となる数カウント

　厚生年金の被保険者期間が原則20年以上ある人が、65歳到達時点（または定額部分支給開始年齢に到達した時点）で、生計を維持している配偶者または子がいるときに加算があります（厚年法44条）。いわゆる加給年金の金額は、1人目と2人目の子が、23万4800円、3人目以降が7万8300円（令和6年度）となっています。

子は加算の対象となる期間に制限があり、18 歳到達年度の末日までの間の子または 1 級、2 級の障害の状態にある 20 歳未満の子となっています。

こちらも単に対象となる人数をカウントしていきます（同条）。3 人の子がいて、うち 1 人が高校を卒業しても対象となる子が 2 人いれば、各 23 万 4800 円が加算されます。

## Q15 繰り下げた年金どうなる　在職中に死亡したら

妻と年金の話をしていて、私（夫）が働いている間は、自分の年金を繰り下げようかと考えています。ただ、繰り下げている期間中に亡くなってしまったときに、繰り下げた年金はどうなるのでしょうか。【兵庫・I 生】

## A. 他の受給権得て増率固定　遺族年金に反映されず

老齢基礎（厚生）年金は、希望すれば、本来の受給開始年齢よりも遅い時期に受け取ることができます。繰下げ受給は、65 歳から 75 歳になるまでの間に請求することができます。老齢基礎（厚生）年金は、一方のみを繰り下げることも可能です（日本年金機構「老齢年金ガイド　令和 5 年度版」など）。

繰り下げることによって、受給権発生年月日から繰下げした月数ごとに 0.7％年金額が増額されます。例えば、70 歳時点では 42％、75 歳時点では 84％増額されます（厚年令 3 条の 5 の 2）。仮に、80 歳まで年金を請求しなかったらどうなるでしょうか。過去 5 年分の老齢年金（75 歳時点で計算した繰下げ受給額）が一括で支払われるとともに、申出を行った日の属する月の翌月から、75 歳時点で計算した繰下げ受給額が支給されます（厚生労働省「年金制度の仕組みと考え方」）。

年金を受け取っていない繰下げ待機期間中に、繰り下げている本人が死亡するケースと、配偶者が死亡するケースの両方があり得ます。

　繰下げ受給を請求する際の一般的な注意事項としては、主に下記があります。まず、加給年金や振替加算の対象にならないというものです。厚生年金の被保険者期間が原則 20 年以上ある夫に、生計を維持する妻がいるというときに影響が及ぶ可能性があります。なお、生計維持関係については、生計維持関係等の認定基準及び認定の取扱いについて（平 23・3・23 年発 0323 第 1 号）が示されています。

　注意事項のもう 1 つが、繰下げ待機期間中に、他の公的年金の受給権を得た場合に関係するものです（厚年法 44 条の 3 第 1 項）。繰下げ待機していても、他の公的年金の受給権を得た時点で増額率が固定され、年金の請求の手続きを遅らせても増額率は増えません。

　夫自身が 66 歳以上で繰り下げ待機中に配偶者（妻）が亡くなった場合は、待機期間に応じて増額された年金をそれ以降受け取るか、増額なしの 65 歳以降の年金額を一括受給し、その後も増額なしの年金額を受け取るかの選択です。この逆パターンで、妻が繰り下げている期間中に亡くなった場合は、未支給の年金（厚年法 37 条）の問題になります。夫が死亡した場合の遺族厚生年金ですが、報酬比例部分の平均標準報酬額自体は変わらないため、繰り下げて増額した額がベースにはならず 65 歳時点の額で計算されます。

厚生年金法

# 第7章
## 労働安全衛生法編

## 足場の墜落転落防ぎたい　安衛法でどのように規定

建築工事において足場上で作業を行う場合の墜落・転落災害の防止について、労働安全衛生法ではどのように規定されているのでしょうか、ご教示ください。【神奈川・N社】

# A. 筋かいや手すり設ける　作業床の幅や隙間を確認

足場上で作業を行う場合において、足場からの墜落・転落災害を防止するためには、丈夫な構造の手すりや中桟等を備えた作業床を設置するとともに、これら設備を確実に点検し、必要な補修を行うことが大切です。以下に、足場からの墜落・転落災害を防止するために留意すべき主な事項について、説明します。

### 足場の作業床に係る墜落防止措置等

事業者は、一側足場を除き、足場における高さ2m以上の作業場所には、(ア)から(オ)までにより作業床を設けなければなりません。
(ア) 作業床は、つり足場の場合を除き、①幅は、40cm以上とすること、②床材間の隙間は、3cm以下とすることおよび③床材と建地との隙間は、12cm未満とするよう求めています。

　　　この③は、(a)はり間方向における建地と床材の両端との隙間の和が24cm未満の場合または(b)はり間方向における建地と床材の両端との隙間の和を24cm未満とすることが作業の性質上困難な場合のいずれかに該当する場合であって、床材と建地との隙間が12cm以上の箇所に防網を張る等墜落による労働者の危険を防止するための措置を講じたときは、適用されません(安衛則563条1項2号、同条2項)。
(イ) 墜落により労働者に危険を及ぼすおそれのある箇所には、足場の種類に応じて、それぞれ所定の設備を設けることとしています。

①わく組足場（同条第 1 項 3 号イ）にあっては、妻面に係る部分を除き、（ a ）交さ筋かいおよび高さ 15cm 以上 40cm 以下の桟もしくは高さ 15cm 以上の幅木もしくはこれらと同等以上の機能を有する設備または（ b ）手すりわくを設けること、②わく組足場以外の足場（同号ロ）にあっては、（ a ）高さ 85cm 以上の手すりまたはこれと同等以上の機能を有する設備および中桟等として、（ b ）高さ 35cm 以上 50cm 以下の桟またはこれと同等以上の機能を有する設備を設けることとされ、これらの設備は、丈夫な構造であって、たわみが生ずるおそれがなく、かつ、著しい損傷、変形または腐食がないものに限るとしています。

　この措置は、作業の性質上足場用墜落防止設備を設けることが著しく困難な場合または作業の必要上臨時に足場用墜落防止設備を取り外す場合において、次の措置を講じたときは、適用されません。

（ a ）要求性能墜落制止用器具を安全に取り付けるための設備等を設け、かつ、労働者に要求性能墜落制止用器具を使用させる措置またはこれと同等以上の効果を有する措置を講ずること。

（ b ）この（ a ）の措置を講ずる箇所には、関係労働者以外の労働者を立ち入らせないこと。

（ウ）腕木、布、はり、脚立その他作業床の支持物は、これにかかる荷重によって破壊するおそれのないものを使用することとされています（同条 1 項 4 号）。

（エ）つり足場の場合を除き、床材は、転位し、または脱落しないように 2 以上の支持物に取り付けることとされています（同項 5 号）。

　この措置は、（ A ）または（ B ）のいずれかに該当するときは適用されません（同条 4 項）。

（ A ）幅が 20cm 以上、厚さが 3.5cm 以上、長さが 3.6 m 以上の板を床材として用い、これを作業に応じて移動させる場合で、（ a ）足場板は、3 以上の支持物に掛け渡すこと、（ b ）足場

板の支点からの突出部の長さは、10cm 以上とし、かつ、労働者が当該突出部に足を掛けるおそれのない場合を除き、足場板の長さの 18 分の 1 以下とすること、（ c ）足場板を長手方向に重ねるときは、支点の上で重ね、その重ねた部分の長さは、20cm 以上とすることの措置を講ずるとき。

（B）幅が 30cm 以上、厚さが 6 cm 以上、長さが 4 m 以上の板を床材として用い、かつ、（A）の（b）および（c）に定める措置を講ずるとき。

（オ）作業のため物体が落下することにより、労働者に危険を及ぼすおそれのあるときは、高さ 10cm 以上の幅木、メッシュシートもしくは防網またはこれらと同等以上の機能を有する設備（以下「幅木等」といいます）を設けることとしています（同条 1 項 6 号）。

この措置は、上記（イ）に基づき設けた設備が幅木等と同等以上の機能を有する場合または作業の性質上幅木等を設けることが著しく困難な場合もしくは作業の必要上臨時に幅木等を取り外す場合において、立入区域を設定したときは、適用されません。

 **健診費用の負担どうする　すべて全額会社持ちか**

　健康診断について各種が法定されていますが、費用負担について、腑に落ちないものがあります。社員の健康管理について会社にも責任の一端があることは理解しますが、その費用の多くが全額会社の負担であることをどのように理解すればよいでしょうか。【北海道・R社】

# A. **特殊健診は再検査も負担　法定外なら労使協議を**

　各種健康診断は、会社に実施義務、労働者には受診義務が課せら

れています。通達（昭 47・9・18 基発 602 号）は、「健康診断の費用については、法律で事業者に健康診断の実施の義務を課している以上、当然事業者が負担すべきものである」としています。健康診断等の実施に当たって、費用負担をどうすみ分けるのか 5 つのパターンについて検討してみましょう。

## 1　定期健康診断における費用負担

定期健康診断は、安衛法 66 条 1 項、安衛則 44 条によって実施が義務付けられています。よって定期健康診断の法定項目にかかる費用は、すべて会社側の負担とするのが基本です。併せて、特殊健康診断（法定された有害な業務で働く労働者のための健康診断）にかかる費用も、会社側の負担となります。

## 2　雇入れ時の健康診断における費用負担

従業員の新規雇用において、健康診断を行う必要があります（安衛則 43 条）。雇入れ時の健康診断においては、入社後に健康診断を実施して会社負担とするケースと近時の診断書の提出を求めて、本人負担とするケースがあります。入社後に雇入れ時の健康診断を実施する場合、費用は会社負担となります。診断書の提出を求める場合は、入社する従業員の負担とするケースもあるということです。しかしながら、当該健康診断の実施は法律で義務付けられていることから、領収書等を徴求して会社負担とするのが望ましいというのが一般の考え方です。

## 3　定期健康診断それに伴うオプション検査における費用負担

法定項目については、会社負担が基本ですが、オプション検査を実施する場合は、従業員の個人負担となる場合も考えられます。胃カメラ・乳がん検査・子宮頸がん検査等のオプション検査の受診は、法定されていないことから、受診費用は原則「個人負担」となります。しかし、産業医が就業判定のために、オプション検査の結果が必要

とした場合等は会社負担とすべきと考えます。個人負担に関しては、安全衛生委員会等で労使の合意に基づき議事録に残したうえで規定化しておくことが望ましいと考えます。

## 4　人間ドックにおける費用負担

　人間ドックは検査項目が多岐にわたること等から、定期健康診断として代用可能となっています。その際、法定以外の項目は受診が必須ではないため当該費用は個人負担でも問題ありません。ただ、自治体や健康保険組合等が独自の補助金を出していることもあるため、会社が一部負担する制度等を導入するケースもあります。その際は、安全衛生委員会等で労使間にて負担に関する条件について定義し議事録に残す、あるいは規定化しておくと、公平な管理が可能となります。

## 5　再検査における費用負担

　定期健康診断の実施義務は企業にありますが、再検査の受診勧奨は努力義務となっており従業員の受診義務も原則ありません。しかし、企業には「安全配慮義務」（労契法5条）があります。本人が受診義務はないとして再検査を受けない場合においても、健康診断結果で健康上のリスクが認められていた従業員が病を発症した場合、企業側が健康上のリスクに配慮した措置（再検査受診の勧告や配置転換等）を講じていなければ安全配慮義務違反を問われる可能性があります。また産業医が、再検査を条件に就労の可否を判断するとした場合は、会社は安全配慮義務に基づき、費用負担したり、再検査日に有給で休んでもらう等、再受診をしやすい環境整備に配慮することが必要となります。

　さらに、特殊健康診断で「有所見（異常あり）」となった場合は、義務として再検査が必須となります。この場合、費用は当然会社負担となります。

※健康診断の受診時間分の賃金はどうなる？

　健康診断は、健康確保を目的として事業者に実施義務を課したものですので、業務遂行との直接の関連において行われるものではありません。そのため、一般健診の受診時間の賃金は労使間の協議によって定めるべきものでしょう。厚労省の見解（前掲通達）では、円滑な受診のためには、受診に要する時間の賃金を事業者が支払うことが望ましいとしています。特殊健診に関しては所定労働時間内に行うのを原則としています。

## Q3　週20時間以上で健診？　パート・有期の対象者

　まもなく当社の定期健康診断の時期ですが、パート・有期雇用労働者も、週20時間以上ならば実施義務の対象ですか。社会保険の適用拡大との関係で心配です。【福島・Ｅ社】

## A.　「4分の3」変わらない

　定期健診は、常時使用する労働者に対し、1年以内ごとに1回、定期に行います（安衛則44条）。特定業務に従事する者は6カ月以内に読み替えます。

　ここでいう常時使用は、次の①と②のいずれの要件をも満たす者と解されています（平31・1・30雇均発0130第1号、改正令4・6・24雇均発0624第1号）。

①　当該契約の契約期間が1年（略）以上である者ならびに契約更新により1年以上使用されることが予定されている者および1年以上引き続き使用されている

②　その者の1週間の労働時間数が当該事業場において同種の業務に従事する通常の労働者の1週間の所定労働時間数の4分の3以上

定期健診の実施後は、結果報告書の提出が必要になることがあります（則52条）。様式は、令和4年10月に見直されました。改正後の記入方法を示した労働局の記載要領で「常時使用する労働者」の定義を述べたものがありますが、4分の3基準を採用しています。

## Q4 必要な報告手続き教えて　労災発生時や健診受診後

労災発生時の報告や、健康診断結果の報告など整理したいと考えています。外国人労働者も雇用していますが、特別な報告は必要でしょうか。【埼玉・R社】

## A. 休業は「4日」で線引き　パートも定期健診の対象

### 1．労働者死傷病報告

事業者は以下のような場合には、遅滞なく「労働者死傷病報告」を労働基準監督署長に提出しなければなりません（安衛法100条、安衛則97条）。

（1）労働者が労働災害により死亡し、または休業したとき

（2）労働者が就業中に負傷、窒息または急性中毒により死亡し、または休業したとき

（3）労働者が事業場内またはその附属建設物内で負傷、窒息または急性中毒により死亡し、または休業したとき

以上のほか、被災し休業4日以上に及ぶ場合にも、労働災害発生から遅滞なく当該報告書を提出しなければなりません。

※なお、労働者が被災した事故現場が建設現場等で、会社の事務所がある地域と異なる場合は、当該事故現場のある地域を管轄する労働基準監督署に提出することとされていますので注意が必要です。

また、休業4日未満の場合は以下の期間ごとに発生した労働災害を取りまとめて報告することとされています。

　1〜3月発生分：4月末日までに報告

　4〜6月発生分：7月末日までに報告

　7〜9月発生分：10月末日までに報告

　10〜12月発生分：1月末日までに報告

　近年増加している外国人労働者の労働災害ですが、労働者死傷病報告（様式第23号）には国籍・地域および在留資格を記入する欄が設けられています。ただし、特別永住者、在留資格「公用」・「外交」の者については、国籍・地域および在留資格を記入する必要はないとされています（平31・1・8基発0108第4号）。

　労働者死傷病報告を提出せず、もしくは、虚偽の報告をした場合は、いわゆる「労災かくし」として、50万円以下の罰金に処されることがあります。

## 2. 報告義務がある健康診断

　報告義務があるのは「一般健康診断」と「特殊健康診断」の2つです。

　健康診断結果報告書の提出は、常時50人以上の労働者を使用する事業者について、安衛則44条（定期健康診断）、45条（特定業務従事者の健康診断）または48条（歯科医師による健康診断、定期のものに限る）の健康診断を行ったときは、遅滞なく、定期健康診断結果報告書を所轄労働基準監督署長に提出しなければならないとしています（安衛則52条）。

### 一般健康診断

　一般健康診断に含まれる健康診断とは「定期健康診断」、「特定業務従事者のための健康診断」の2つです。

### 定期健康診断

　1　対象者：常時使用する労働者

　2　実施時期：1年以内ごとに1回、定期に実施

「常時使用する労働者」とは、正社員のほか、パート・アルバイトであっても以下の条件を満たす場合は該当します。

・無期契約または1年以上の有期契約である（更新予定含む）
・週の労働時間数が、正社員の4分の3以上である

**特定業務従事者のための健康診断**

1　対象者：安衛則13条1項3号に掲げる業務（深夜帯における業務や、危険な環境や危険物との接触を伴う業務）に常時従事する労働者

2　実施時期：6カ月以内ごとに1回、定期に実施

　　※実施内容は定期健康診断と同様であり、報告義務があるのも「常時使用する労働者」が50人以上の事業場のみです。

**特殊健康診断**

特殊健康診断とは、安衛法66条2項に定められた健康診断です。

特殊健康診断はその業務によって検査すべき項目が異なります。そのため、該当する有害業務を取り扱う事業場では実施項目についてよく確認する必要があります。

健康診断実施後、遅滞なく提出することとされていることから、当該健康診断結果が出たらできるだけ早めに報告書を作成・提出する必要があるとお考えください。

 **新たに設けられた資格は　化学物質で政・省令改正**

　職場における化学物質の新たな規制が導入されました。自律的な管理を進める担当者として、化学物質管理者、保護具着用管理責任者等の選任、活用が必要になりました。それぞれの役割等について教えてください。【愛知・R社】

# A. 化学物質管理者など4種　製造なら講習修了者を選任

　令和4年の安衛令と安衛則の改正で、化学物質の管理方式に変更がありました。従来は、危険・有害性の高い化学物質をリストアップして管理する方式、つまり、例えば特定化学物質障害予防規則（特化則）や有機溶剤中毒予防規則（有機則）等といった安衛法の特別則による個々の規制方式（法令順守型）を採っていました。改正による変更は、事業者による自律的な管理の方式に移行しようとするものです。国際的に統一された化学物質の分類・表示基準であるGHS情報を基礎とするSDS（安全データシート）などの情報を譲渡・提供元が使用する事業者に提供し、これを活用したリスクアセスメントを実施したり、この結果に基づくばく露低減措置を講じたりすることなどを通じた管理を基本とします。

　これは、わが国で輸入、製造、使用されている化学物質が数万種類ともなり、危険性、有害性の不明な物質が多く含まれているからです。

　新たな制度において導入された資格は、①化学物質管理者、②保護具着用管理責任者、③化学物質管理専門家、④作業環境管理専門家です（施行は令和6年4月1日）。

①　化学物質管理者の選任の義務化（安衛則12条の5〈改正後、以下同じ〉）

　　リスクアセスメント対象物を製造、取扱い、または譲渡提供する事業場に選任が必要です。業種や規模の条件はありません。個別の作業現場ごとではなく、工場、店社、営業所等の事業場単位で選任します。

　　選任の条件は、化学物質の管理にかかわる業務を適切に実施できる能力を有する者となっていますが、製造事業場とそれ以外の事業場では条件が異なります。

　　製造事業場では専門的講習の修了者から選任することが必要です。それ以外の事業場では資格要件はありませんが、専門的講習の受講が推奨されています。専門的講習は学科が9時間、リス

クアセスメント等に関する実習が3時間です（令4・9・7厚労省告示276号）。

② 保護具着用管理責任者の選任の義務化（則12条の6）

化学物質管理者を選任した事業場は、リスクアセスメントに基づく措置として、労働者に保護具を使用させるときは、保護具着用管理責任者を選任しなければなりません。保護具着用管理責任者は、衛生管理者、作業主任者または安全衛生推進者等労働衛生に関する知識、経験等を有する者から選任します（令4・5・31基発0531第9号）。

職務としては、防じんマスク、防毒マスク、化学防護手袋等の保護具の選択、使用等について、以下の事項を行います。

ア　保護具の適正な選択に関すること。

イ　労働者の保護具の適正な使用に関すること。

ウ　保護具の保守管理に関すること。

③ 化学物質管理専門家の活用（則34条の2の10など）

労働災害が発生した、または発生のおそれのある事業場について、化学物質の管理が適切に行われていない疑いがある場合に、労働基準監督署長が事業者に改善の指示をすることができます（下図）。

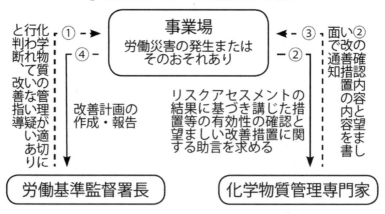

⑤改善計画に基づく改善措置の実施

その際に、事業者は化学物質管理専門家からリスクアセスメントの結果に基づく措置等の有効性の確認と望ましい改善措置に関する助言を受けたうえで、改善計画を作成し、労働基準監督署長に報告し、必要な改善措置を実施しなければなりません。

事業場に専属の化学物質管理専門家が配置されている等の一定の条件を満たしていることを、所轄の都道府県労働局長が認めた場合、特化則等の規定（健康診断および呼吸用保護具の規定は除かれます）は適用しないという規定もあります（特化則2条の3など）。

④　作業環境管理専門家の活用（特化則36条の3の2など）

作業環境測定の評価が第三管理区分に区分された場合の事業者の義務として、作業場所の作業環境の改善が可能か否かについて、作業環境管理専門家の意見を聴くことが義務付けされます。

## Q6 深夜業の健康診断必要か　「常夜勤」ではない 従事した時間わずかで

当社は介護事業関係で、雇用するパート、アルバイトが午後10時以降の深夜帯に一部従事することがあります。日勤が多く、深夜帯のみ働いているわけではありません。深夜に従事した時間がわずかのときでも深夜業の健康診断は必要でしょうか。【新潟・G社】

## A. 4分の3条件満たす前提

介護関係に限らず、深夜業がある会社には関係がありますので、確認していきましょう。

健康診断は、1年以内に1回定期に行うのが原則です。対象となるのは、「常時使用」する労働者です（安衛則44条）。週の労働時間数が当該事業場において同種の業務に従事する通常の労働者の4分の3以上あることなどが条件です（平31・1・30雇均発0130第1

号など）。有期雇用なら、1年（深夜業等は6カ月）以上使用されている（予定含む）ことも条件です。

　深夜業含む特定の業務に「常時従事」する労働者に対しては、6カ月以内に1回必要になる健診があります（安衛則45条）。対象となる業務（安衛則13条1項3号）には、深夜業のほか著しく暑熱な場所における業務や重量物の取扱い等重激な業務等が含まれます。常時従事とは、常態として深夜業を1週1回以上または1カ月に4回以上行う業務をいうと解されています（昭23・10・1基発1456号）。なお、危険有害業務に関する特殊健診（安衛法66条2項、安衛則22条）の「常時従事」の解釈はこれとは異なるため、管轄労基署等への確認が必要です。

　深夜業に関しては、従事した時間数自体は問いません。午後10時以降午前5時の間に少しでも業務を行う者であれば、常時従事に含むと解されています（東京労働局）。

　定期健診と深夜業含む特定業務の健診の対象者ですが、条文の文言はそれぞれ「常時使用」と「常時従事」で異なります。深夜業に常時従事（短時間でも該当）すれば特定業務の健診の対象となり得るのか、それともそもそも週の労働時間数が関係してくるのかという問題があります。前掲平31通達では、4分の3条件の対象を「同法（安衛法）の一般健康診断を行うべき短時間・有期雇用労働者」としています。一般健診の範囲に特定業務の健診を含み、常時使用していることが前提と解されます。

 **時間把握管理どうするか　管理監督者や裁量制適用**

　管理監督者や裁量労働時間制に従事する者についても、労働時間管理をしなければならないとのことですが、いかなる根拠でこのような法定がなされたのか教えてください。【神奈川・N社】

# A. 面接指導実施に把握必要　勤怠管理するツール活用

　労働時間の把握は、長時間労働を防ぎ、適正に時間外労働の管理をするために必要です。従業員の労働時間を適切に把握していないと、出社の有無や時間外労働等の割増賃金を計算するための根拠がないということになります。近年管理職者において、従業員の時間外労働を抑えるため、時間外労働等業務が集中し、過労問題が発生しています。安衛法では、管理監督者を含むすべての労働者を労働時間把握の対象とし（安衛法66条の8の3）、等しく長時間労働を避け、健康への配慮をするよう企業に義務付けています。

## 「働き方改革」における安衛法

　企業には従業員の労働時間を客観的に把握し、一定の長時間労働などが発生した場合は医師の面談を実施すること等、以下に関して義務付けられています。すべての労働者が対象で、管理監督者も含まれます。

### 面接指導などの強化

- ・面接指導の実施
- ・労働者の申出による面接指導
- ・労働時間の状況の把握
- ・産業医・産業保健機能の強化
- ・産業医の活動環境の整備
- ・労働者の心身の状態に関する情報の取扱い

　なお、労基法では、労働時間、休日、深夜業等について規定を設けていることから、使用者は、労働時間を適正に把握するなど労働時間を適切に管理する責務を有しています（労働時間の適正把握ガイドライン）。

　ただし、ガイドラインの対象から、労基法41条に定める者やみなし時間制が適用される労働者は除かれています。また、時間把握の方法として、自己申告を否定していません。

安全衛生法

## 「客観的な労働時間の把握義務」

安衛法66条の8の3には、下記の内容が定められています。

「事業者は、面接指導を実施するため、厚生労働省令で定める方法により、労働者の労働時間の状況を把握しなければならない」

安衛則52条の7の3に「厚生労働省令で定める方法」として、下記が定められています。

- ・タイムカードによる記録
- ・パーソナルコンピューター等の電子計算機の使用時間の記録
- ・その他の適切な方法

これを受けて、労働時間の把握義務化への企業の対応方法としては、以下が考えられます。

### 出退勤時間の記録方法の見直し

出退勤時間の把握には、ICタイムカードを使って就労時間を打刻する方法が有効とされています。勤怠管理システムと連動させることで、出社・退社時間をPC操作履歴や入退室時間と照らし合わせた確認作業も可能となり、労働時間の把握・管理に資することになります。

### 時間外労働の申請制度の見直し

従業員から時間外労働の申出があった場合、管理職に時間外労働の申請・承認を得るルールを構築します。これにより、従業員の作業負担や時間外労働時間の把握が容易になります。

### 就業状況の基準を整備

労基法上の労働時間とは、労働者が使用者の指揮命令下に置かれている時間を指し、労働契約、就業規則などの定めにより決定されるべきものではないと解されています。そのため、労働時間の把握・管理においては就業範囲を明確にしておかなければなりません。

例えば、職場への出社・退社、パソコンのオン・オフ、タイムカード等の打刻時間を労働時間の判断基準とするなどと定めることが大切です。

### 管理ツールの導入

勤怠管理のツールも利便性に優れたものが提案されています。2例を示します。

### ＩＣタイムカードによる勤怠管理

印字式のタイムカードでは勤怠管理システムとの連動が難しいことから、すでに備わっているＩＣカードを利用して、出退勤時間の打刻を記録する方法です。より正確に労働時間の把握が可能となります。

### クラウド型の勤怠管理システム

ＩＣタイムカードと連動させることで、パソコン上で有給休暇・時間外労働の申請・承認も可能となるため、管理職や労務担当者の負担が軽減されます。ＰＣへのインストールや専用機器の購入は不要なため、費用削減が可能です。

 **一側足場の使用に制限？　規則改正で変更点はどこ**

足場からの墜落・転落災害の対策については、建設業全体における大きな課題だと認識しており、当社も従来から、一戸建ての住宅建設において積極的に対策を講じています。最近、足場に関する安衛則等が改正されたと聞きました。特に、一側足場の使用範囲が明確になったそうですが、概要を教えてください。【福島・Ｅ社】

## A. 幅１ｍ以上なら本足場を　狭い箇所でも可能な限り

ご質問のなかで触れられているとおり、建設業では、労働災害で未だに年間約300人近くの方が亡くなっており、そのうち約4割が墜落・転落災害によるものです。約1万5000人に上る休業4日以上の死傷災害でも、3割を占める状況です（令和4・10「建設業における墜落・転落防止対策の充実強化における実務者会合報告書」）。

足場からの墜落・転落災害への対策については、これまでもたびたび法改正がありました。平成27年に、「足場の組立て、解体、変更に関わる作業」がある場合において、足場の組立て解体等の特別教育の受講が求められるようになり、さらに31年からは、「高さが2m以上の箇所であって作業床を設けることが困難なところにおいて、墜落制止用器具のうちフルハーネス型のものを用いて行う作業」がある場合において、労働者はフルハーネス型墜落制止用器具特別教育の受講が必要となったのは、ご承知のとおりです。

### 改正の概要

　令和5年3月に安衛則の一部を改正する省令が公布されました。ポイントは、大きく3点あります。

- ・一側足場の使用範囲の明確化
- ・足場の点検時における点検者の指名の義務付け
- ・足場の点検後に記録すべき事項に点検者の氏名の追加

　「足場からの墜落・転落災害総合対策推進要綱」（以下「推進要綱」。令5・3・14基安発0314第2号）については、足場の組立図の作成の項目に、足場を設置するのに有効な幅が1m以上ある箇所における足場の使用時には、本足場を使用しなければならないと追記されたことと、「安全帯」を「要求性能墜落制止用器具」に修正したことが主たる改正です。

（1）本足場の使用（安衛則561条の2（新設）。以下、条番号は
　　すべて改正後のもの）

　事業者は、幅が1m以上ある場所で足場を使用するときは、原則として本足場を使用しなければならないことと規定されました。幅が1m未満の場所でも、可能な限り本足場を使用することが望ましいとしています（前掲通達）。

　また、同条ただし書きの「障害物の存在その他の足場を使用する場所の状況により本足場を使用することが困難なとき」に関しては、①障害物があり、建地を2本設置することが困難なとき、②本足場

を使用することにより建築物等と足場の作業床との間隔が広くなるときなどと、同解釈例規で示しています。つまり、このような状況下では、一側足場の使用が可能となる訳です。令和6年4月1日に施行されました。

（2）足場の点検時の点検者の指名および記録（安衛則567条、
　　　568条、655条）

　事業者または注文者は、つり足場を含む足場について、強風、大雨、大雪等の悪天候、中震以上の地震または足場の組み立て解体等の後において、足場の作業を開始する前に、点検者を指名し足場の点検や補修を実施するとともに、その結果と点検者の氏名について記録・保存しなければなりません。令和5年10月1日に施行されました。

　点検者は、足場の組立て等作業主任者であって、足場の組立て等作業主任者能力向上教育を受講した者などの一定の能力を有する者を指名するのが望ましいとしています。推進要綱の別添「安衛則の確実な実施に併せて実施することが望ましい『より安全な措置』等について」で、一定の能力を有する者の具体的な内容が示されています。

（3）その他

　安衛則567条1項で、その日の作業を開始する前に、作業を行う箇所に設けた足場用墜落防止措置の取り外しと脱落の有無についての点検にも、点検者の指名が必要とする規定があります。点検者については職長等足場を使用する労働者の責任者から指名することとされています。

　参考　新設の条文（令和6年4月1日施行）

（本足場の使用）

　561条の2　事業者は、幅が1メートル以上の箇所において足場を使用するときは、本足場を使用しなければならない。ただし、つり足場を使用するとき、又は障害物の存在その他の足場を使用する場所の状況により本足場を使用することが困難なときは、この限りでない。

安全衛生法

事務所の明るさに基準!?　高齢者増えて配慮したい

　高齢労働者も増加し、就労環境に一層の配慮が必要になると考えています。職場における一般的な安全衛生基準が見直されたようですが、事務所における照明の基準について、改善に当たっての注意点を教えてください。【香川・Ｉ社】

# A. 事務作業は300ルクス　ＪＩＳ基準にも留意が必要

　高齢者雇用に対応するため、あるいは、自助努力が伴うテレワークにおいても職場環境の健全な保全と管理が求められています。とくに就労場所における「照度」の問題は、経営の観点から一定の配慮が求められる時代となり、設備投資を伴う対応が必要になります。

　安衛則604条では「照度」について規定しています。労働者が作業を行う場所の作業面について、明るさ不足による眼精疲労、視力の低下といった健康障害、併せて作業ミス、標識等各種注意喚起の見落としなどにより業務災害が発生する要因となるなど、危険が増大することから、作業区分に応じた最低限の照度を確保すべきとして定めるものです。「事業者は、室の採光及び照明については、明暗の対照が著しくなく、かつ、まぶしさを生じさせない方法によらなければならない。事業者は、室の照明設備について、6月以内ごとに1回、定期的に、点検しなければならない」などとなっています（安衛則605条）。ただし、感光材料を取り扱う作業場（暗室等）、坑内の作業場その他特殊な作業を行う作業場については、除外しています。

　テレワークにおける自宅等に安衛則等は直接適用されませんが、安全衛生に配慮して同様に考えるべきでしょう（令3・3・25基発0325第2号）。

　令和4年12月には、事務所則の主な項目について見直しがありました。ポイントは以下のとおりです。

- ・（事務所において）事務作業における作業面の照度の作業区分を2区分とし、基準を引き上げた。

  一般的な事務作業（300ルクス以上）

  付随的な事務作業（150ルクス以上）

  ※従来は、普通の作業で150ルクス以上、粗な作業で70ルクス以上とされていたものを合わせて、付随的な事務作業として一本化したものです。

- ・（事務所において）個々の事務作業に応じた適切な照度については、作業ごとにJIS Z 9110などの基準を参照する。

◎安衛法とJISにおける「事務所の照度基準」

　照度については、安衛法の基準とJISの基準に差異が認められます。以下に整理します。

安衛法では、「職場における労働者の安全と健康を確保するとともに、快適な職場環境の形成を促進すること」（1条）を目的とし、事業者の責務として「事業者は単にこの法律で定める労働災害防止のための最低基準を守るだけではなく」（3条）と規定するなど、あくまで「最低照度」を示すにとどめています。対してJISの照明基準は、作業内容や空間の用途に応じた「推奨照度」を定めているといえます。まず遵守義務を伴う安衛法による環境整備に注力し、各事業場の実情に応じ、推奨されるJISの基準に近付くよう配慮すべきでしょう（令3・12・1基発1201第1号）。採光や照明の種類や角度により、まぶしさを感じることがあるので、事業者は、まぶしさを感じないようにすることが必要です（事務所則及び安衛則の改正に係る質疑応答集）。

◎照度測定、照明設備の点検等

　上記基準と併せて、安衛則および事務所則10条3項においても、6月以内ごとに1回、事務室における照明設備の点検が定められており、以下とされています。

◎照明設備の点検と改善、具体的な方法

照明設備の点検の目的は、作業ごとに決められた基準照度を確保することであるといえます。電球、反射笠等の汚れ、破損または機能劣化など照度の低下の原因となる事項について点検を行うことが求められています（昭46・8・23基発597号）。点検方法としては、照度の測定は、「照度計」を用いて実施します。
◎ＪＩＳ照明基準について
　「事務所則」で定めている照度基準は「最低照度」となっています。しかしこの基準は、安全かつ快適な作業環境を十分に確保しているとはいえず、昨今の高齢者雇用における職場環境の保全や、眼病等への対応としては不十分であるといえます。通常の作業では150ルクス以上で法令は遵守されていますが、実際の現場では明るさ不足と評価されることになります。一方、ＪＩＳ照明基準は、学校や工場施設別に規定されており、法令とは別に「推奨照度」を示すものです。遵守義務はないのですが、実態に合った照度の基準として評価されるべきでしょう。

 技能講習を新たに創設？　アーク溶接の作業主任者

　建設工事でアーク溶接を行っています。特定化学物質障害予防規則（特化則）の対象となる化学物質を製造するなどではなく、単にアーク溶接を行うだけなのに、技能講習を受けるなどして作業主任者となることは、中小の建設工事業の関係者には大きな負担になっています。このたび新たな仕組みができたと聞きますが、詳細を教えてください。【福岡・Ｓ社】

## A. 科目限定して負担軽減へ　換気装置点検など実施

　金属アーク溶接等で発生する「溶接ヒューム」は、これまで「粉じん」として健康障害防止対策が取られてきましたが、溶接ヒュームに含

まれる化学物質について、労働者に対する健康障害のリスクが高いと認められました。このため、粉じん対策に加え、特定化学物質（第２類物質）に追加し、ばく露防止措置などの必要な対策を講じるために、令和２年に安衛令と特化則が改正されました。

　これにより、特定化学物質等作業主任者の選任や、特殊健康診断、作業環境測定の実施が義務付けられました。事業主は、金属アーク溶接等作業をする場合、現場で指揮する責任者として、特定化学物質作業主任者を選任しなければならないとしています。金属アーク溶接等作業とは、金属をアーク溶接する作業や、アークを用いて金属を溶断、ガウジングする作業、その他の溶接ヒュームを製造したり取り扱ったりする作業をいいます。また、特定化学物質作業主任者は、特定化学物質および四アルキル鉛等作業主任者技能講習（以下「特化物技能講習」）を修了した者のうちから選任するとしています。

　しかしながら、ご相談にあるように、建設工事現場等では、溶接ヒュームしか取り扱わないにもかかわらず、溶接ヒューム以外の特化則等に関する科目を受講する必要があるなど、受講者の負担が大きいものでした。このような経緯から、特化物技能講習の講習科目を金属アーク溶接等作業に係るものに限定した技能講習（以下「金属アーク溶接等限定技能講習」）が新設されました（施行日：令和６年１月１日）。

◎安衛則の一部改正

　作業主任者の選任に関する作業の区分、資格を有する者および名称について、安衛則別表第１に金属アーク溶接等作業主任者が追加されました。

◎特化則の一部改正

　金属アーク溶接等作業については、金属アーク溶接等限定技能講習を修了した者を、金属アーク溶接等作業主任者に選任することができます。当然、従前どおり、金属アーク溶接等作業を行う場合において、特化物技能講習を修了した者のうちから特定化学

物質作業主任者を選任することもできます。

また、金属アーク溶接等作業主任者の新設に伴って、特化則28条の2へ、新たに当該作業主任者の職務が規定されています。

① 作業に従事する労働者が溶接ヒュームにより汚染され、またはこれを吸入しないように、作業の方法を決定し、労働者を指揮すること。

② 全体換気装置その他労働者が健康障害を受けることを予防するための装置を1月を超えない期間ごとに点検すること。

③ 保護具の使用状況を監視すること。

　◎化学物質関係作業主任者技能講習規程（平6年労働省告示65号）の一部改正

金属アーク溶接等作業主任者限定技能講習に関する学科講習の科目、範囲、講習時間等が**表**のとおり新たに規定されました。

| 講習科目 | 範囲 | 講習時間 |
|---|---|---|
| 健康障害およびその予防措置に関する知識 | ○溶接ヒュームによる健康障害の病理、症状、予防方法および応急措置 | 1時間 |
| 作業環境の改善方法に関する知識 | ○溶接ヒュームの性質<br>○金属アーク溶接等作業に係る器具その他の設備の管理<br>○作業環境の評価および改善の方法 | 2時間 |
| 保護具に関する知識 | ○金属アーク溶接等作業に係る保護具の種類、性能、使用方法および管理 | 2時間 |
| 関係法令 | ○法、令および安衛則中の関係条項<br>○特化則 | 1時間 |

参考　新設の条文（令和6年1月1日施行）

（特定化学物質作業主任者等の選任）

第27条〔1項略〕

2　事業者は、前項の規定にかかわらず、令第6条第18号の作業のうち、金属をアーク溶接する作業、アークを用いて金属を溶断し、又はガウジングする作業その他の溶接ヒュームを製造し、又は取り扱う作業（以下「金属アーク溶接等作業」という。）につ

いては、講習科目を金属アーク溶接等作業に係るものに限定した特定化学物質及び四アルキル鉛等作業主任者技能講習（第51条第4項において「金属アーク溶接等作業主任者限定技能講習」という。）を修了した者のうちから、金属アーク溶接等作業主任者を選任することができる。

〔3項（旧2項）略〕

 文系出身者は不可？　安全管理者を選任

> 安全管理者を選任したいのですが、資格要件をみると大学などの「理科系統の出身者」でないとダメなようです。法定の研修を受講させても、文系出身者は安全管理者として選任できないのでしょうか。【奈良・K社】

## A. 理系より長い実務経験必要

　安全管理者になることができる資格は、安衛則5条で示されています。大学や高校等の理科系統を卒業した者で、かつ一定の実務経験が必要等としています（1号イおよびロ）。さらに、法定の研修の受講も必要です。産業安全の実務に従事した経験が求められるところ、必ずしも安全関係専門の業務に限定する趣旨ではなく、生産ラインにおける管理業務を含めて差し支えない（昭47・9・18基発601号の1）という解釈が示されています。

　安全管理者になれるのは上記に限りません。労働安全コンサルタント（2号）、そして厚生労働大臣が定める者（3号）も資格を有します。厚生労働大臣が定める者は、告示（昭47・10・2労働省告示138号）で示されています。

　大学の理科系「以外」であれば、実務経験が4年以上必要となっています。理科系を卒業した場合と比較して2年長めに設定されて

います。その他、7年以上産業安全の実務に従事した経験を有する者も対象に含まれています。

 衛生管理者退職したら　代わりが見当たらない

　衛生管理者が退職するものの、代わりになるような人が見当たらないとき、会社としてどのように対応すべきでしょうか。しばらく未選任のままとなったとしても、やむを得ないでしょうか。【愛知・B社】

## A. 労働局長の許可を得る

　衛生管理者が、「旅行、疾病、事故その他やむを得ない事由によって職務を行なうことができないとき」には、代理を選任しなければなりません（安衛則7条2項により則3条を準用）。代理については、有資格者がいれば有資格者、あるいは保健衛生の業務に従事している者または経験者となっています。長期にわたって職務を行えないときは別に選任することが必要です（昭23・1・16基発83号、昭33・2・13基発90号）。

　衛生管理者を選任することができないやむを得ない事由がある場合の措置に関する規定があります（安衛則8条）。退職等もここに含まれると解されています（前掲通達）。所轄都道府県労働局長の許可を受ける必要があり、その際、やむを得ないと認められるかどうか判断されます。ただし、特定の者を衛生管理の業務に従事させることを条件として、かつ、おおむね1年以内の期間を限って許可するとしています。安衛則では許可申請書の様式を設けてはいません。

## 有資格者不在で対応は？　衛生管理者が退職

現在の衛生管理者が退職することになり、現在、正社員には資格者がおらず、後任の選任に苦慮しております。衛生管理者の一時的な不在に対応する方法や注意点などがあればご教示ください。【鹿児島・U社】

# A. 選任免除には申請が必要　一時的なら代理で対応も

各事業場において、労働者の健康障害を防止するため、常時50人以上の労働者を使用する事業者は、その事業場専属の「衛生管理者」を選任することが義務付けられています（安衛法12条）。衛生管理者は、少なくとも毎週1回作業場等を巡視し、設備、作業方法または衛生状態に有害のおそれがあるときは、直ちに、労働者の健康障害を防止するため必要な措置を講じなければならないという重要な役割が求められます（安衛則11条）。

衛生管理者が病気などで休職したり、突然退職、または死亡してしまったような場合、何らかの事由で不在となってしまったようなケースではどのような対応が必要となるでしょうか。

まず、前提として、衛生管理者の突然の不在などに対応するために、できれば複数の者が衛生管理者の資格を取得しておくことが望ましいといえます。

適切な対応をせず衛生管理者の不在を放置していた場合、安衛法に基づく罰則を受ける可能性があります。そのような事態を回避するために、次の衛生管理者を選任することが難しい場合は、以下に依って対応してください。

### 1　所轄の都道府県労働局長へ申請する

退職等に伴い次の衛生管理者の選任までに不在期間が生じる場合、

所轄の都道府県労働局長に申請すると一定期間選任が免除されます（安衛則8条）。欠員が生じた日から、14日以内に選任しなければならないとしています（昭47・9・18基発601号の1）。

　選任が免除となる要件はおおむね以下とされています（昭23・1・16基発83号、昭33・2・13基発90号）。

- ・次の衛生管理者の選任まで時間を要することがやむを得ないと認められるとき。
- ・免除期間はおおよそ1年間とされ、その間に新しい衛生管理者を選任すること。
- ・特定の者を衛生管理の業務に従事させること。この場合、必ずしも衛生管理者の資格を持っていない者でも可能となる場合があります。

　なお、衛生管理者の一時的な不在に備えて、あらかじめ要件を満たす代理者（安衛則7条2項で則3条を準用）の候補を決めておくことをお勧めします。

## 2　代理人を決める

　一時的な不在への対応としては、以下の要件を満たす者を人選することで代理人とすることができます。

　代理人になれる者は以下になります（前掲昭23、33通達）。

- ・衛生管理者の資格を有する者
- ・衛生管理者の資格を有する者がいない場合は、衛生管理者の業務を補佐していた者や衛生委員会のメンバーな保健衛生の業務に従事している者、または過去に保健衛生の業務に従事していた経験を有する者
  ※選任した代理人について労働基準監督署への報告義務はありません。

　危険有害物の取扱いがない事業場においては、派遣社員など社外の者であっても一定条件を満たせば衛生管理者になることができま

す（平 18・3・31 基発 0331004 号）。

派遣社員が衛生管理者になるための要件は以下の３つがあります。

### 1　所属企業の業種が危険業務のないものであること

　危険業務の取扱いがある農林畜水産業、鉱業、建設業等以外の、安衛則７条１項３号のロ「その他の業種」に掲げる事業場であること。

### 2　一定の免許の有無

　派遣社員が第一種衛生管理者免許、第二種衛生管理者免許、衛生工学管理者免許を有する者、もしくは安衛則 10 条各号に掲げられている労働衛生コンサルタント等の資格を有する者であること。

### 3　求められる契約期間を満たすこと

　労働派遣契約または委任契約において、衛生管理者である派遣社員が職務を遂行する事業場にもっぱら常駐し、かつ、一定期間継続して職務に当たることが明らかであること。

事業主には以下の３つの注意点が示されています。

①　衛生管理者としての業務遂行に必要な権限や、個人情報保護に関する事項を契約書に明記すること
②　衛生管理者としての業務遂行に必要な衛生に関する情報を十分に提供すること
③　衛生管理者の能力向上に努めること

## Q14　調査審議にルール？　委員会を月１で開催

　安全衛生委員会を月１回開催しています。以前、委員会を開催せず書類送検された事案がありましたが、開催頻度のほかに、調査審議にも何かルールがあるのでしょうか。【茨城・R社】

# A. 結論出たら尊重が必要

安全衛生委員会（安衛法 19 条）で調査審議が必要な事項は、法 17 条と法 18 条のほか、安衛則で付議事項を規定しています。

委員会の運営に関する規定は、安衛則 23 条にあります。昭和 41 年 4 月に施行された旧安衛則では、委員会は、議長が招集し、その議事は、出席者の過半数で決するという規定がありましたが、今はありません。規定を削除した理由について、通達（昭 47・9・18 基発 602 号、昭 63・9・16 基発 601 号の 1）は、労使の意見の合致を前提とすることが望ましいという見解に基づくものとしています。

衛生委員会などにおいて調査審議を行った結果、一定の事項について結論を得た場合に関しては、これに基づいて着実に対策を実施するなど、事業者はこの結論を当然に尊重すべきとしています（平 18・2・24 基発 0224003 号）。

# Q15 安全衛生教育に変更点？ 雇入れ時など拡充と聞いて

労働者を雇用した場合や担当する作業を変更した場合には、事業者は安全衛生教育を行うこととされています。法令の改正により対象業種が拡大され、令和 6 年 4 月に施行されるようですが、具体的な内容を教えてください。その他、安全衛生教育関係において、特別教育以外で、何か変更などあったのでしょうか。【広島・S 社】

# A. 全業種で全項目実施必要 省略の扱いがなくなって

安衛法は、事業者が実施すべき安全衛生教育を複数定めています。具体的には、雇入れ時の安全衛生教育や作業内容変更時の安全衛生教育、危険または有害な業務についての特別の教育、職長等の教育、安全衛生水準向上のための教育、安全管理者等の教育です。このうち、能力向上教育の分類となる安全衛生水準向上のための教育、安

全管理者等の教育は努力義務です（安衛法 19 条の 2、平元・5・22 指針公示 1 号）。また、能力向上教育を含め安全衛生関係の教育の考え方の概要は、「安全衛生教育推進要綱」（平 3・1・21 基発 39 号）に示されているので確認すると良いでしょう。

　ご質問の雇入れ時、作業内容変更時の安全衛生教育等に関する整理は、次のとおりです。

　まず条文では、事業者は、常時、臨時、日雇等の雇用形態に関係なく労働者を雇い入れたとき、または労働者の作業内容を変更したときは、労働者に対し、その従事する業務に関する安全衛生のための教育を行う必要があるとしています（安衛法 59 条 1 項が雇入れ時、2 項が作業内容変更時の規定）。教育すべき内容は安衛則 35 条 1 項で示しており、具体的な内容は**表**のとおりです。

| 雇入れ時・作業内容変更時の教育内容 |
| --- |
| （1）機械等、原材料等の危険性または有害性およびこれらの取扱い方法に関すること |
| （2）安全装置，有害物抑制装置または保護具の性能およびこれらの取扱い方法に関すること |
| （3）作業手順に関すること |
| （4）作業開始時の点検に関すること |
| （5）当該業務に関して発生するおそれのある疾病の原因および予防に関すること |
| （6）整理、整頓および清潔の保持に関すること |
| （7）事故時等における応急措置および退避に関すること |
| （8）前各号に掲げるものの他、当該業務に関する安全または衛生のために必要な事項 |

　従来、安衛令 2 条 3 号の業種については、表のゴシック部分の（1）〜（4）までの項目を省略することができました。これが令和 4 年の法改正により、令和 6 年 4 月 1 日から、この 3 号の業種においても、すなわち全業種で、（1）〜（8）までの全項目について、雇入れ時、作業内容変更時の安全衛生教育を実施することが必要となります。なお、教育の内容は従前と同様ですが、新たな対象となった業種では、各事業場の作業内容に応じて必要な教育を実施する必要があるとし

ています（令4・5・31 基発 0531 第9号）。

　したがって、例えば農業法人等が増加している農業においても、雇入れ時の教育を8項目全て実施することが、事業者の義務となります。

　次に特別教育について、事業者は、危険または有害な業務で、一定のものに労働者を従事させるときは、当該業務に関する特別の安全衛生教育（特別教育）を実施する必要があります（安衛法 59 条 3 項）。

　最後に職長等に対する教育ですが、建設業、製造業（一部業種を除く）、電気業、ガス業、自動車整備業、機械修理業において、事業者は新たに職務に就くことになった職長その他の作業中の労働者を直接指導または監督する者に対し、特に必要とされる事項についての安全または衛生のための教育を行う必要があるとしています（安衛法 60 条）。

　　安衛令2条における業種の区分

| |
|---|
| 1号　林業、鉱業、建設業、運送業及び清掃業 |
| 2号　製造業（物の加工業を含む）、電気業、ガス業、熱供給業、水道業、通信業、各種商品卸売業、家具、建具、じゅう器等卸売業、各種商品小売業、家具、建具・じゅう器小売業、燃料小売業、旅館業、ゴルフ場業、自動車整備業及び機械修理業 |
| 3号　その他の業種 |

　今般、製造業における除外業種から、食料品製造業、新聞業、出版業、製本業および印刷物加工業が外れました。つまりこの業種も、職長等に対する教育が事業者の義務となりました。これは、令和5年4月1日から施行されています。

　教育の内容は、①作業方法の決定および労働者の配置に関すること、②労働者に対する指導または監督の方法に関すること、③リスクアセスメントの実施に関すること、④異常時等における措置に関すること、⑤その他現場監督者として行うべき労働災害防止活動に関すること――です。

 **パートに安全衛生教育？　新卒者には研修実施も**

新入社員の「安全衛生教育」について、新卒者の集合研修ではカリキュラムに入れていますが、都度採用するパートなどの途中入社者には疎かになっているのが現状です。よりよい教育環境を構築するためのヒントなどいただけますでしょうか。【福岡・C社】

# A. 雇入れ時は原則8項目　令和6年から省略不可に

### 雇入れ時および作業内容変更時の安全衛生教育

　従業員を雇い入れた際に必要な対応を「雇入れ時の三箇条」としてリーフレットにまとめたものがあります（出雲労働基準監督署作成各種資料・リーフレット）。「労働条件の書面通知」「健康診断を実施」「安全または衛生のための教育を実施」の3点です。

　リーフレットでは、「その3」として、「雇入れた者に教育を実施すべし【ポイント】労働者を雇い入れた後は、遅滞なく、当該労働者が従事する業務に関する安全又は衛生のための必要な事項について教育を行わなければなりません。【罰則】50万円以下の罰金（安衛法120条)」としています。

　労働者が安全衛生管理の意識を高く持ち、作業に従事していくことは非常に大切です。しかし、新規採用者の中には安全衛生についての知識がほとんどない者も含まれています（作業内容を変更する労働者も同様）。作業に慣れておらず、また危険に対する感受性も低いため、労働災害の発生率が高い状況にあります。そのため、業務に取り掛かる前の段階で、職場の危険を理解し自ら回避できるように教育することが、労働災害防止のために非常に重要な役割を果たしています。

　近年、雇用形態も多様性を免れず、すきま時間を活用した募集採

用もあるようですが、ごく短期のアルバイトといえ、教育は必要となります。

### 安全衛生教育

安全衛生教育には以下３つの種類があります。
1　雇入れ時、作業内容変更時の教育：労働者を雇い入れたとき、作業内容を変更したときに実施（安衛法59条1項、2項）
2　特別教育：危険または有害な業務で、一定のものに労働者を従事させるときに実施（安衛法59条3項）
3　職長等に対する教育：建設業、製造業（一部業種を除く）、電気業、ガス業、自動車整備業、機械修理業において、職長や指導・監督する者に就任したときに実施（安衛法60条）

### 雇入れ時および作業内容変更時の安全衛生教育

雇入れ時および作業内容変更時の教育は、以下の8項目です（安衛則35条）。従前、令2条3号に掲げる業種（事務仕事が中心の業務などといった業種）の事業場の労働者については、1号から4号までの事項についての教育を省略することができるとされていました。なお、令和6年4月からは、現行のただし書きの規定がなくなっています。すなわち、業種を問わず、安全関係の教育も必要になります。
一　機械等、原材料等の危険性または有害性およびこれらの取扱い方法に関すること。
二　安全装置、有害物抑制装置または保護具の性能およびこれらの取扱い方法に関すること。
三　作業手順に関すること。
四　作業開始時の点検に関すること。
五　当該業務に関して発生するおそれのある疾病の原因および予防に関すること。

六　整理、整頓および清潔の保持に関すること。

七　事故時等における応急措置および退避に関すること。

八　前各号に掲げるもののほか、当該業務に関する安全または衛生のために必要な事項

　また、事業者は、前項各号に掲げる事項の全部または一部に関し十分な知識および技能を有していると認められる労働者については、当該事項についての教育を省略することができるとしています。

参考

### 事務職の雇入れ時安全衛生教育

　一般に危険度の少ないと印象されがちな事務職ですが、労働災害がないわけではなく、雇入れ時の安全衛生教育は省略できません。教育材料としては以下のような事項が想定されますので、ご参考に供します。工夫して実施してください。

・職場の労働安全衛生管理体制の周知、労災時の対応等
・職場のハラスメント防止体制の周知などハラスメント対策
・長時間の座業（デスクワーク）に伴う腰痛や眼精疲労の対策
・自ら実施可能なストレスマネジメントの方法
・天災等における危機管理に関する知識や対応

 **PC使用上の健康管理は　ガイドラインでどう規定**

　パソコンなど情報機器を用いた作業について労働衛生管理のためのガイドラインが示されているそうですが、このガイドラインについてご教示ください。【神奈川・M社】

## A.　4時間以上は負荷大きい　リスクアセス実施を

　職場におけるＩＴ化はますます進行しており、情報機器作業を行う労働者は増大し、その作業形態はより多様化しています。このよ

うな状況から、従来のように作業を類型化してその類型別に健康確保対策の方法を画一的に示すことは困難となり、個々の事業場のそれぞれの作業形態に応じきめ細かな対策を検討する必要が生じたことから、令和元年7月に、「情報機器作業における労働衛生管理のためのガイドラインについて」（令元・7・12基発0712第3号）が示されました。次ページでお話のガイドラインのうち、作業環境管理および作業管理を中心に主な事項についてご説明します。

## 対象となる作業等

情報機器作業の作業区分

| 作業区分 | 作業区分の定義 | 作業の例 |
|---|---|---|
| 作業時間または作業内容に相当程度拘束性があると考えられるもの（全ての者が健診対象） | 1日に4時間以上情報機器作業を行う者であって、次のいずれかに該当するもの<br>・作業中は常時ディスプレイを注視する、または入力装置を操作する必要がある<br>・作業中、労働者の裁量で適宜休憩を取ることや作業姿勢を変更することが困難である | ・コールセンターで相談対応（その対応録をパソコンに入力）<br>・モニターによる監視・点検・保守<br>・パソコンを用いた校正・編集・デザイン<br>・プログラミング<br>・CAD作業<br>・伝票処理<br>・テープ起こし（音声の文書化作業）<br>・データ入力 |
| 上記以外のもの（自覚症状を訴える者のみ健診対象） | 上記以外の情報機器作業対象者 | ・上記の作業で4時間未満のもの<br>・上記の作業で4時間以上ではあるが労働者の裁量による休憩をとることができるもの<br>・文書作成作業<br>・経営等の企画・立案を行う業務（4時間以上のものも含む）<br>・主な作業として会議や講演の資料作成を行う業務（4時間以上のものも含む）<br>・経理業務（4時間以上のものも含む）<br>・庶務業務（4時間以上のものも含む）<br>・情報機器を使用した研究（4時間以上のものも含む） |

　情報機器作業における労働衛生管理のためのガイドラインの対象となる作業は、事務所において行われる情報機器作業とし、別紙「情報機器作業の作業区分」（表参照）を参考に、作業の実態を踏まえながら、産業医等の専門家の意見を聴きつつ、衛生委員会等で、個々の情報機器作業を区分し、作業内容および作業時間に応じた労働衛生管理を行うこととされ、また、事務所以外の場所において行われる情報機器作業、自営型テレワーカーが自宅等において行う情報機器作業および情報機器作業に類似する作業についても、できる限り情報機器ガイドラインに準じて労働衛生管理を行うようにすること

が望ましいとされています。

　ここで、「事務所」とは、事務所則1条1項に規定する事務所をいい、具体的には、建築基準法に掲げる建築物またはその一部で、事務作業（事務用機器を使用して行う作業を含みます）に従事する労働者が主として使用するものをいいます。

　また、「情報機器作業」とは、パソコンやタブレット端末等の情報機器を使用して、データの入力・検索・照合等、文章・画像等の作成・編集・修正等、プログラミング、監視等を行う作業をいいます。

　情報機器ガイドラインに掲げる対策の検討等に当たっての留意事項として、事務所における情報機器作業が多様化したこと、また、情報機器の発達により、当該機器の使用方法の自由度が増したことから、情報機器作業の健康影響の程度についても労働者個々人の作業姿勢等により依存するようになったため、対策を一律かつ網羅的に行うのではなく、それぞれの作業内容や使用する情報機器、作業場所ごとに、健康影響に関与する要因のリスクアセスメントを実施し、その結果に基づいて必要な対策を取捨選択することが必要としました。また、情報機器ガイドラインは、主な情報機器作業を対象としたものであるので、各事業場においては、これをもとに、衛生委員会等で十分に調査審議するとともに、情報機器を使用する作業の実態に応じて、情報機器作業に関する労働衛生管理基準を定め、当該基準を職場の作業実態によりよく適合させるため、衛生委員会等において、評価を実施し、必要に応じて見直しを行うことが重要であるとされています。

 死傷病報告を提出か　休業なしで労災保険使用

従業員が作業中に負傷する事態が発生しました。痛みが引かない様子だったことから、労災保険を使って病院で治療を受けたのですが、大事には至らなかったようで、翌日は通常どおり業務をこなしていました。休業なしの業務上災害だったとしても、療養補償給付を受けた場合は、安衛法における労働者死傷病報告の提出が必要になるのでしょうか。【群馬・I社】

## A. 求められるのは休みがある場合

労働者が業務上の負傷などにより療養が必要になったときには、療養補償給付が行われます（労災法13条）。労災保険を取り扱うことのできる指定医療機関等であれば、現物給付である療養の給付として、無料で治療を受けられます。請求は、指定医療機関等を通じて所轄労基署長へ行います。

一方、安衛法では、労働者が死亡または休業する労働災害等が発生した場合に労働者死傷病報告を所轄労基署長へ提出するよう求めています（安衛法100条、安衛則97条）。死亡または休業4日以上なら遅滞なく行い、1〜3日のときは、たとえば7〜9月に発生したものを10月末日までに報告するなど、3カ月分をまとめて行います。休業がない場合には、提出は必要ないとされています。

同報告は、労災保険の利用と関係なく、業務上災害による死亡・休業があれば行います。ご質問の場合は休業なしのため必要ないといえます。

 **工作機械使用の留意点は　旋盤加工する町工場**

町工場を経営しています。待遇などなかなか行き届きませんが、一番の従業員対策は安全管理であると心得ています。危険作業でないことをアピールできれば、採用対策にもなると考えています。工場では旋盤など工作機械を用いて作業をします。機械を安全に使用するうえで、留意点があればご教示ください。【神奈川・M社】

# A. インターロックが望ましい　運転を制限して安全確保

厚生労働省は安衛法 28 条 1 項の規定に基づき、工作機械の構造の安全基準に関する技術上の指針（昭 50・10・18 指針公示 4 号など）を公表しています。

（1）総則

① 設計時の基本的留意事項

製造者は、工作機械の設計に当たっては、外面に危険な部分がないことをはじめ、必要な強度を有すること。人間工学的な配慮により作業の安全性を確保すること。保全性を確保することなどについて留意することとしています。さらに、事業者は、工作機械の発注に当たっては、前述事項を配慮し、この指針に基づく必要な安全に関する条件を発注書に明示するように努めることとしています。

各論として、動力しゃ断装置、ブレーキ、覆い等、切削くず処理装置、過走、誤作動等に対する安全装置について具体的な処置や構造が示され、操作または調整を安全にするための措置、保全を容易にするための措置を求めています。さらに、電気装置、油圧装置および空気圧装置について、別掲で処置と構造が示されています。

（2）各種工作機械

　　各種工作機械については、旋盤、ボール盤、フライス盤、プレーナー・シェーパー・スロッター等について、個別具体的に過負荷安全装置の設置、構造の在り方など、当該工作機械による災害の防止に資する事項を示しています。

（3）雑則

　　工作機械（研削盤を除く）には、見やすい箇所に、製造者名・製造年月日・定格電圧および定格周波数・回転速度および回転方向・重量・その他必要な事項が表示されていること。並びに、工作機械の取扱説明書、カタログ等には、以下の事項が記載されていることが求められています。

①　工作機械の使用上の留意事項

②　安全装置の種類、性能および使用上の留意事項

③　安全に運搬するための措置の概要

④　段取り、操作、調整等の作業および保全作業を安全に行うために必要な作業面積

⑤　騒音レベル

⑥　関係法令その他必要な事項

**改正指針（令 4・12・20 技術上の指針公示 23 号）の趣旨**

安衛法 20 条は、事業者は、機械等による危険を防止するため必要な措置を講じなければならない旨規定しており、安衛法 28 条 1 項において、厚生労働大臣は、安衛法 20 条の規定に基づき事業者が講ずべき措置の適切かつ有効な実施を図るため必要な業種または作業ごとの技術上の指針を公表するとしています。

金属等に穴をあけるために使用する工作機械の一つであるボール盤は、労働者が運転中のボール盤に接触すること等による災害の危険性があることから、指針を定め、設計および構造に関する留意事項について規定しています。今般、ボール盤による危険性の除去のため、最新のボール盤に使用されている技術等を踏まえた安全装置

等の規格として日本産業規格Ｂ6034が制定されたことを踏まえ、当該内容を指針に反映するため必要な改正を行ったとしています。

**改正の内容（令4・12・20基発1220第2号）**

・電動機の軸等、ボール盤が運転している際に接触することにより労働者に危険を及ぼすおそれのある部分を覆う覆いについて、当該覆いが開いている場合にはボール盤が運転できないようにするためのインターロック機能を有することが望ましいことを規定する項が追加されました。

・ドリル、リーマー、タップ等の工具が切削を行っていない場合においても、起動位置において回転する当該工具に接触することによる危険を防止するための覆いを設けることが望ましいことが追加されました。

　筆者は、職業（社会保険労務士）柄、労働基準監督署安全衛生課の研修を受ける機会が多いのですが、講師として登壇した担当官がしばしば口にするのは、「企業担当者として規則を含む安衛法を理解することはご負担が大きいと思われるので、購入・導入した機械器具の取扱説明書をしっかり読むことをお勧めします。脚立や台車など簡便な器具であっても、安衛法等に則った仕様が示されています」という助言です。今後、取扱説明書は大切に保管して、適宜内容を確認してはいかがでしょうか。

**面接指導が必要か　規定で月100時間超対象**

　当社の規定では、月100時間超の時間外・休日労働をした者も面接指導の対象にしています。月100時間超の時間外は違法で、当社は上限規制の適用が猶予されていた建設業やドライバーがいるわけでもありません。この規定を残しておく必要はあるのでしょうか。【長野・Ｄ社】

## A. 研究開発業務には例外規定

　長時間労働を行った労働者に対する医師の面接指導が導入されたのは平成18年でした（経過措置あり）。対象労働者は、週40時間を超えて労働させた時間が、月当たり100時間を超え、かつ、疲労の蓄積が認められる者の申出により行うとしていました。

　現行は、月80時間を超え、かつ、疲労の蓄積が認められる場合に対象となっています。原則として本人の申出によるのも変わりません。なお、健康への配慮から自社の基準に該当する者を、面接指導の対象にすることも可能です（安衛法66条の9、安衛則52条の8）。

　月100時間を超えた場合に面接指導の実施が義務になることがあります。ただし、これは労働時間の上限規制の適用が猶予されていることとは関係がなく、対象は労基法36条11項に規定する業務に従事する者、すなわち研究開発業務従事者です（安衛法66条の8の2）。申出の要件は課されていません（安衛則52条の7の2第2項）。

 **リスク評価後の対応は？　必要な措置いつから開始**

> 　安衛則577条の2が新設されました。令和5年、令和6年と2段階で施行され、リスクアセスメント対象物質に関する事業者の義務が追加されます。具体的にどのタイミングで規制が進められていくのか、理解促進のため、改めて整理をお願いいたします。【熊本・W社】

## A. 令和6年から濃度基準適用に　健康診断実施も要求され

　リスクアセスメント対象物は、安衛令18条各号に掲げる物および安衛法57条の2第1項に規定する通知対象物（具体的には、令別表第3第1号および令別表第9に示されている物）として定義されて

います（以下、「対象物」）。その数は令和5年4月時点で674物質です。ラベル・ＳＤＳによる伝達義務に加え、リスクアセスメントの実施義務が課せられています。さらに、新設された安衛則577条の2で、ばく露レベルを最小限とする義務も加わります。なお、リスクアセスメント対象物以外の化学物質については、ばく露レベルの最小化は努力義務としています（則577条の3）。

## 則577条の2について、5年4月1日から施行されている事項

（1）則577条の2第1項関係

　　事業者は、リスクアセスメントの結果等に基づき、労働者が対象物にばく露されるレベルを、次の方法等により最小限にする必要があります。その方法とは、①代替物等を使用する、②発散源の密閉設備、局所排気装置または全体換気装置を設置し、稼働する、③作業の方法を改善する、④有効な呼吸用保護具を使用する――などです。

（2）2項関係（6年4月1日から、則577条の2第10項へと変更）

　　事業者は、（1）で講じた措置について、関係労働者の意見を聞くための機会を設ける必要があります。関係労働者等が衛生委員会に参加している場合には、衛生委員会の調査審議と兼ねて実施しても差し支えないとされています（令4・5・31基発0531第9号）。

（3）3項関係（6年4月1日から、則577条の2第11項）

　　事業者は、次の項目について、記録の保存と労働者への周知を行わなければなりません。⑰については、がん原性物質を製造、取り扱う業務に従事する労働者に限られています。

　　⑦　（1）で講じた措置の状況

　　⑦　労働者の対象物のばく露状況

　　⑦　労働者の氏名や作業概要等と、がん原性物質で著しく汚染される事態が発生したときにおけるその概要および事業者の講じた措置の概要

㋔　（2）で行った関係労働者の意見の聴取状況

　上記の項目は、1年を超えない期間ごとに1回、定期的に記録を作成し、3年間保存します。また、対象物ががん原性物質である場合には、㋑と㋒について、30年間の保存が求められます。

　なお、関係労働者の意見の聴取の記録に関しては、労働者に意見を聴取した都度、その内容と労働者の意見の概要を記録することとされています。衛生委員会における調査審議と兼ねて行う場合には、この記録と兼ねて記録することで差し支えないとしています（前掲通達）。

（4）同条第4項関係（6年4月1日から、則577条の2第12項）
　　周知の方法についても、次のいずれかの方法によるものとすると規定しています。

　（a）対象物を製造、取扱う作業場の見やすい場所に常時掲示または備え付けること
　（b）対象物を製造、取扱う業務に従事する労働者に、書面を交付すること
　（c）磁気ディスク、光ディスク等の記録媒体に記録し、対象物を製造、取扱う作業場に、該当業務に従事する労働者が、前記の記録媒体の内容を常時確認できる機器を設置すること

## 6年4月1日から施行される事項

　6年4月1日から施行される事項については、概要のみを紹介します。前述の内容に加え、さらに義務が事業者に課されます。

　まず、新たな安衛則577条の2第2項により、ばく露の程度を基準以下とすることが求められます。措置が必要なのは、対象物のうち、一定程度のばく露に抑制することにより、労働者に健康障害を生じるおそれのない物質として厚生労働大臣が定めるものについて、製造したり取り扱ったりする業務で、かつ屋内事業場の場合です。基準の濃度は、「労働安全衛生規則第577条の2第2項の規定に基づき厚生労働大臣が定める物及び厚生労働大臣が定める濃度の基準」（濃

度基準告示、令5厚労省告示 177 号）で規定しています。対象となる物質として、アクリル酸エチル等 67 物質とその濃度基準値（8 時間濃度基準値、短時間濃度基準値）が示されています。

　このほか、則 577 条の 2 第 3 項から 9 項関係で、健康診断の実施、診断結果に基づく対応等が規定されています。

 派遣もカウントか　衛生管理者の規模要件

　派遣労働者の活用を考えています。受け入れると当事業場で働く人の数は 200 人超となる見込みですが、衛生管理者の選任の規模要件は、派遣労働者も含めて考えるのでしょうか。【群馬・S社】

## A. 臨時的労働者と同様に含め判断

　衛生管理者の選任が必要なのは、常時使用する労働者数が 50 人以上の場合です（安衛則 7 条）。選任すべき人数は、50 人以上 200 人以下なら 1 人以上、200 人超 500 人以下なら 2 人以上……3000 人超なら 6 人以上と規模に応じて定められています。

　ここでいう常時使用する労働者数とは、日雇労働者やパートタイマーなどの臨時的労働者の数を含めて、常態として使用する労働者の数を指します（昭 47・9・18 基発 602 号）。さらに派遣労働者は、派遣元・先のどちらでも含まれるとしています（平 21・3・31 基発 0331010号）。ご質問の場合は、もう 1 人選任が必要といえるでしょう。

　なお、これは、一般健康診断の実施が必要な短時間労働者かどうかを判断する際における「常時使用する労働者」とは異なります。こちらは、無期または有期で 1 年以上雇用され（予定含む）、かつ週の所定労働時間が通常の労働者の 4 分の 3 以上ある労働者をいいます（平 26・7・24 基発 0724 第 2 号）。

安全衛生法

 重機と接触どう防ぐか？　ショベルローダーの規定

> ショベルローダーとの接触による労働災害がありました。ショ
> ベルローダーによる労働災害の防止について、安衛法ではどのよ
> うに規定されているのでしょうか、ご教示ください。【静岡・M社】

# A. 誘導者を置き立入禁止に　制限速度定める必要あり

　ショベルローダーは、安衛則において、フォークリフトや貨物自
動車等とともに「車両系荷役運搬機械等」といいます。ショベルロー
ダー等の車両系荷役運搬機械等を用いる作業に関しては、運転中の
車両系荷役運搬機械等またはその荷に接触することにより労働者に
危険が生ずるおそれのある箇所への立入禁止、作業に係る場所の広
さおよび地形、荷の種類および形状等に適応する作業計画の作成等
について規定されています。以下にお話のショベルローダーについ
て、その接触等による労働災害を防止するための主な事項について
説明します。

## ショベルローダーとの接触等による労働災害の防止

　事業者は、ショベルローダー等の車両系荷役運搬機械等を用いて
作業を行うときは、

① 誘導者を配置し、その者に車両系荷役運搬機械等を誘導させ
るときを除き、運転中の車両系荷役運搬機械等またはその荷に
接触することにより労働者に危険が生ずるおそれのある箇所に
労働者を立ち入らせてはならないこと、

② 車両系荷役運搬機械等について誘導者を置くときは、一定の
合図を定め、誘導者にその合図を行わせなければならないこと、

③ あらかじめ、作業に係る場所の広さおよび地形、車両系荷役
運搬機械等の種類および能力、荷の種類および形状等に適応す
る作業計画を定め、かつ、その作業計画により作業を行わなけ

ればならないこと、

④ ③の作業計画は、車両系荷役運搬機械等の運行経路および車両系荷役運搬機械等による作業の方法が示されているものでなければならないこと、

⑤ ③の作業計画を定めたときは、車両系荷役運搬機械等の運行経路等、④により作業計画に示される事項について関係労働者に周知させなければならないこと、

⑥ 作業の指揮者を定め、その者に③の作業計画に基づき作業の指揮を行わせなければならないこと、

⑦ 車両系荷役運搬機械等（最高速度が毎時10km以下のものを除きます）を用いて作業を行うときは、あらかじめ、作業に係る場所の地形、地盤の状態等に応じた車両系荷役運搬機械等の適正な制限速度を定め、それにより作業を行わなければなりません（安衛則151条の3～151条の5、151条の7、151条の8）。

また、事業者は、

⑧ 最大荷重が1t以上のショベルローダーの運転（道路上を走行させる運転を除きます）の業務については、ショベルローダー等運転技能講習を修了した者等でなければ、その業務に就かせることはできず、

⑨ 最大荷重1t未満のショベルローダーの運転（道路上を走行させる運転を除きます）の業務に労働者を就かせるときは、その業務に関する安全または衛生のための特別の教育を行わなければなりません（安衛法61条、安衛令20条、安衛則41条、安衛法59条、安衛則36条）。

さらに、事業者は、

⑩ 作業を安全に行うため必要な照度が保持されている場所を除き、ショベルローダーについては、前照灯および後照灯を備えたものでなければ使用してはならないこと、

⑪ 修理、点検等の作業を行う場合において、フォーク、ショベル、

アーム等が不意に降下することによる労働者の危険を防止するため、その作業に従事する労働者に安全支柱、安全ブロック等を使用させるときを除き、車両系荷役運搬機械等（構造上、フォーク、ショベル、アーム等が不意に降下することを防止する装置が組み込まれているものを除きます）については、そのフォーク、ショベル、アーム等またはこれらにより支持されている荷の下に労働者を立ち入らせてはならないとしています（安衛則151条の9、151条の27）。

上記①の「危険が生ずるおそれのある箇所」には、機械の走行範囲だけでなく、ショベルローダーのバケット等の荷役装置の可動範囲等を含むとしています（昭53・2・10基発78号）。

上記③の「荷の種類および形状等」の「等」には、荷の重量等が含まれること、また、④の「作業の方法」には、作業に要する時間が含まれることとされています。上記⑩の「作業を安全に行うため必要な照度が保持されている場所」とは、昼間の戸外、十分な照明がなされている場所等をいうものであるとしています。

上記⑪の「安全ブロック等」の「等」には架台等があるとしています。また、「安全支柱、安全ブロック等」はフォーク、ショベル、アーム等を確実に支えることができる強度を有するものであることが求められています。

# 第8章
# 労働者派遣法編

**60歳以上でも必要？　派遣元の雇用安定措置**

> 当社は人材派遣業で、このたび60歳以上の人を派遣することになりました。まずは1年ということで話を進めていますが、場合によっては延長もあり得そうです。60歳以上の者については、原則3年という派遣期間の制限からは除外されていますが、一方で、雇用安定措置に関しては、実施が必要になってくるのでしょうか。【岐阜・D社】

## A. 条文で対象とならない規定

　派遣元には、雇用安定措置が課されています（派遣法30条）。同一の組織単位（いわゆる課やグループなど）へ3年以上派遣される見込みがあり、かつ終了後も継続就労を希望する者については義務で、1年以上3年未満の見込みなら努力義務です。具体的な内容は、派遣先への直接雇用の依頼、新たな就業機会（派遣先）の提供、派遣元での無期雇用などです。

　結論からいえば、60歳以上に対する雇用安定措置は求められていません。雇用安定措置の実施対象者は、具体的には派遣則25条で示されていますが、1項のかっこ書きに「法第40条の2第1項各号に掲げる…派遣労働者を除く」とあります。同項2号は、雇用機会確保が困難かつ継続を図る必要が認められないものとして省令で定める派遣労働者となっており、これは則32条の4で60歳以上の者と規定されています。

## Q2 派遣社員の相談対応は　ハラスメント防ぎたい

派遣労働者を以前受け入れた際に、ハラスメント被害を受けたという事案が発生したため、再発防止を徹底したいと考えています。あらかじめ自社の相談窓口を伝えておくことのほかに、何か注意点はあるでしょうか。【滋賀・Ｈ社】

## A. 「先」台帳に記載が必要

派遣先における苦情処理対応は、派遣元との連携がポイントです。派遣法 40 条 1 項で、苦情の内容を派遣元事業主に通知するとともに、派遣元事業主との密接な連携の下に、誠意をもって、遅滞なく、当該苦情の適切かつ迅速な処理を図らなければならないとしています。

苦情には、セクハラ、妊娠出産等に関するハラスメント、育休等に関するハラスメント、パワハラ、障害者である派遣労働者の有する能力の有効な発揮の支障となっている事情に関するもの等を含みます（派遣先指針、平 11・11・18 労働省告示 138 号、令 2・10・9 厚労省告示 346 号）。

派遣先は、派遣契約において苦情申出を受ける者等を定めるとともに、派遣受入れに際し説明する必要があります。さらに、派遣先管理台帳において、苦情処理状況を記載するととともに、その内容を派遣元へ通知するよう求めています。

派遣法

## 引継ぎ業務も含まれるか　育休代替で派遣受入れ

　当社は製造業ですが、育児休業を予定している従業員がいて、職場内の従業員で分担するか、それとも派遣を受け入れようか検討しています。派遣を受け入れるときに気になることの１つに引継ぎがあります。育休予定者から引継ぎをすると、休業の期間と派遣期間に多少ずれが生じそうですが、問題はないのでしょうか。
【神奈川・〇社】

# A. 必要最小限の「時間」想定　原則３年だが期間含めず

　引継ぎとひと言でいっても、会社で想定している期間はさまざまでしょう。退職時の引継ぎに関してですが、就業規則で１カ月前といった手続きの期間を設けて、引継ぎに従事させるといったことも少なくありません。こうした規定と本件は直接関係ありませんが、派遣受入れ時においても引継ぎの期間には注意が必要です。

　派遣を受け入れる際の基本的なルールから確認してみましょう。派遣には原則として、受入期間に制限があります。派遣先は、当該派遣先の事業所その他派遣就業の場所（派遣先の事業所等）ごとの業務について、派遣元事業主から派遣可能期間を超える期間継続して有期雇用の者に係る労働者派遣の役務の提供を受けることはできません（派遣法40条の２）。

　派遣可能期間（同条２項）は、３年です。事業所単位で受入期間を延長できますが、一方で、派遣先は、同一の有期雇用の派遣労働者から派遣の役務の提供を受けることができません（法40条の３）。

　個人単位の期間制限は延長できませんが、例外があります。派遣先に雇用される労働者が、労基法の産前産後休業および育介法２条１号に規定する育児休業等をする場合における当該労働者の業務に

係る労働者派遣（法40条の2第1項4号）は、期間制限の対象から除くとしています。なお、例外となる産休や育休の範囲ですが、労基法の規定による産前休業に先行し、または産後休業や育休に後続する休業であって、母性保護または子の養育をするためのものをする場合も含まれています。

　派遣労働者の業務には、休業する（した）労働者の業務の、「引継ぎ」も含むことができる扱いになっています（派遣事業関係業務取扱要領）。休業に入る労働者が従事していた業務を、休業に入る前に派遣労働者に対して引継ぎを行う場合および当該業務に従事していた派遣労働者が、休業を終えて当該業務に復帰する労働者に対して引継ぎを行う場合は、当該時間が必要最小限のものである限り、上記の例外に含めて差し支えないと解されており、必要最小限の時間であることを求めています。

 **派遣でも軽易作業？　妊婦から請求があったら**

　当社は派遣労働者を複数人受け入れています。うち1人につき、このたび妊娠したという事実が判明しました。当社雇用の従業員については、妊娠した場合に、請求があれば軽易な作業への転換を認めています。派遣労働者に対しても同じ扱いが必要でしょうか。また、派遣元へほかの派遣労働者と交替を求めることはどうですか。【栃木・N社】

## A. 特例ないため派遣元が対応

　労働者派遣において、労基法上の義務は、原則、直接雇用する派遣元事業主が責任を負います。ただ、指揮命令は派遣先がするため、労基法などの義務を派遣先に課す特例が設けられ、適用するものを列挙しています（派遣法44条など）。たとえば、労基法34条の休

憩の規定は、派遣先が取得させる責任を負います。

　労基法 65 条 3 項は、妊婦が請求した場合、原則、軽易な作業に転換させなければならないとしています。この規定は、派遣法 44 条に記載がありません。特例規定がないものは派遣元が責任を負うため（派遣業務取扱要領）、対応するのは派遣元ということになります。

　派遣労働者が派遣契約に基づく役務を提供できるにもかかわらず、派遣先が妊娠を理由に派遣元へ交替を要求すると、派遣法 47 条の 2 により適用される均等法 9 条 3 項の不利益取扱い禁止に当たるおそれがあります。

## Q5 賃金情報提供する？　均等待遇で派遣先から

　人手不足に悩んでおり、派遣労働者の活用を考えています。派遣元と労働者派遣契約を結ぶ際、同一労働同一賃金に関連して待遇に関する情報の提供が必要と記憶していますが、賃金の情報も提供が求められるのでしょうか。【和歌山・Ｗ社】

## A. 労使協定方式を採用なら含まず

　労働者派遣契約の締結時に、派遣先は、派遣元へ、派遣労働者の従事する業務ごとに、比較対象労働者の待遇などに関する情報を提供しなければなりません（派遣法 26 条 7 項）。

　派遣先が提供する内容は、派遣元における同一労働同一賃金の確保方法により異なります。賃金決定方法などを決めておくという労使協定方式の場合は、業務の遂行に必要な能力を付与するための教育訓練（法 40 条 2 項）と、福利厚生施設（食堂、休憩室、更衣室）の利用（同条 3 項）に関する情報を提供します（派遣則 24 条の 4 第2 号）。

　一方、派遣先の労働者との比較による均等・均衡待遇方式では、

比較対象労働者の待遇等に関する情報を提供します。たとえば業務
の内容や、配置等に関する変更の範囲、雇用形態、選定理由、賃金
といった待遇の内容などです(同条1号)。なお、待遇の内容のなかに、
先述の教育訓練と福利厚生施設も含まれます（派遣先均等・均衡方
式に関するQ&A）。

# 第９章
## 育児・介護休業法編

## 育休中就業に労使協定？　1歳までの休業を対象

　出生時育休中に就業するためには労使協定の締結が必要となっています。この際、最長2歳までの育休についても労使協定で就業できるようにしたらどうかという意見がありました。労使協定があれば可能なのでしょうか。【京都・K社】

# A. 恒常的なものは認めず　合意強制などのおそれ

　育児休業中は通常、雇用保険から育児休業給付が支給されます。雇用保険では、就労が月10日（10日を超える場合は80時間）以下であれば支給される（雇保則101条の22）としていますが、この範囲であれば常に働くことが可能という意味ではありません。厚生労働省Q＆Aは、「その就業が、臨時・一時的であって、就業後も育児休業をすることが明らかであれば、職場復帰とはせず、支給要件を満たせば支給対象」とはしています。

　育介法の「休業」とは、労働契約関係が存続したまま労働者の労務提供義務が消滅することをいいます（平28・8・2雇児発0802第3号）。育休中、会社は当然に働いてもらうよう求めることはできないということになります。厚生労働省は、労使の話し合いにより、子の養育をする必要がない期間に限り就業することは可能であり、休業中であることから、労働者が自ら事業主の求めに応じ合意することが必要としています。

　令和4年10月から出生時育休が始まりましたが、原則1歳までの通常の育休中の就業について仕組みが変わったわけではありません。すなわち、通常の育休中に恒常的・定期的に就業させることはできず、認められるのは、一時的臨時的に就労する場合と解されています（厚労省「育児休業中の就労について」）。

　ここでいう一時的臨時的には該当せず就業が認められない場合の

例として、厚労省は「育休開始当初より、あらかじめ決められた1日○時間で月○日勤務する場合や、毎週特定の曜日または時間に勤務する場合や、毎週特定の曜日または時間に勤務する場合」を挙げています。では、労使協定で一時的臨時的と考えられるものをあらかじめ規定しておくのはどうでしょうか。一時的臨時的な就労に「該当する場合」としては、突発的に発生した事態に対応するため、「その都度」「事業主と合意のうえ」臨時の業務を行う場合を挙げています。こちらもあらかじめ協定を締結していれば、当然に要件を満たすわけではないことに注意が必要です。労使協定を理由に就業（の合意）を強制することは認められず、不利益取扱いやハラスメントにつながる可能性もあります。

 **対象はどの期間か　男性育休取得率を公表**

令和5年4月から、年1回、男性の育児休業等の取得状況を公表することが義務化されました。当社は常時雇用する労働者が1000人を超えたため対象となり、また事業年度が4月～翌年3月なのですが、最初に公表が必要になるのは、いつの事業年度の実績なのでしょうか。【埼玉・R社】

## A. 前事業年度で令和4年分も

公表の具体的な内容は、男性の①育児休業等の取得割合または②育児休業等と育児目的休暇の割合です（育介法22条の2）。

算定のスパンは、公表する日の属する事業年度（会計年度）の直前の事業年度（公表前事業年度）となっています。たとえば事業年度が4月～翌年3月で、4月中に公表する場合、前年度（公表前事業年度）の実績を公表します。公表前事業年度終了後速やか（概ね3カ月以内）に行います（令3・11・30雇均発1130第1号）。

①は、育休等を取得した男性労働者数÷配偶者が出産をした男性労働者数で計算します。②は、（育休等をした男性労働者数＋小学校就学始期に達するまでの子を対象とした育休目的休暇制度を利用した男性労働者数）÷配偶者が出産した男性労働者数で求めます。

## Q3 介護休暇の確認どこまで？　取得理由限られるか　子の看護は範囲狭そう

　介護休暇を取得する従業員に対して、証明等はどこまで確認することができるのでしょうか。コロナ禍において子の看護休暇の制度を調べていたときですが、対象となる範囲は意外に狭いように思いました。介護休暇については、文字どおり介護する場合に限られてしまうのでしょうか。【神奈川・S社】

## A. 世話した証明までは不要

　まず子の看護休暇から確認します。傷病にかかった子の世話や、子に予防接種または健康診断を受けさせるための休暇としています。前者の傷病は、種類や程度に特段の制限はなく、カゼによる発熱など短期間で治ゆする疾病も対象です。子の身の回りの世話をいい、病院への付添い等も含みます。

　たびたび問題になるのが事実関係の証明ですが、事業主は証明書類の提出を求めること自体は可能です。例として、医療機関の証明書や保育所の連絡帳等の写しが挙げられています。裁判になった事案（大阪地判令4・5・26）ですが、会社が母子手帳の写しに加えて予防接種時刻に係る書類の提出を求めたことを労働者が嫌がらせなどと主張したのに対して、裁判所は、「被告（会社）はその提出が難しいとの原告（労働者）の回答を受けてなお書類を重ねて求めるような行為に及んではない」などとして、嫌がらせとはいえないとしたものがあります。

介護休暇（育介法16条の5第1項）は、要介護状態にある対象家族の介護その他の厚生労働省令（育介則38条）で定める世話を行うための休暇です。ここでいう世話とは、対象家族の介護、通院等の付添い、介護サービスの提供を受けるために必要な手続きの代行その他の必要な世話となっています。

　前提となる要介護状態（法2条3号、平27・1・23雇児発0123第1号）の判断についてですが、子の看護休暇と同様に証明の問題になります。介護保険の被保険者証や医師等が交付する証明書類となっていますが（平28・8・2雇児発0802第3号）、これに限られません。要介護状態か否かの確認を求めることはできても、世話を行うこととする事実については、証明書類の提出を求めることができる対象に含まれていない点には留意が必要でしょう（前掲通達）。

 **1人に5日超取得？　子2人以上の看護休暇**

　子が2人いる従業員がおり、下の子がよく熱を出すようで、たびたび子の看護休暇を取得しています。子が1人なら5日、2人なら10日まで取得できるとされるところ、今年度は下の子だけで取得日数がすでに5日に至っています。法的には、同じ子について6日目以降も取ることは可能なのでしょうか。【兵庫・R社】

## A. 日数は労働者単位でみる

　子の看護休暇は、小学校就学前の子を養育する労働者が、事業主に申し出ることにより取得できます（育介法16条の2）。日数は、1年度において5日が基本ですが、小学校就学前の子を2人以上養育しているときは10日となります。1日または時間単位で取得可能です。1年度は、事業主がとくに定めをしていなければ、毎年4月1日～翌年3月31日になります。

ご質問のように対象となる子が2人いて10日取得できるときは、どちらか1人の子の看護のために10日間使用することが可能です（平22・2・26「厚労省Q&A」）。取得可能日数に関しては、労働者1人につき5日（子2人以上で10日）であり、子1人につき5日というわけではないとされています（「育児・介護休業法のあらまし」）。

## Q5 短時間勤務の利用制限？　期間や回数制限したい

育児短時間勤務ですが、3歳に満たない子を対象にしています。育児介護休業規程をみると、1回につき1年以内を単位とするといった趣旨のことが書かれていました。文字どおり1回限りだとするとこれは問題でしょうか。社内の事務的な手続きをできるだけ減らしたいというふうに考えています。【千葉・T社】

## A. 3歳まで取得可能な形を　取得単位は1カ月以上に

3歳に満たない子を養育する労働者を対象とした所定労働時間の短縮措置（育介法23条1項）の手続きは、一義的には事業主が定めることが可能です（平28・8・2雇児発0802第3号）。ただし、法23条1項の措置を講じているというためには、就業規則（育児介護規程）等に規定するなど制度化された状態となっていることが必要です。運用のみで行われているだけでは不十分です。制度を利用して労働時間を短縮するためには、労働者から申し出ることが前提となっています。

厚生労働省は過去に示したQ&Aにおいて、適用期間を1カ月単位とすることは、他の制度が基本的に労働者の申し出た期間について適用されることを踏まえれば、適当でないとしています。これはあまりに短い適用期間を定め、再申請を繰り返し求めるものについて労働者にとって過度な負担となるため適切ではないという趣旨で

す（前掲通達）。

　子が３歳に達する日まで所定労働時間の短縮の対象ですから、短縮措置の請求期間は２年から３年が上限とみることができます。取得単位を６カ月や１年とする対応は十分考えられ、ご質問もこの趣旨の規定という可能性は十分あります。なお、厚生労働省の規定例は、１カ月以上１年以内となっています。いずれにしても、再取得手続きを事前に周知しておく必要があるでしょう。ちなみに、法律上で申出の回数が制限されているものとして、出生時育休や通常の育休があります。しかし、育児短時間勤務については３歳までに１回といった制限はありません。

## Q6 育児休業後は原職復帰？　長期と短期同じ扱いか 出生時なら産後８週で

　法定の育児休業は２歳までを想定していて、比較的長期間の休みとなっています。いわゆる原職復帰が困難な場合も少なくなさそうです。一方で、期間の短い出生時育休やあるいは産後に復帰する場合には、比較して原職復帰の問題はどのように考えれば良いのでしょうか。【福井・Ｅ社】

## A. 人事異動ルールから判断

　事業主は、「育休等の後における配置等」に関する事項を定め、周知および個々の労働者に明示するよう努めなければなりません（育介法 21 条の２）。さらに、再就業を円滑にするため労働者の配置等の雇用管理について、必要な措置を講ずる努力義務（法 22 条２項）も課され、原則、原職または原職相当職に復帰させるよう配慮することが求められています。育休等には出生時育休も含まれます。一般的に原職相当職と評価できるのは、①休業後の職制上の地位が休業前より下回っていないこと、②休業前と休業後とで職務内容が異

育
介
法

なっていないこと、③休業前と休業後とで勤務する事業所が同一であることのいずれにも該当する場合としています（平28・8・2雇児発0802第3号など）。

　原職復帰の関係で気になることに、育介法10条や均等法9条3項の不利益な取扱いに当たるかどうかがあります（平21・12・28厚労省告示509号、平18・10・11厚労省告示614号など）。不利益かどうかを判断する際の「復職先の職場の範囲」は、法22条で求められる範囲より広いと解されています。仮に別の事業所や別の職務であっても、不利益に該当しない可能性はあります。ただ、通常の人事異動のルールから十分に説明できる必要があります（平28・8・2雇児発0802第3号など）。休業が長期に及べば比例して人事異動のルールが適用される場面が増えるかもしれません。

　出生時育休の対象期間は子の出生後8週間以内と短期間ですが、両立指針（令3・9・30厚労省告示366号）は、「通常の人事異動のルール」を当てはめています。同じく期間の短い産前産後休業では、均等法の前掲指針で、原職または原職相当職に就けないことは人事ローテーションなど通常の人事異動のルールからは十分に説明できず、不利益な配置の変更に該当するとしています。

 **何日取得と扱う？　夜勤に子の看護休暇で**

　先日、小学校就学前の子を持つ労働者が、負傷・疾病を理由とする子の世話などに使用できる子の看護休暇を取得しました。子が急に熱を出したとのことです。当社は3交替制を採っており、同労働者はその日夜勤でした。暦日でみると2日にまたがっているのですが、同休暇取得の日数としては2日分となるのでしょうか。【秋田・E社】

## A. 当日始業から24時間で1日

　子の看護休暇は、1年度につき5労働日（子が2人以上なら10労働日）まで労働者に付与されます（育介法16条の2）。1日または時間単位で取得できますが、取得日の所定労働時間数と同じ時間数を休む場合は、1日単位での取得として扱います。

　この労働日は、原則、暦日で計算します。ただし、交替制により2日にわたる1勤務や、常夜勤勤務者の1勤務等勤務時間が2日にわたるときは、取得当日の労務提供開始時刻から継続24時間を1労働日として取り扱います（平31・1・31基発0131第1号）。

　なお、時間単位取得については、流れ作業方式や交替制勤務による業務で、時間単位で同休暇を取得する者を勤務体制に組み込むことによって業務を遂行することが困難な業務に従事する労働者の場合、労使協定の締結により対象外とできます（令3・9・30厚労省告示366号）。

 **育児休業は終了!?　介護必要な状態に**

　育児休業中に親の介護が必要となった場合ですが、育休は自動的に終了してしまうのでしょうか。介護休業が必要と申し出れば休業に関する給付を重ねて受給することは可能でしょうか。【福岡・E生】

## A. 申出前提で一方を選択

　育児休業が終了する場合として、新たな休業が始まったタイミングがあります（育介法9条2項3号）。休業には労基法の産前産後休業、育介法の出生時育休や新たな育休のほかに、介護休業も含まれています。介護休業は、2週間以上の期間にわたり常時介護を必要とする状態にある対象家族を介護するためのものですが（育介法2

条、育介則２条など）、休業は労働者の申出が前提です（育介法 15
条１項）。

　育児と介護のいわゆるダブルケアを行っている場合であっても、
一人の労働者が育児休業と介護休業を同一の期間において取得する
ことはできないとしています（厚労省「平成 28 年改正法に関するＱ
＆Ａ」）。このため、雇用保険給付の育児休業給付と介護休業給付を
同一期間において重ねて受給することもできません。なお、育休の
終了後、介護休業を取得する等連続して取得することは可能です。

## Q9 看護休暇の当日申出は　午前取って夕方も休む

　子の看護休暇を午前中に１時間取得した従業員が、夕方に子を
病院へ急遽迎えに行くことになりました。午前中の休暇の申出は
前日にありました。その日に申出があった夕方の分は、認める必
要がないのでしょうか。【岡山・Ｕ社】

## A. 原則は拒否ができない

　従業員が所定労働日の全部または一部を休もうとしたとき、たと
えば労基法の年次有給休暇があります。暦日単位の付与を原則とす
るため当日の請求を認めるべきとまではいえません。なお、病欠等
に関して事後の振替を認めている企業も少なくないでしょう。

　子の看護休暇の申出方法（育介法 16 条の２第３項）ですが、取得
当日に電話で申出をした場合であっても、事業主は拒むことができ
ません（平 28・８・２雇児発 0802 第３号、改正令５・４・28 雇均
発 0428 第３号）。なお、業務等によって制度の適用を除外すること
ができますが、労使協定の締結が必要です。

　子の看護休暇は、始業時刻から連続、または終業時刻まで連続し
て取得することを認める必要があります（育介則 34 条１項）。ここ

でいう「または」はどちらか一方のみの意味ではありません。申出があれば、始業も終業も原則認める必要があります。

## Q10 休暇の回数限定？ 「中抜け」を認める　何らか制限かけたいが

子の看護休暇の取得は、当日の電話連絡でも良いとのことですが、当社はいわゆる「中抜け」を認めているものの、あまり自由に取得を認めるのもどうかと思います。そこで、取得回数を制限する案があります。育介法の条文等は回数制限に直接触れていないようですが、どうでしょうか。【愛知・D社】

## A. 始業終業制限しない形で

子の看護休暇は、1日単位のほか時間単位の付与が原則必要です（育介法16条の2第2項）。育介法で義務付けているのは、始業時刻から連続し、または終業の時刻まで連続するものです（育介則34条）。

一般的に中抜けといわれているのは、「就業時間の途中から時間単位の休暇を取得し、就業時間の途中に再び職場に戻る」こと等です（厚労省「介護休暇・子の看護休暇の時間単位取得について」）。中抜けの取得を会社が無条件に認める必要はありません。なお、指針（令3・9・30厚労省告示366号）では、法を上回る制度として、中抜けありの休暇取得を認めるよう配慮を求めています。ただ、厚労省のモデルでは、中抜けを認める例は示していません。仮に会社が取得を認めるとして、一定の制限を掛けたいと考えることもあり得るでしょう。

前提として、子の看護休暇で取得が可能な時間単位とは、1時間の整数倍をいい、労働者の希望する時間数で取得できるようにする必要があります（厚労省Q＆A）。育介法の条文では、時間単位の取得回数については規定していません。回数制限に関して、複数の都道府県労働局は、そもそも回数をカウントして制限することを疑問

育
介
法

視しています。1日の取得時間に制限がない以上、法定の要件を満たしていれば、回数で制限することはできないという見解です。なお、労働局の一つは、中抜けの「時間」に制限を掛ける仕組みは可能といいます。中抜けに限らず時間単位の申出の回数自体をまとめて制限してしまうと、始業・終業のタイミングで本人が取得できなくなってしまうことがあり得ます。まとめて回数を制限してしまう形ではなく、中抜けにのみ一定の制限を課す形が分かりやすいでしょう。

 **介護を理由に時差出勤？　短時間勤務のみ規定あり**

　家族を介護する必要があるという従業員から、時差出勤の希望が出されました。規程には育休と同様に短時間勤務の条項があるのみで戸惑っています。本人の希望どおりにする必要はないとは思いますが、今後を含め時差出勤を認めるときの時間帯の幅はどのように決めればいいのでしょうか。【山梨・Y社】

## A. 本人希望応じる義務なし　導入なら短縮幅考慮も

　介護との比較で、育児について簡単に触れておきます。3歳に満たない子を養育する労働者に対して、原則として所定労働時間の短縮措置を講ずる義務があります（育介法23条1項）。業務の性質または業務の実施体制に照らして時間短縮することが困難な労働者もいて、この場合には代替措置として、育児休業に準ずる措置のほか、フレックスタイム制や時差出勤、育児サービス等を講じる必要があります。

　介護関係ですが、まず法律上にある短時間勤務制度は例示であって、講じなければならない措置ではありません（法23条3項）。省令では選択肢として、フレックスタイム制や時差出勤、介護サービスの費用助成を挙げています（育介則74条3項）。

従前、介護を理由とした所定労働時間の短縮措置等は、介護休業と合わせて93日間という期間の中で、介護休業を取得しない日数分を、上記の選択肢のどれかに充てるといったイメージでした。現在では、選択的措置義務にかかる期間は、利用を申し出たときから原則として連続3年間となっています。

　労働者にどの措置の適用があるかは、事業主がいずれかの措置を講じて、その措置が労働契約の内容となってはじめて発生すると解されています（平28・8・2雇児発0802第3号など）。どの制度を設けるかは、個々の労働者の希望に応じた内容の措置を講ずることまで当然に事業主に求めているわけではありません。介護の短時間勤務のみ規定している状態であればそれで足り、時差出勤という選択肢はありません。

　なお、柔軟な決め方も可能となっていて、則74条3項各号に規定する措置については、職種等にかんがみ、いくつかの労働者の集団についてそれぞれ異なる措置を設けることを排除するものではない（前掲通達）としています。

　今後、措置を講じることを検討するときですが、時差出勤の幅は、所定労働時間の短縮の制度を設ける場合との均衡等を考慮するよう求めています（前掲通達）。短縮するのが1時間なら1時間繰上げるといったイメージです。厚生労働省の育児・介護休業等に関する規則の規定例では、3つの時差出勤のパターンを示していますが、職種等によってさまざまなパターンが考えられます。

**2回目変更できるか　介護の労働時間短縮措置**

当社では、就業しつつ介護を行うことを容易にする措置として、短時間勤務制度と時差出勤の2つを採用しています。このたび労働者から時差出勤を使用したいと申出がありました。今回の申出は2回目で、前回は短時間勤務を選択していました。育介則74条3項に2回以上利用できる制度とありますが、1・2回目で違う内容を選択できるのでしょうか。【福井・E社】

# A. 3年のなかで切替えが可能

事業主は、要介護状態にある家族を介護する労働者に対し、所定労働時間の短縮等の措置を講じなければなりません（育介法23条3項）。具体的には、①短時間勤務制度、②フレックスタイム制度、③始・終業時刻の繰上げ、繰下げ（時差出勤）の制度、④労働者が利用する介護サービスの費用の助成その他これに準ずる制度——のいずれかです。①は、1日・週または月の所定労働時間の短縮や、隔日勤務など週または月の所定労働日数を短縮する制度などが該当します。

同措置を講じる期間は、利用開始日として申し出た日からの連続する3年間以上で、これらの措置は2回以上利用できる制度とする必要があります（④を除く）。

同措置は、3年のなかで切り替えることが可能としています（厚労省「平成28年改正法に関するQ＆A」）。ご質問のように、1回目は短時間勤務、2回目は時差出勤という選択もできるといえます。

 **対象者を限定？　育児休業の取得除外で**

　当社では、労使協定を締結して、育児休業の対象外となる者を法律の規定のとおりで定めています。有効期間が近付き見直しをしていた際に、入社から半年経った労働者で、子が生後6カ月に満たないときなどは、取得を認めても良いのではないかという意見が出ました。法律と異なる規定をすることも可能でしょうか。
【静岡・O社】

## A. 法律は最大範囲示す

　育児休業は原則、1歳に満たない子を養育する労働者が取得できます。一方、法律上、対象外とできる者が定められています。

　まず、有期契約労働者のうち、子が1歳6カ月に達する日（出生時育休の場合は出生日の8週間後の翌日から6カ月経過した日）までに、労働契約（更新がある際は更新後の契約）が満了することが明らかな者です（育介法5条1項、9条の2第1項）。さらに労使協定の締結により、雇用期間が通算1年未満の者（法6条など）や、申出日から1年（1歳半・2歳までの育休は6カ月。出生時育休は8週間）以内に雇用関係が終了することが明らかな者、週所定労働日数が2日以下の者（育介則8条など）も対象外とできます。

　これらは対象外とできる最大範囲です（育介法のあらまし）。範囲を狭めることはでき、そのなかなら子の要件などを足すことも可能といえます。

育
介
法

 **職場復帰を確認？　育児休業の制度周知**

育児休業の取得意向にかかわらず、育休の制度等の周知は必要と認識しています。周知する際に、育休を取得するからには復帰が前提であることを本人に伝えたいのですが、可能でしょうか。
【福岡・Ｄ社】

## A. 退職予定なしと説明は可能

妊娠・出産等の申出をした労働者に個別周知が必要なものとして、育児休業に関する制度があります（育介法21条1項、育介則69条の3第1項）。労働者による育休申出が円滑に行われるようにすることが目的で、取得を控えさせるような形での周知は認められません（令3・9・30厚労省告示366号）。

労働者の知識が不十分で制度の趣旨を誤解していると、育休等の取得や意向の有無に影響が及ぶ可能性もあります。育休の趣旨は、本人の雇用の継続のためと解されています（平28・8・2雇児発3号等は、法3条2項は訓示規定とする）。一方で、雇用保険の育児休業給付の支給要件に関しては、被保険者が休業終了後に職場復帰する予定であることを確認するとしています（雇用保険業務取扱要領）。労働局が示している個別周知・意向確認書様式では、育児休業給付金の受給要件について、育休後、退職予定がないことと記載したものがありました。

**育休申出が再度必要か　有期契約で更新到来**

　有期雇用契約の従業員が、育児休業を取得する予定です。契約更新の都度、育休を申し出てもらうべきとは思いますが、手間です。更新を前提にした終了予定日としても良いでしょうか。【石川・T社】

## A.　氏名や期間３つに限定

　期間を定めて雇用される者は、育児休業の申出時点において、子が１歳半までに、労働契約が満了し、更新されないことが明らかでないという要件を満たす必要があります（育介法５条１項）。

　育休は、期間の初日と末日を明らかにして申し出る必要があります（育介法５条６項）。未だ労働契約が締結されず、労務提供の義務も発生していない期間について育休の申出をすることはできず、労働契約が更新され、労務提供義務が発生した後に改めて申出をする必要があると解されています（平28・8・2雇児発0802第3号）。

　労働契約の更新に際して行う育休は、申出事項が限定されています（同条７項）。育介則７条柱書で、申出事項は３つとしています。①育休申出の年月日、②労働者の氏名、③育休期間の初日と末日です。労働者、事業主双方の負担軽減の観点から、手続きを簡略化しています。

育
介
法

# 第10章
# その他労働関係法

パート・有期雇用労働法関係
雇用機会均等法関係
高年齢者雇用安定法関係
障害者雇用促進法関係
労働契約法関係
最低賃金法関係
女性活躍推進法関係
職業安定法関係
労働施策総合推進法関係

# パート・有期雇用労働法関係

 住民票の証明書必要か　バイト先から求められた

高校生が休みのときにアルバイトをしています。今回採用されたバイト先から住民票記載事項証明書の提出を求められました。これまで求められたことがなかったのですが、法律では必要なのでしょうか。【兵庫・K子】

## A. 労働者名簿や年少者で規定

就業規則等において、採用時、慶弔金等の支給時等に住民票記載事項の証明書の提出を求めると規定しているケースがあります。通達（平11・3・31基発168号）で、画一的に提出を求めないようにし、必要となった時点で、具体的必要性に応じ、本人に対し、使用目的を十分に説明のうえ提示を求め、確認後速やかに返却するよう指導するとしています。

主に正社員を対象にしている厚生労働省のモデル就業規則では、住民票記載事項証明書を提出書類として規定していますが、パート・アルバイト向けのモデル規則に規定は見当たりません。書面を求める理由としては、たとえば、労働者名簿の調整（労基法107条）や満18歳に満たない者の証明書（法57条）、パート・有期雇用労働法の関係では、住所は通勤手当に関連します。

**定年再雇用から転換!?　正社員の欠員募集で**

退職した正社員の補充をすることになりました。パート・アルバイトからの登用は考えていないのですが、募集の予定を知った定年後の嘱託再雇用者から、応募したら採用されるのかと尋ねられ、困惑しています。今回は対象外と伝えて問題ないでしょうか。【新潟・U社】

## A.　正規型不在なら対象外

パート・有期雇用労働法に基づき、「通常の労働者への転換」を講じることが義務付けられています（法13条）。当該事業所における募集情報の周知、社内公募に基づき応募機会の確保、転換制度の導入、その他転換推進措置のうちから選択する形です。選択的措置のため、仮に転換措置を講じていれば、基本的には義務を果たしたことになります。

法13条に関して、高年齢者等の適用を除外するといった規定は見当たりません。厚生労働省「パートタイム・有期雇用労働法のあらまし」では、定年制度により実際に定年を超える正規型の労働者がいない場合は、定年年齢を下回る者を対象とした措置が講じられていれば、本条の義務を履行しているとあります。

## Q3　業務変更の可能性明示？　今回契約中には予定なし

パート・アルバイトの契約を更新する際ですが、就業の場所や業務の内容が変わる可能性があるときには、明示が必要になりました。更新を重ねたときに変更するかもしれないというときでもあらかじめ具体的な明示が必要になるのでしょうか。【富山・O社】

その他

# A. 更新後条件は含まない　対象から一時的業務除く

　パート・有期雇用労働者を雇い入れたときは、労働条件を明示する必要があります。労働契約の期間や更新に関する基準のほかに、就業の場所や従事すべき業務を明示する必要があります（労基法15条、労基則5条1項）。

　労基法に基づく明示とは別に、パート等には「特定事項」について文書等を交付することが求められています（パート・有期雇用労働法6条）。特定事項は、昇給の有無、退職手当の有無、賞与の有無、相談窓口です（パート・有期則2条）。

　令和6年4月から労基則に基づく労働条件の明示のルールが変更となりましたが、パートの労働条件を明示する際も、改正事項を確認する必要があります。

　労働契約の締結時と有期労働契約の更新時において「就業場所・業務の内容の変更の範囲」が、労働条件の明示事項に追加されました（労基則5条1項1号の3）。「変更の範囲」とは、「今後の見込み」も含め、「当該労働契約の期間中」における就業の場所および従事すべき業務の変更の範囲をいう（令5・10・12基発1012第2号）としています。すなわち、「更新された場合に更新後の契約期間中に命じる可能性がある」までを含むものではないという解釈が示されています（令和5年改正労働基準法施行規則等に係る労働条件の明示等に関するQ＆A）。

　明示が必要となるのは、「労働者が通常就業することが想定されている」ものを指し、「臨時的な他部門への応援業務や出張、研修等、就業の場所及び従事すべき業務が一時的に変更される場合の当該一時的な変更先の場所及び業務」は含まれません（前掲Q＆A）。

　厚生労働省では、改正に合わせて労働条件通知書のモデルを新しくしています（前掲通達）。記載要領では「就業の場所」および「従事すべき業務の内容」の欄については、具体的かつ詳細に記載するよう求めています。

# 雇用機会均等法関係

## Q4 本人申出が要件？ 女性の就業制限業務

当社は製造業です。学生アルバイトが従事する業務は、性別にかかわらず大きな違いはありません。ただ、危険有害業務に関して、女性の申出がある際に従事させてはならないなどの制限はあったでしょうか。【熊本・M社】

## A. 有害物発散などは禁止

均等法は、募集採用に当たって、性別を理由とする差別を禁止しています（5条）。たとえば、営業職は男性、事務職は女性に限定して募集する場合などです。一方、妊娠の有無にかかわらず女性を就かせてはならない業務があり、重量物の運搬（女性則2条1項1号）と有害物の発散する場所（同項18号）となっています（女性則3条）。この2つの業務は、本人が就労しない旨を申し出ない場合であっても、就業が禁止されます。ただし、「有害物の発散場所」すべてが就業制限の対象になるものではありません。

学生アルバイトということで、満18歳に満たない者の危険有害業務の制限にも留意が必要です（労基法62条、年少則8条）。年少則で危険有害業務の就業制限の業務の範囲が定められています。女性則よりも広い範囲で制限していますので、こちらの確認も必要です。

その他

**社外窓口利用を制限できる!?　ハラスメント対応で
相談少なく体制見直し**

ハラスメントの相談窓口はありますが、相談件数が少ないこと
などから窓口が機能しているのか心配です。社内の窓口を経由せ
ずに社外へ相談しているのかもしれません。たとえば、労働局に
紛争調停を申請する前に、必ず社内の苦情処理機関に報告すると
いうルールを定めるのは可能でしょうか。【静岡・S社】

# A. まず自主的解決の努力

セクシュアルハラスメント、妊娠出産等に関するハラスメント、
パワーハラスメント等のいずれも、相談（苦情を含む）に応じ、適
切に対応するために必要な体制の整備が事業主に求められています。

パワハラに関しては、労働局の紛争調整委員会による調停の対象
に格上げされたのが、令和4年4月（大企業は令和2年6月）でした。

職場におけるパワハラ対応では、事業主には事実関係を迅速かつ
正確に確認することが求められます（令2・1・15厚労省告示5号）。
その例として、事実関係を迅速かつ正確に確認しようとしたが、確
認が困難な場合などにおいて、（労働施策総合推進法）30条の6に
基づく調停の申請を行うことその他中立な第三者機関に紛争処理を
委ねることが示されています。社内で事実関係を確認してから、初
めて外部機関の利用を認める等のルール設定は認められるのでしょ
うか。

調停の手続きは、均等法および均等則の規定に基づき行われる（令
2・2・10雇均発0210第1号）としています。解釈（平18・10・
11雇児発1011002号、改正令2・2・10雇均発0210第2号）と
して、本条（均等法15条）による自主的解決の努力は、都道府県労
働局長の紛争解決の援助や委員会による調停の開始の要件とされて
いるものではない、としています。

続けて、「企業の雇用管理に関する労働者の苦情や労使間の紛争は、本来労使で自主的に解決することが望ましいことにかんがみ、まず本条（均等法15条）に基づき企業内において自主的解決の努力を行うことが望まれる」としています。ハラスメントに関して、社内の窓口の活用を呼び掛ける形での制度設計とするのが穏当でしょう。相談窓口等を利用したときの不利益取扱いが禁じられていることが周知されているかも確認してみてください。

その他

# 高年齢者雇用安定法関係

## Q6 認めた者のみ継続雇用は　65歳以上の高齢者

当社工場で65歳以降も継続雇用する予定の者がいます。重大な事故には今のところつながっていないものの危なっかしいミスを繰り返していて、どうすべきか悩んでいます。継続雇用に関する規定をみていて「会社がとくに必要と認める者」という文言がありました。これに当てはめることは可能でしょうか。【佐賀・S社】

## A. 必須要件とはできない　「対象者基準」可能だが

65歳までと65歳以降は分けて考える必要があります。

65歳までの雇用確保措置を講じることは義務ですが（高年法9条）、再雇用の対象者基準を設ける仕組みがあります。効力を有するのは令和7年3月31日までの間となっています（平24法附則）。令和4年4月1日からは、64歳以上の者を対象として当該基準を適用することが可能です。ただし、今からこうした仕組みを設けることはできません。

これに対して65歳以降の高年齢者就業確保措置は、70歳までの安定した雇用を確保するように努めるよう求めています（法10条の2）。65歳以上の継続雇用制度も選択肢の一つとなっていて、対象者の基準を定めることが可能です。よくある例が、人事考課や出勤率、健康診断の結果などを判断要素とするものです。

一方で、厚生労働省が基準として「適当でない」としているのが、会社が必要と認めた者に限る、上司の推薦がある者に限るなどです。

これは事業主が恣意的に特定の高齢者を措置の対象から除外することができるなどとして、基準がないことに等しいためとしています。

　貴社において「会社がとくに必要と認める者」をどのように規定しているかは確認が必要です。上記出勤率などと並べて、「すべての条件」を満たす者を継続雇用するとしているのではなく、「いずれかの条件」を満たす者としているのであれば、これ自体規定として問題があるわけではありません。

　65歳までの雇用確保措置に関してですが、厚労省は「過去○年間の人事考課が○以上である者」という要件を満たしていても、さらに「会社が必要と認める者」という要件も満たす必要がある場合、結果的に事業主が恣意的に継続雇用を排除することも可能となるため、このような基準の組み合わせは、法の趣旨にかんがみて、適当ではないとしています。

　継続雇用の対象とするときに、労働条件をどうするかは基本的には会社が決めることができます。例えば、65歳以降はそれまでと比較して健康上の問題も懸念されるなどとして、労働契約の期間を短く設定したうえで、勤務成績を踏まえて都度契約内容を見直すこと自体、直ちに妨げられるものではありません。

 **65歳以上の雇用者限定!?　現業部門は健康面不安**

> 　65歳以上の継続雇用の対象者を限定したいと考えています。事務部門は70歳まで継続する可能性がある一方で、現業部門を65歳までとすることは高年法上の問題があるでしょうか。理由としては健康上の不安などが考えられそうです。【神奈川・I社】

## A. 「希望者全員」対象に　労使合意で基準作成を

65歳以上の定年を定める事業主または70歳未満の継続雇用制度

その他

を導入している事業主は、70歳までの安定した雇用を確保するよう努める必要があります（高年法10条の2、高年齢者就業確保措置）。

指針（令2・10・30厚生労働省告示351号）において対象者基準を定めることを可能としていますが、基準の中身について、事業主が恣意的に高年齢者を排除しようとするなど法の趣旨や、他の労働関係法令に反するまたは公序良俗に反するものは認められないとしています。基準を定めるプロセスとして、過半数労働組合等の同意を得ることが望ましいとしています。

65歳までの雇用確保措置と70歳までの就業確保措置のいずれも、継続雇用制度は希望者全員を対象とするものでなければなりません（厚生労働省Q＆A）。65歳以上の現業業務を一律に継続雇用制度の対象から除外することに問題がないとはいえず、ここで、前掲Q＆Aが示すように、以下の点に留意して基準を定めるのが望ましいでしょう。

　ア　意欲、能力等をできる限り具体的に測るものであること（具体性）

　イ　必要とされる能力等が客観的に示されており、該当可能性を予見することができるものであること（客観性）

65歳までの高年齢者雇用確保措置に関するものですが、厚生労働省は、法9条に関して、一定の年齢に達した日以後は（有期契約の）契約の更新をしない旨定める例に関して、「本来、年齢とは関係なく、一定の期間の経過により契約終了となるものは、（法9条とは）別の問題」と解しています。健康上の不安とひとことでいっても千差万別です。厚生労働省は、健康診断の結果を産業医が診断し、業務上支障がないと認められた者を基準にすることを認めています。

**雇用等推進者は誰が担当　第二種計画認定を申請**

当社の定年年齢は 60 歳で、65 歳以降も一部継続雇用していますが、段階的に 70 歳までとしていく方針です。継続雇用の期間が 5 年を超える者も少なからず出てくる見込みです。定年後の継続雇用の期間を 5 年から除外するのに必要となる「第二種計画認定」を受けるときですが、高年齢者雇用等推進者は誰に任せたらいいのでしょうか。【東京・S社】

## A. 賃金や人事部門長望ましい　「総務部長」の例あり

無期転換ルールの特例を定めた有期特措法 8 条 2 項において、「定年後引き続いて当該第二種認定事業主に雇用されている期間は、(労働契約法 18 条 1 項に規定する) 通算契約期間に算入しない」としています。対象となるのは、定年後引き続いて当該事業主に雇用される有期雇用労働者をいいます (法 6 条 2 項 1 号)。

第二種計画の認定を受けるためには、当該労働者の特性に応じた雇用管理に関する措置を講じる必要があります。具体的な措置は指針 (平 27・3・18 厚労省告示 69 号、改正令 3・3・24 厚生労働省告示 93 号) で定められています。

措置の 1 つに高年齢雇用等推進者の選任があります (高年法 11 条)。第二種計画認定を受けるために必要な措置のうち、選択肢の 1 つという位置付けです。令和 3 年改正で、高年齢者雇用「等」推進者に名称が変更になりました。当時の改正で、業務に高年者就業確保措置の推進も追加されたためです。選任の要件は、高年則 5 条に規定があり、「必要な知識及び経験を有していると認められる者」となっています。賃金、人事管理、作業施設の改善等に責任ある立場の者が選任されることが望ましい (昭 61・9・30 職発 555 号) とされ、都道府県労働局が示す例として総務部長としたものがありま

した。

　なお、講ずべき措置のうち、その他の選択肢には、職業訓練の実施、作業施設・方法の改善、健康管理、安全衛生の配慮等があります（前掲指針）。健康管理、安全衛生の配慮に関して通達（平27・3・18基発0318第1号）では、身体的機能や体力等の低下を踏まえた職場の安全性の確保、事故防止への配慮および健康状態を踏まえた適正な配置、としています。

# 障害者雇用促進法関係

　当社では障害者雇用率が法定に満たない状況で、改善が必要となっています。法定雇用率の計算方法など基本的な仕組みから教えてください。【愛知・U社】

# A. 20時間未満もカウント　「特例給付金」は廃止に

　事業主は、その雇用する対象障害者である労働者の数が、その雇用する労働者の数に障害者雇用率を乗じて得た数以上にしなければなりません（障害者雇用促進法43条）。障害者雇用率は少なくとも5年ごとに見直される可能性がありますが、令和6年4月から民間企業は2.5％です（障雇令9条、令5令付則3条）。従業員を40人以上雇用している事業主は、障害者を1人以上雇用しなければならないことになります。短時間労働者は原則0.5人とカウントします（法43条3項）。

　令和4年12月に改正障害者雇用促進法が公布されました（令4・12・16法律104号）。「特定短時間労働者」（短時間労働者のうち、1週間の所定労働時間が厚生労働大臣の定める時間の範囲内にある労働者、10時間以上20時間未満）を新たに算定の対象としました（令5・7・7厚労省告示228号）。重度身体障害者、重度知的障害者、そして精神障害者が対象です。**次ページ図**が改正後の算定方法をまとめたイメージになります（網掛けは令6・4から）。

雇用率制度における算定方法

| 週所定労働時間 | | 30 時間以上 | 20 時間以上<br>30 時間未満 | 10 時間以上<br>20 時間未満 |
|---|---|---|---|---|
| 身体障害者 | | 1 | 0.5 | ― |
| | 重度 | 2 | 1 | 0.5 |
| 知的障害者 | | 1 | 0.5 | ― |
| | 重度 | 2 | 1 | 0.5 |
| 精神障害者 | | 1 | 0.5 ※ | 0.5 |

※一定の要件を満たす場合は、0.5 ではなく 1 とカウントする措置が、
令和 4 年度末までとされていますが、延長予定です。

関連して、特例給付金（法 49 条 1 項 1 号の 2）の規定が削除され
ます。これは、特に短い労働時間以外での労働が困難な状態にある
対象障害者を特定短時間労働者（週所定労働時間が 10 時間以上 20
時間未満）として雇用する事業主に対して、支給していたものです。

## Q10 担当者を選ぶ義務あるか　合理的配慮の内容検討

　　休職明けの従業員にどのような勤務を命じるかは、本人との間
で必要な配慮の内容を話し合って決定してきました。基本的に上
司が対応していますが、法定雇用率の関係で一定程度、障害者を
雇用する場合には担当部署等を決めておくべきでしょうか。【広
島・S 社】

## A. 障害者 5 人なら相談員　実務経験あれば足りる

　障害者雇用促進法に基づき配慮が求められる障害者についてまず
確認します。この法律で障害者は、身体障害、知的障害、精神障害（発
達障害を含む）その他の心身の機能の障害（略）があるため、長期
にわたり、職業生活に相当の制限を受け、または職業生活を営むこ
とが著しく困難な者をいいます（法 2 条）。通達（平 27・6・16 職
発 0616 第 1 号）では、障害の原因および種類の如何を問わないと

しています。障害の程度が軽い者は該当しませんが、就業の難易等からみて判断するとしています。こうした判断は容易ではありませんが、この「長期要件」に関しては、「病気などにより一時的に職業生活に制限を受ける者」は、法の対象となる障害者には当たらないとしています。ただし、メンタルヘルス不調により休業した労働者（平18・3・31指針公示3号、平27・11・30指針公示6号）、病気休暇から復帰する労働者（平20・3・24厚生労働省告示108号、平30・10・30厚生労働省告示238号）には、配慮が求められています。

　障害者に対しては、法に基づく合理的配慮措置（障雇法36条の2、3、4）が求められます。当該措置を講じるに当たってポイントとなるのは、①職場において支障となっている事情の有無等の確認、②合理的配慮に係る措置の内容に関する話し合い、③合理的配慮の確定という手順を踏むことです（平27・3・25厚生労働省告示117号）。話合いが重要になると解されますが、こうした担当として法が想定しているのが、障害者雇用推進者（法78条2項）や職業生活相談員（法79条2項）です。留意が必要なのは、選任の基準はいわゆる障害者雇用が義務付けられる規模ではなく、その雇用する障害者の数が5人以上のときです（障雇則38条）。したがって、現行の2.5％を用いた単純計算ですが、従業員数が200人いる場合に対象になってきます（短時間労働者数がいる場合変動します）。

　なお、前者の推進者の選任は努力義務であるのに対し、後者の相談員は、「選任し、その者に当該事業所に雇用されている障害者である労働者の職業生活に関する相談及び指導を行わせなければならない」としています。誰を選任するかですが、「資格認定講習を修了したものその他厚生労働省令で定める資格を有するもの」から選ぶ必要があるところ、省令では一定の実務経験等が規定されています（則39条2項）。

 除外率の仕組み知りたい　障害者雇用率が引上げ

障害者雇用率の引き上げが予定されています。当社は建設業ですが、業種によるのかもしれませんが達成のハードルが高いと感じています。除外率の仕組みがあることを知りましたが、除外率としてパーセンテージが示されているのみでした。具体的な仕組みを教えてください。【茨城・O社】

## A. 従業員数を減算できる　新たに適用業種あり

障害者雇用率は、令和6年4月以降、2.5％となっています（国・地方公共団体などは除く）。令和8年7月に2.7％と段階的に引き上げられます（令5令付則3条）。

機械的に一律の雇用率を適用することになじまない性質の職務もあることなどから、障害者の就業が一般的に困難であると認められる業種には、除外率制度が設けられています。

根拠条文である障害者雇用促進法施行規則の附則1条の3では、次のように規定しています。

法附則3条2項の規定により読み替えて適用される法43条1項の厚生労働省令で定める業種は、別表第4の除外率設定業種欄に掲げる業種とし、同項の厚生労働省令で定める率は、同表の除外率設定業種欄に掲げる業種の区分に応じ、それぞれ同表の除外率欄に掲げるとおりとする。

除外率の制度自体は、経過措置として残っている形です。除外率認定業種や除外率は、段階的に縮小されるように制定され、および改正されるものとしています（障雇法附則3条3項、障雇則附則1条の3）。令和7年4月以降、非鉄金属製造業（一部を除く）や倉庫業、採石業など除外率0％で適用自体なくなってしまう業種もあれば、建設業などのように除外率が引き下げられる業種もあります。

一方で、警備業など新たに除外率が設定される業種もあります（令 5・3・1 省令 16 号、その他の追加業種には介護老人保健施設などがあります）。

　建設業を例に除外率の仕組みを考えてみましょう。障雇則別表 4 では、建設業のほか鉄鋼業、道路貨物運送業、郵便業（信書便事業を含む）を一括りにして同じパーセンテージを適用しています。令和 7 年 3 月までは 20％です（同年 4 月以降は、10％）。

　令和 6 年以降、雇用率の引上げと除外率の引下げが連続することになりますので留意が必要です。

その他

# 労働契約法関係

## Q12 転換権に申込期限？　満了直前の行使回避

　契約更新を繰り返しているアルバイトがいます。通算して5年を超えたときの無期転換権ですが、仮に1年前までに行使するよう求めると労働者に不利ですし、一方で直前に行使されても会社は困ります。申込期限自体定められますか。【滋賀・E社】

## A. ルール規定すること可

　労働契約法18条では、通算して5年を超えたときの無期転換の申込み期間を設定すること自体禁止しているわけではありません。たとえば、申込み期間を期間満了の1カ月前までとして、使用者はこの申込み期間を周知して申込みの有無を確認することは可能（改正労働契約法早わかり）としています。裁判所が是非を示したわけではありませんが、「原則として現在締結している労働契約期間が満了する日の2月前までに、(略) 申し込むことができます」という事案（那覇地判令4・3・1、福岡高判那覇支判令4・11・24）がありました。

　厚生労働省が過去に示した質疑応答では、法律上は「契約期間が満了する日までの間に」としていることから、就業規則等に申込み期限を規定した場合でも、満了日までに無期転換の意思表示をした場合、原則有効としています。例外は、労働者がその期限までに明確に権利を行使しない旨意思表示した場合としています。

 派遣された期間は影響か　通算5年で無期転換権

直接雇用した派遣労働者ですが、有期雇用契約の期間が満了する時期になりました。無期転換権ですが派遣労働者だった期間は、期間に含まれないという認識で正しいでしょうか。期間満了で雇止めするときについて、派遣で働いていた契約期間も通算しないということでしょうか。【茨城・O社】

## A. 法人単位でカウントする　雇止め法理には留意を

労働契約に期間の定めを設ける場合には、その期間や更新基準の明示が必要です（労基則5条、平11・1・29基発45号など）。明示事項に就業の場所と業務の変更の範囲を追加する改正があり、令和6年4月施行です（令5・3・30厚生労働省令39号、令5・3・30基発0330第1号）。労働条件のモデル通知書が示されています（令5・3・29基発0329第11号）。

無期転換権（労働契約法18条）は、同一の使用者との間で締結された2以上の有期労働契約の期間を通算して5年を超えるときに、労働者に申込権が発生します。「事業場単位ではなく、労働契約締結の法律上の主体が法人であれば法人単位で判断」します（平24・8・10基発0810第2号）。

いわゆる雇止め法理に関する労働契約法19条は、2号で有期労働契約の契約期間の満了時に有期労働契約が更新されるものと期待することについて合理的な理由があると認められる場合において、雇止めが無効になる可能性があるとしています。更新期待を判断するうえで雇用の通算期間などを総合考慮して個々の事案ごとに判断します（前掲平24通達）。この通達を、派遣元と派遣労働者間において反復更新されてきたという事情も考慮するという見解では、司法上の課題としていました。

その他

いくつか裁判例が出ていて一部ご紹介します。まず、東京地判令3・5・26 は、派遣の期間も併せれば通算 22 年間、業務を行っているところ、看護師としての能力は高く評価されており（略）、業務に何らかの支障があったともうかがわれないのであるから、看護師職員に必要とされる能力が欠如したとはいえず、本件雇止めの合理的な理由とはいえない、としました。

一方で、横浜地裁川崎支判令3・3・30 は、派遣期間と合わせれば期間が5年を超えると考えて本件雇用契約につき契約更新への期待をもったとしても、それをもってその期待を法的に保護すべきとはいい難く、契約更新への期待が合理的であったということはできない、としています。

両者は結論を異にしていますが、これは雇用の通算期間のほか、当該雇用の臨時性・常用性、更新の回数、契約期間管理の状況、雇用継続の期待をもたせる使用者の言動の有無などを総合考慮して判断したためです。

 配偶者手当見直したい　共働き世帯の増加で不合理な待遇か心配

当社の配偶者手当は、正社員のみを対象とした昔からある規定のままで、今の時代に合っているのか疑問があります。いわゆる同一労働同一賃金の問題も含め、見直しを考えたときに、単に廃止するだけでは従業員の納得を得られないかもしれません。どのような見直し方が考えられるでしょうか。【宮城・R社】

## A. 組み替えて不利益緩和も

パート・有期雇用労働法8条では、通常の労働者と短時間・有期雇用労働者の不合理な待遇を禁じています。なお、配偶者手当は、いわゆる年収 130 万円の壁との関係もあり、これまでも見直しが望

まれるなどとした国の方針が示されてきました（厚生労働省・都道府県労働局「配偶者手当の在り方の検討に向けて」など）。

　不合理な待遇に当たるかどうかは「当該待遇の性質及び当該待遇を行う目的に照らして」適切かどうか判断するとしています。手当の性質と支給する目的を把握することは必須といえます。

　見直しに向けて、裁判例（山口地判令5・5・24）から対策を探ってみるのもひとつ参考になるでしょう。

　当該事案における扶養手当は、「高度経済成長期の家族像（稼ぎ手としての夫と専業主婦としての妻、その間の未成熟な子どもという核家族）に対する処遇」であり、従業員にもその旨説明されていました。ただ、受給者の減少など実態は異なっていました。

　会社は、旧来の扶養手当等の趣旨を見直して、支給する目的を明確にするため、手当を改廃することにしました。会社の経営状況は抜きにして、選択肢として、賃金規程等を変更して（労働契約法10条）、当該手当を単に廃止する方法もあれば、他の手当への組み替えるという方法もあるでしょう。

　手当を支給する目的に関して、裁判例においては、男性にしか支給されていない配偶者手当等を再構築して、子どもを被扶養者とする手当や、扶養の有無にかかわらず保育児童について支給される手当を拡充・新設することは、女性の就労促進に資するという判断を示しています。

　なお、労働者に生じる不利益の程度を考えるうえで、総賃金原資に占める手当減額率などを考慮しています。

# Q15 カウントダウン可能か　更新の上限回数を明示

パート・アルバイトの契約更新回数に上限を設けることを検討しています。1年契約で最長5年としたいとき、条件明示の際に残りの更新回数を4回、3回、2回とカウントダウンしていく方法は問題ないでしょうか。【北海道・M社】

## A. 通算期間も留意が必要

令和6年4月の労働条件明示のルール変更で、有期労働契約の通算契約期間や更新回数の上限の明示（改正労基則5条1号の2）のほか、更新上限を新設・短縮する場合の説明が必要になりました。通算契約期間とは、同一の使用者との間で締結された2以上の有期労働契約の契約期間を通算した期間を指します（労働契約法18条1項）。

厚生労働省は、「更新回数は3回まで」「通算4年を上限」などとする例を示しています。Q&Aでは残りの契約更新回数を書く方法も、労使双方の認識が一致するような明示なら差し支えないとしています。ただし、なお書きで、当初から数えた更新回数または通算契約期間の上限を明示し、そのうえで、現在が何回目かの更新であるかを併せて示すことが考えられるとしています。単に回数だけの明示だと、もともと1年契約だったのが更新で半年になった場合など労使で認識に相違が生じることがあるため、上限期間も明示しておくべきでしょう。

# 最低賃金法関係

## Q16 歩合給と最賃の関係は？　基本給のみ考慮足りるか

当社の営業社員は基本給プラス歩合給の賃金体系となっています。基本給部分で最賃をクリアしてして、歩合給に関して特段気にすることはありませんでした。歩合給は最賃の計算においてどのように考慮されるのでしょうか。【京都・O社】

## A. 月総労働時間で単価算出　割増賃金部分は除いて

最低賃金と比較するには賃金を時間当たりの金額に換算します（最賃法4条、最賃則2条）。月給は、その金額を月の所定労働時間数（月によって所定労働時間数が異なる場合には、1年間における1カ月平均所定労働時間数）で除した金額などと定められています。

最賃則2条5号が歩合給に関する規定です。すなわち、「出来高払制その他の請負制によって定められた賃金については、当該賃金算定期間（賃金締切日がある場合には、賃金締切期間）において出来高払制その他の請負制によって計算された賃金の総額を、当該賃金算定期間において出来高払制その他の請負制によって労働した総労働時間数で除した金額」としています。

月給と歩合給の組み合わせは、それぞれ時間換算して合計したものと最賃の額を比較します。厚生労働省は、固定給と歩合給が併給される場合として次の例を示しています。固定給が13万6000円(精皆勤手当、通勤手当および家族手当を除く)、歩合給が5万円、会社の1年間における1カ月平均所定労働時間は月170時間で、時間外労働は30時間の場合です。

固定給（最低賃金の対象とならない賃金を除いた金額）を１カ月平均所定労働時間で除して時間当たりの金額に換算すると、13万6000円÷170時間＝800円です。

　これだけでは最低賃金に達しませんが、次に、歩合給を月間総労働時間数で除して時間当たりの金額に換算すると、５万円÷200時間＝250円です。こちらは歩合給額を「１カ月の総労働時間＝時間外等も含め実際に働いた時間数」で除して時間当たり単価を算出します。

　合計1050円となり、京都府の令和５年度地域別最低賃金の額を上回っています。この両者の合計額が、貴社に適用される最低賃金額を下回っている場合、使用者はその差額を支払う義務を負います。この例だと歩合給の額によっては最低賃金を割る可能性があるということに留意が必要でしょう。

　業種によっては歩合給に割増賃金部分も含めて支給している会社もありますが、所定労働時間を超える時間の労働に対して支払われる賃金（最賃則１条２項１号）、所定労働日以外の日の労働に対して支払われる賃金（同項２号）などは、通常の労働時間または労働日の賃金「以外」の賃金に該当し、最低賃金の計算においては、算入しないため注意が必要です。

## Q17　最低賃金と年齢が関係？　工場勤務する高齢パート

　定年退職後に転職して、自動車部品の製造工場でパート・アルバイトとして働く友人がいます。時給の額は最低賃金額をやや上回る程度といいます。本人は「このままのペースで最低賃金が上がり続ければいいな」と話しています。最低賃金は年齢にかかわらず適用があるものだと認識していますが、間違いないでしょうか。【山梨・Ｉ生】

# A. 産別最賃は65歳で除外も 「地域別」は適用あり

　最低賃金法は、地域別最低賃金（第二節）と特定最低賃金（第三節）について、それぞれ規定しています。

　厚生労働省は、地域別最賃が「すべての労働者の賃金の最低額を保障する安全網」の機能を有するのに対し、特定最賃を「地域別最低賃金の補完的役割を果たすもの」と位置付けています（平20・7・1基発0701001号）。厚生労働省や連合のホームページで、特定（産業別）最低賃金全国一覧が表で示されています。

　特定最賃とは、当該労働者もしくは使用者に適用される一定の事業もしくは職業に係る最低賃金（最賃法15条）を指します。特定最賃は、地域別最賃を上回るものでなければなりません（法16条）。上回っている限りは、特定最賃が適用されます。山梨県の自動車・同附属品製造業は971円（発効年月日は令和5年12月10日）で、地域別最賃は938円（効力発生日は令和5年10月1日、公示の日から30日経過後）となっています。

　特定最賃の適用を受けるべき労働者の範囲は、あらかじめ決められています（最賃則10条）。適用除外となる人がいて、上記製造業は、年齢（18歳未満、65歳以上）、技能習得中（雇入れ後6カ月未満）および特定の業務（清掃、熟練を要しない業務等）に主に従事している労働者です（山梨労働局）。

　なお、最低賃金には減額の特例がありますが、年齢を理由としたものはありません。

# 女性活躍推進法関係

## Q18 管理職の定義教えて　男女賃金差を公表で 労基法上と同じなのか

男女間の賃金に関する情報を公表するうえで、格差について補足説明をしたいのですが、他社の例で「管理職」に女性がいないことを理由にしているものがありました。管理職とは、労基法の管理監督者のことでしょうか。定義を教えてください。【大阪・E社】

## A. 「課長級」だが企業に裁量

管理職と一言でいっても、各法律で共通するような定義があるわけではありません。労基法の管理監督者は労働時間や休憩、休日の適用が除外されますが、事業の種類にかかわらず監督もしくは管理の地位にある者をいいます（法41条1項2号）。一般的には局長、部長、工場長等労働条件の決定、その他労務管理について経営者と一体的な立場にある者の意であるが、名称に捉われないとしています（昭22・9・13発基17号）。

男女の賃金の差異について公表が義務付けられているのは、常時雇用する労働者が301人以上の事業主です（女性活躍推進法20条）。対象の企業は、自社のホームページか「女性の活躍推進企業データベース」等で情報の公表が必要です。公表する際の補足説明として「相対的に賃金の高くなる管理職に、女性が少ないため格差が生じた」等としている企業が散見されます。

なお、一般事業主行動計画の策定、届出義務がある事業主（常時雇用する労働者が101人以上）は、自社の女性活躍に関する状況の把握、課題分析が必要です。管理職に占める女性労働者の割合は、

把握すべき事項です（女性活躍推進法に基づく一般事業主行動計画等の省令2条1項4号）。同法の管理職（管理的地位にある労働者）は、「課長級」および課長級より上位の役職にある労働者の合計をいいます。「課長級」とは、組織が2つの係以上から成るか、構成員が10人以上の長としています（平27・10・28雇児発1028第5号、令4・7・8雇均発0708第1号）。呼称、構成員の数等に関係なく、その職務の内容および責任の程度が「課長級」に相当する者も含むという解釈が示されています（令2・2・7雇均発0207第1号、厚労省「状況把握、情報公表、認定基準等における解釈事項について」）。実態に即して事業主が判断して差し支えないとしていて裁量がある形です。

その他

# 職業安定法関係

## 履歴書にない事項確認は　任意記載や廃止項目

　性別欄が任意記載になるなど履歴書の内容が過去変更されましたが、こうした事項も社内で確認する必要性は一定程度あるように思います。把握するためには、募集採用に関する職安法の関係をどのように考えればいいのでしょうか。【長崎・D社】

## A. 強要しない形で収集を　通勤時間は終業に影響も

　厚生労働省が示した履歴書の様式はあくまで例であり、これと異なるものを用いることも可能です。例では性別欄が廃止されましたが、厚労省「公正な採用選考をめざして」において、面接等で適切な方法により確認することは可能としています。必要な理由を説明し、応募者本人の十分な納得のうえで確認することや性別の回答を強要しないよう求めています。ここでいう必要な理由はどのようなものが考えられるでしょうか。例えば、均等法8条は、男女の均等な機会および待遇の確保の支障となっている事情を改善することを目的とする措置（ポジティブ・アクション）を講じることを認めています。また、女性活躍推進法に基づく一般事業主行動計画において、男女の賃金の差異について把握、公表が求められる可能性があります（女性活躍推進法に基づく一般事業主行動計画等に関する省令）。その他、性自認に応じた対応が必要になる場合も考えられますが、いずれにしてもこうした必要性を丁寧に説明することが求められるでしょう。

　その他、履歴書には通勤時間、扶養家族数等の項目がないこともあります。それぞれ把握しないことの問題点が考えられますが、こ

のうち通勤時間に関しては、住所欄で一定程度推測は可能です。ただ、正確な時間を知ることができないときには、時間外労働が長時間に及ぶような場合の配慮といった点に影響を及ぼす可能性は否定できません。事業主は、女性労働者を深夜業に従事させる場合、通勤および業務の遂行の際において安全確保に必要な措置を講ずるように努める必要があります（均等則 13 条）。指針（平 10・3・13 労告 21 号）では講ずべき措置として、公共交通機関の運行時間に配慮した勤務時間の設定を挙げています。

 **偽装請負のおそれあり!?　緊急事態に協力と規定**

　当社工場ではいわゆる構内下請けとして協力会社に入ってもらっています。災害時など緊急事態が生じた場合の扱いを、契約書内に盛り込もうと考えていますが、偽装請負といわれてしまう可能性もあるのでしょうか。【長野・W社】

## A. 安全面で必要な指示可能　広く予定する規定回避を

　前提として、請負事業主は、労働者に対する業務の遂行方法に関する指示その他の管理を自ら行う必要があります（昭 61・4・17 労働省告示 37 号）。災害時など緊急の必要により、請負労働者の安全や健康を確保するため、発注者が請負労働者に対して直接指示を行った場合、適正な請負とはいえないのでしょうか。厚生労働省は、「発注者が、災害時など緊急の必要により、請負労働者の健康や安全を確保するために必要となる指示を直接行ったとしても、そのことをもって直ちに労働者派遣事業と判断されることはありません」（疑義応答集）としています。

　また、安衛法 29 条に基づき、元請事業者が下請けの作業員に安全衛生のために必要な事項を直接指示した場合の解釈として、「法令順

その他

守のために必要な指示」は、安全確保のために必要なものであり、元請事業者から下請けの労働者に対して直接行われたとしても、業務の遂行に関する指示等には該当しません。同条は、事業者は、関係請負人および関係請負人の労働者が、当該仕事に関し、この法律またはこれに基づく命令の規定に違反しないよう必要な指導を行わなければならない、というものです。こうした根拠に基づく指示等に関しては、例外的に許容されています。

　もっとも、原則としては「発注者等の命令、依頼等により、通常予定されている業務以外の業務に従事することがある場合」は、指揮監督関係を肯定する要素として挙げられています（昭60・12・19労働基準法研究会報告）。上記、非常時や安全確保のために必要な例外の範囲を超えて、広く規定してしまうのは避けるべきでしょう。

 **離職者採用したい　対象者どう決める**

　中途採用する対象として、以前当社を離職した人も含めたいと考えています。離職理由など制度設計をどうするかは基本会社の決め方次第と思いますが、留意点があれば教えてください。【神奈川・Ｔ社】

## A.　育児介護に配慮規定が

　一度自社を離職した従業員を再び雇い入れる制度は、「リターン雇用」「カムバック採用」などさまざまな名称を用いて導入されています。
　労働者の募集採用に関する法規制として、性別にかかわりなく均等な機会を与えなければならないとした均等法や、年齢にかかわりなく均等な機会を与えなければならないとした労働施策総合推進法等があります。
　離職理由には配偶者の転勤や育児介護など比較的消極的なものもあ

れば、より良い労働条件を求めるなど積極的なものもあるでしょう。前者に関連して、育介法では「再雇用特別措置」の規定があります（法27条）。妊娠や出産、育児介護を理由に退職した者で、退職の際、その就業が可能となったときに再び雇用されることを希望する旨の申出をしていた者について、事業主は、労働者の募集採用に当たって特別の配慮をする措置を実施するよう努めなければならないとしています。

 **紹介手数料返金される？　業者選定のツール教えて**

　当社のホームページで求人の募集採用をかけてもまったく応募がありません。人材紹介業者を使ってはどうか、という案があります。どんな業者がいいのか検討する材料になりそうなものを探しています。仮に、業者を介して採用した人が早期離職したときお金は戻ってくるのでしょうか。【滋賀・Ｎ社】

## A.　返戻金は必須でなく任意　厚労省サイトで比較可能

　職業紹介を受けるうえで、有料職業紹介事業者に手数料を支払うことになります。手数料には、届出制や上限制などがあります（職安法32条の3）。厚生労働省「職業紹介事業運営状況」は、手数料徴収状況を公表していて、届出手数料が多いことが分かります。

　職業紹介事業者がきちんと許可等の必要な手続きを踏んでいるかは、厚生労働省「人材サービス総合サイト」で確認することができます。都道府県単位で検索することができ、手数料や「6カ月以内離職者数」が公表されています（法32条の16第3項）。手数料は、求人を受け付けたときの事務手数料から、職業紹介が成功した場合における成功報酬といった内訳が示されています。

　職業紹介を受けて入社したもののすぐに退職してしまった場合に、支払った人材紹介手数料の一部を求人会社に返還するのが、いわゆ

その他

る「返戻金」です（職安則24条の5第1項第2号）。これは、制度を設けることが望ましいものという位置付けです（令5・4「職業紹介事業業務運営要領」など）。

手数料や（制度を設けた場合の）返戻金制度は、事業所内への掲示が求められているものですが（則24条の5）、令和6年4月からは、掲示に限らずホームページなどでも情報提供が可能になっています（令5・6・28厚生労働省令89号、令5・6・28職発0628第1号）。

なお、有料職業紹介事業者は、職業安定局長の定めるところによりインターネットを利用して、情報を提供しなければなりません。「職業紹介事業の業務運営要領」によれば、職業紹介事業者に対し、人材サービス総合サイトへ掲載することを求めています。

 **有期雇用のみ可能!?　外国人を募集採用**

外国人の募集採用を考えています。一般論として在留資格の関係で有期雇用というのがまず思い浮かびます。逆に、在留期間が限られているにもかかわらず、期間を定めない長期の雇用を予定してしまうことの方が、おかしいのでしょうか。【千葉・O社】

# A. 定めの有無明示が必要

外国人雇用管理指針（平19・8・3厚生労働省告示276号、令元・9・19厚生労働省告示120号）では、採用に関して、次のように規定しています。「在留資格上、従事することが認められる者であることを確認することとし、従事することが認められない者については、採用してはならない」、「永住者、定住者等その身分に基づき在留する外国人に関しては、その活動内容に制限がないことに留意すること」等というものです。

裁判例（東京地判令4・10・19）で、在留期間が1年しかないの

に期間の定めのない雇用契約を締結することは不法就労助長罪に該当するので、期間の定めのない契約を締結するはずがないと会社が主張した事案があります。判決では、この部分に関して会社側の主張を退けています。いずれにしても、募集採用時において期間の定めの有無はきちんと書きましょう（職安則4条の2第3項）。

## Q24 喫煙所の明示どうする　異動命じる可能性あり

従業員の募集採用時に労働条件を明示しますが、「受動喫煙防止措置」が含まれています。配置転換を命じる可能性がある場合に、どのように明示すれば良いのでしょうか。【徳島・Y社】

## A. 配転先まで原則含めず

労働者の募集採用等に当たって、労働条件の明示が必要です（職安法5条の3）。いわゆる受動喫煙の防止に関する事項も明示の対象です（職安則4条の2第3項9号）。厚生労働省「募集・求人業務取扱要領」では、明示の例として「屋内禁煙」などを示しています。明示は、書面の交付に限らず、メール等の方法（交付を受ける者が希望した場合）も可能です。

募集時点で「就業の場所」に複数の場所が予定されている場合は、それぞれの場所における状況を明示するのが原則です（前掲要領）。ただし、出張や営業等において就業の可能性がある場所などは明示の対象外です。将来的に就業する可能性がある場所の状況についても、あらかじめ網羅して明示を行うことまでは求められていません。実際の就業の場所における状況を明示すれば足りると解されています。

その他

# 労働施策総合推進法関係

 派遣同士でトラブルに 「先」が講ずる措置は

当社では派遣社員を受け入れています。派遣社員の間でのいじめ、嫌がらせ等のトラブルですが、派遣先の措置として何か講ずる必要はあるのでしょうか。【埼玉・T社】

## A. 事業主として相談対応等を

　派遣労働者と直接の雇用関係があるのは派遣元ですから、たとえばパワハラの相談対応等が求められるのはまず派遣元です。

　派遣法では読替え規定（法47条の4）が設けられていて、派遣先も派遣労働者を雇用する事業主とみなして、相談体制等の整備（労推法30条の2第1項）、必要な注意を払うよう配慮（努力義務、法30条の3）が求められます。

　指針（令2・1・15厚労省告示5号）は、放置すれば相談者が業務に専念できないなど就業環境を害するおそれがある場合等を挙げて広く相談に対応することを求めています。自社の従業員と派遣社員間のトラブルのほか、派遣社員間のトラブルも読替え規定に基づき対応が必要な場合もあるでしょう。通達（平28・8・2雇児発0802第2号、令2・2・10雇均発0210第4号）は、派遣元・先それぞれが派遣労働者について措置義務および責務を別個に負うとしています。

 自宅待機は問題あるか　パワハラ相談の被害者

> パワーハラスメントに関する相談があり、行為者と相談者をしばらく自宅待機としました。事実関係はこれから確認しますが、相談者は有期雇用契約で、期間満了まで待機を命じることは問題ないでしょうか。【三重・K社】

# A. 「切り離し」に留意必要

　パワーハラスメントを防止するため、事業主は、労働者からの相談に応じ、必要な体制を整備等しなければなりません（労推法30条の2）。相談したことを理由として、解雇その他不利益な取扱いをしてはならないと定めています（同条2項）。「不利益な取扱い」となる行為の例は、いわゆる性差別指針と同様と解されています（令2・2・10雇均発0210第1号）。指針では、不利益な自宅待機を命じることは該当するとしています。

　会社として、調査等の必要があって自宅待機を命じたとしても、パワハラ行為類型の「人間関係からの切り離し」には念のため留意しておくべきでしょう。前提として、「業務上必要かつ相当な範囲を超えたか」どうかがポイントになります。指針（令2・1・15厚生労働省告示5号）が示すように、自宅待機を命じる必要性のほかに、その目的を大きく逸脱しないよう注意が必要です。

労働実務事例研究　2024年版

2024年　6月18日　初版発行

編　　者　　株式会社労働新聞社
発 行 所　　株式会社労働新聞社
　　　　　　〒173-0022　東京都板橋区仲町29-9
　　　　　　TEL：03-5926-6888（出版）　03-3956-3151（代表）
　　　　　　FAX：03-5926-3180（出版）　03-3956-1611（代表）
　　　　　　https://www.rodo.co.jp　　pub@rodo.co.jp
印　　刷　　株式会社ビーワイエス

ISBN 978-4-89761-986-6

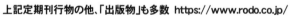